教育部人文社会科学重点研究基地重大项目成果
南开大学亚太经济合作组织（APEC）研究中心

亚太区域合作与全球经济治理研究丛书

教育部人文社会科学重点研究基地重大项目成果

亚太区域经济一体化：新格局、新趋势

刘晨阳　著

南開大學出版社

天　津

图书在版编目(CIP)数据

亚太区域经济一体化 ：新格局、新趋势 / 刘晨阳著
. —天津 ：南开大学出版社，2023.1
(亚太区域合作与全球经济治理研究丛书)
ISBN 978-7-310-06326-0

Ⅰ. ①亚… Ⅱ. ①刘… Ⅲ. ①亚太经济—区域经济一体化—研究 Ⅳ. ①F114.46

中国版本图书馆 CIP 数据核字(2022)第 207956 号

亚太区域经济一体化 ：新格局、新趋势
YATAI QUYU JINGJI YITIHUA:XINGEJU、XINQUSHI

南开大学出版社出版发行
出版人:陈　敬
地址:天津市南开区卫津路 94 号　　邮政编码:300071
营销部电话:(022)23508339　营销部传真:(022)23508542
https://nkup.nankai.edu.cn

天津创先河普业印刷有限公司印刷　全国各地新华书店经销
2023 年 1 月第 1 版　　2023 年 1 月第 1 次印刷
240×170 毫米　16 开本　16.75 印张　5 插页　247 千字
定价:98.00 元

如遇图书印装质量问题,请与本社营销部联系调换,电话:(022)23508339

总　序

亚太地区的人口约占世界总人口的1/3，地区GDP总量和贸易总额在世界上所占的比重也都超过了50%。因此，始于20世纪80年代末的亚太区域合作进程不仅关乎本地区的经济增长和繁荣，对世界经济的发展也具有重要的影响。

需要强调的是，亚太区域合作进程是由多种因素驱动的，既缘于地区成员之间日益紧密的经济联系，也受到大国地缘战略的影响。同时，就客观条件而言，亚太地区地域辽阔，经济体众多，各成员在社会制度、经济发展水平、文化、历史等方面存在很大的差异性。因此，亚太区域合作具有比较显著的多样性和灵活性，呈现出多层次、多领域、多途径的特征。

进入21世纪以来，随着新一轮区域经济一体化浪潮在全球范围内兴起，以及WTO多边贸易谈判遇阻，亚太区域合作进程加速，在形式上集中表现为各种类型区域贸易安排（FTA/RTA）的大量衍生。在亚太区域经济一体化水平不断提升的背景下，传统的贸易投资自由化和便利化合作向全球价值链合作领域纵深发展，各成员经济政策的协调从关税、非关税等“边界上”措施向“边界内”的规制领域延伸，并由此引发了区域乃至多边贸易投资规则的重构。与此同时，域内大国纷纷加大了战略投入，使得亚太地区成为大国利益交汇最多、战略博弈最激烈的地区。从长远来看，亚太区域合作进程将对全球经济治理的格局演变产生至关重要的影响。

以1991年加入亚太经济合作组织（APEC）作为标志，中国从20世纪90年代初开始全面参与亚太区域合作进程，这是我国为了适应新一轮区域经济一体化浪潮的兴起，并满足以经济建设为中心和加快推进市场经济改革的国内任务需要而采取的重要举措。除了欧盟之外，中国的主要贸易和投资伙伴主要集中于亚太地区。因此，积极参与亚太区域合作使中国享受了更加开放的贸易和投资环境，进一步密切了与区域内各成员的经贸关系，为此后参与多边、区域、本区域和双边层次的多元化国际经济合作体系奠定了基础。不仅如此，亚太区域合作还为中国推动建立更加公平合理的国际经济新秩序提供了机遇和平台。

我国第十四个五年规划和2035年远景目标纲要指出，要坚持实施更大范围、更宽领域、更深层次对外开放，依托我国超大规模市场优势，促进国际合作，实现互利共赢，推动共建“一带一路”行稳致远，推动构建人类命运共同体，使全球治理体系朝着更加公正合理的方向发展。对于正在迅速崛起的中国而言，尽管综合国力不断提升，在今后较长一段时期内其仍将是一个具有世界影响力的亚太大国。基于这一定位，深入推进亚太区域合作既是我国参与全球经济治理的重要组成部分，也将为我国进一步提升在全球经济治理体系中的地位和影响力提供契机和有效抓手。

有鉴于此，南开大学亚太经济合作组织（APEC）研究中心作为教育部人文社会科学重点研究基地，组织研究中心的学术团队共同撰写“亚太区域合作与全球经济治理研究丛书”，对当前亚太区域合作的新趋势和热点问题进行跟踪研究。希望本丛书的出版能够为推进该领域的理论和应用研究成果创新做出有益的尝试和贡献。

刘晨阳

南开大学亚太经济合作组织（APEC）研究中心　主任

目　录

第一章　亚太区域经济合作进程概述

亚太区域经济合作从20世纪60年代开始逐渐兴起。作为近年来在世界范围内经济增长最具活力的地区，亚太地区的人口约占世界总人口的1/3，国内生产总值（GDP）总量占世界比重接近50%，贸易总额占世界比重超过50%，世界从未像现在这样需要一个和平、稳定、繁荣的亚太。由此可见，亚太区域经济合作进程不仅关系到本地区经济的增长和繁荣，对世界经济发展的未来走势和格局演变也将产生重要影响。

第一节　亚太区域经济合作的总体趋势和特点

从客观条件来看，亚太地区地域辽阔，经济体众多，各国和地区在经济发展水平、社会制度、文化、历史等方面存在很大的差异。因此，与欧洲的区域经济一体化进程相比，亚太区域经济合作具有比较显著的多样性和灵活性，其合作的层次更为丰富，合作机制更为多样，合作领域更为广泛。

一、亚太区域经济合作层次的丰富性

就合作的地域范围而言，亚太区域经济合作进程呈现出明显的多层次特征。不同层次的区域经济合作形式相互交织、相互融合、相互竞争，共同推动形成了亚太区域经济合作的复杂格局。

（一）泛亚太区域经济合作

泛亚太区域经济合作的构想始于20世纪60～70年代，由太平洋贸易与发展论坛（PAFTAD）和太平洋盆地经济理事会（PBEC）共同推动。1980年，澳大利亚和日本共同发起建立了太平洋经济合作会议[①]，这是一个由工商企业界、政府和学术界三方人士组成的非政府国际组织，倡导本着开放的区域主义理念开展亚太多边经贸合作。在太平洋经济合作会议的积极推动和协调下，亚太经济合作组织（APEC）于1989年正式成立，从而开创了亚太经济合作的新局面。正是缘于APEC的建立，使得“亚太”从一个相对宽泛的地理概念转化为具有明确地缘政治和地缘经济内涵的地区概念，并促使亚太区域经济合作从设想走向了全面实践。

历经30多年的发展，APEC成员数量从1989年成立时的12个增加到21个[②]，建立了完整的内部组织架构。1994年，APEC确立了“茂物目标”，即发达成员在2010年、发展中成员在2020年实现贸易投资自由化，从而为亚太区域经济合作注入了实质性的内容和内在的推动力。目前，APEC成员的人口总量约占世界的45%，经济总量约占世界的60%，贸易总量约占世界的48%，成为亚太乃至世界范围内规模和影响最大的区域经济合作组织。同时，APEC始终是世界贸易组织（WTO）的坚定支持者，与二十国集团（G20）等多边合作机制的协调与互动也越来越密切，从而使APEC在全球经济治理体系中发挥着越来越重要的作用。

（二）次区域经济合作

除了APEC引领的泛亚太经济合作进程之外，东亚、拉丁美洲、南太平洋等地区所开展的次区域经济合作在近年来也取得了不同程度的进展，构成了亚太区域经济合作的重要层次。

在东亚的区域经济合作进程中，1967年正式成立的东南亚国家联盟（简称“东

---

① 太平洋经济合作会议（Pacific Economic Cooperation Conference）在1992年更名为太平洋经济合作理事会（Pacific Economic Cooperation Council，PECC）。

② APEC成立时的12个成员为澳大利亚、加拿大、日本、韩国、新西兰、美国、文莱、印度尼西亚、马来西亚、菲律宾、新加坡和泰国，此后，中国、中国台北、中国香港、墨西哥、智利、秘鲁、巴布亚新几内亚、俄罗斯和越南相继加入。

盟”）起到了核心的推动作用。东盟是以经济合作为基础的政治、经济、安全一体化合作组织，创始成员包括新加坡、马来西亚、泰国、印度尼西亚和菲律宾。文莱于 1984 年加入东盟，越南、老挝、柬埔寨和缅甸在 20 世纪 90 年代成为新的东盟成员国。在组织架构上，首脑会议是东盟的最高决策机构，自 1995 年起每年举行一次，由各成员国轮流主办。从 20 世纪 90 年代初开始，东盟所引领的东南亚次区域经济合作进程逐渐加快，形成了一系列新的合作机制，并设立了 2020 年建成东盟共同体的目标。

东盟的区域经济一体化进程对中国、日本、韩国等东亚地区的其他重要国家起到了激励和示范作用。20 世纪 80 年代以后，东亚地区成为世界范围内经济发展最快的地区，创造了举世瞩目的“亚洲经济奇迹”。但是，1997 年爆发的亚洲金融危机使东亚各国深刻认识到加强东亚区域经济合作的重要性。在此背景下，东盟与中日韩领导人第一次会议于 1997 年 12 月在马来西亚吉隆坡举行，“10+3”合作机制由此形成。此后，东盟和中日韩领导人每年都举行会晤，就东亚地区和国际范围内的经济热点问题进行深入讨论，并不断取得一些重要的阶段性成果。2001 年，“10+3”合作机制提出了建立“东亚共同体”的目标，为东亚区域经济合作进程描绘了新的蓝图。2005 年 12 月，首届东亚峰会在马来西亚吉隆坡举行。除了原有的“10+3”成员之外，澳大利亚、新西兰和印度也参加了会议，正式融入了以东盟为核心的“10+6”区域经济合作进程。

在拉丁美洲地区，1969 年成立的安第斯集团是该地区最早的区域经济合作组织，其总部设在秘鲁首都利马，1996 年其更名为安第斯共同体，目前的正式成员包括秘鲁、玻利维亚、厄瓜多尔和哥伦比亚。1991 年成立的南方共同市场则是目前拉丁美洲最大的区域经济合作组织，正式成员包括阿根廷、巴西、巴拉圭、乌拉圭、委内瑞拉和玻利维亚。这两大组织的目标和宗旨都是加强成员之间的宏观经济政策协调，削减贸易投资堡垒，促进拉美地区的经济一体化进程。

在南太平洋和大洋洲地区，澳大利亚和新西兰始终是区域经济合作的积极倡导者和引领者。1971 年 8 月，澳大利亚、新西兰、斐济、萨摩亚、汤加、瑙鲁、和库克群岛等共同发起成立了“南太平洋论坛”，并决定每年召开一次会议。2000年10月，“南太平洋论坛”正式更名为“太平洋岛国论坛”，目前共有18个成员，在推进南太平洋地区的经济合作方面发挥着重要作用。

二、亚太区域经济合作机制的多样性

亚太地区成员数量众多，而且在政治、经济和社会层面具有显著的多元化特征。这一现实情况不仅催生了多层次的亚太区域经济合作，也带来了合作机制的多样性。从总体情况来看，亚太地区既有论坛组织框架下的非约束性质的经济合作，又有以自由贸易区（FTA）为代表的具有强约束力的合作机制。

（一）论坛组织框架下的非约束性合作

目前，亚太地区有多个论坛性质的区域经济合作组织，APEC 是其中最具影响力的代表。自成立伊始，APEC 就根据亚太地区及其成员开展经济合作所面临的现实情况，确立了独特的运行方式，即著名的“APEC 方式”。该方式的核心特征包括：承认成员的多样性，强调灵活性、渐进性和开放性；遵循相互尊重、平等互利、协商一致、自主自愿的原则；在合作实施中鼓励单边行动与集体行动相结合，并实行“开放的地区主义”[①]。实践表明，这些原则和做法符合亚太地区的实际情况，照顾了 APEC 各成员在经济发展水平和社会制度方面的差异性，使它们不同的利益诉求得到了较好的平衡。

除了 APEC 之外，东亚峰会、太平洋岛国论坛等也都属于论坛性质的区域经济合作组织，主要是通过领导人会议宣言的方式凝聚合作共识，明确优先合作领域，体现出比较显著的灵活性、渐进性和非约束性特征。

（二）自由贸易区框架下的约束性合作

作为一种具有约束力的制度性安排，自由贸易区是区域经济一体化的基本形

① 从 APEC 的实践来看，开放的地区主义具备以下几个特征：第一，成员之间多样化的经济、文化和社会差异并未成为制约区域合作的障碍；第二，以经济活动为中心，注重成员之间的平衡利益；第三，坚持贸易投资自由化的非歧视性；第四，在实现区域利益的同时支持多边贸易自由化进程。

态之一。从时间来看，亚太地区的自由贸易区起步较晚。在 20 世纪 90 年代末以前，亚太地区仅有北美自由贸易区（NAFTA）、澳大利亚-新西兰紧密经济关系贸易协定（ANZCERTA），以及亚太贸易协定（APTA）等为数不多的自由贸易区。随着 20 世纪 90 年代末新一轮区域经济一体化浪潮在全球范围内兴起，亚太地区的自由贸易区数量开始迅速增加。

亚太地区的自由贸易区的发展动力主要源于该地区经济的迅猛发展和各经济体之间贸易投资相互依赖程度的加深。对于很多经济体来说，加入自由贸易区不仅仅是当 WTO 谈判陷入僵局时的次优选择，同时也是重拾或加强自身经济竞争力的有效手段。另外，由于自由贸易区具有排他性的特征，会对非成员造成竞争压力，竞争性自由化所产生的“多米诺效应”促使一些经济体加入自由贸易区。需要强调的是，许多经济体加入自由贸易区不仅仅期待得到经济利益，还希望得到非经济利益，如与其他经济体加强政治关系、形成全面的战略伙伴关系等。从这个意义来说，自由贸易协定不仅是缔约方之间的经济协议，也是各缔约方外交、安全和对外经贸战略中不可缺少的一部分。

客观而言，自由贸易区数量的增加对打破缔约成员之间的贸易壁垒、促进亚太地区贸易和投资的增长起到了一定的积极作用。但另一方面，各个自由贸易协定所施行的规则不同，标准有高有低，在成员组成上也存在交叉或重合。自由贸易协定的数量越多，在实施过程中的协调难度就越大。因此，亚太地区错综复杂的自由贸易协定网络被形象地比喻为“意大利面碗”。针对这一问题，近年来亚太地区的自由贸易区发展进程出现了多边化区域主义（multilateralizing regionalism）的趋势，突出表现为大型自由贸易区的衍生和扩张，其中最具代表性的是跨太平洋伙伴关系协定（TPP）/全面与进步跨太平洋伙伴关系协定（CPTPP）、区域全面经济伙伴关系（RCEP）和太平洋联盟（PA）等。这一趋势既是双边及区域性自由贸易协定突破自身封闭性而进行对外开放与整合的过程，又是新区域主义针对形势变化而做出的调整与发展[①]。

三、亚太区域经济合作领域的广泛性

基于合作层次和机制的多样性，多年来亚太区域经济合作所涉及的领域也呈现出显著的广泛性特征，从贸易、投资、金融拓展到经济技术合作的诸多领域。

在贸易和投资领域，不论是各种类型的自由贸易区，还是 APEC 等论坛性合作组织，都把推进贸易投资自由化和便利化进程视为重点目标，以制度约束或成员自主自愿的方式削减各种关税和非关税壁垒，提高外资的市场准入水平，并在标准和一致化、海关程序、原产地规则、商务人员流动、电子商务等众多领域推进贸易投资便利化，以降低交易成本。

在金融领域，在“10+3”框架下制订和实施的“清迈协议”是一个典型的例子。1997 年亚洲金融危机爆发之后，东亚各国深刻意识到深化地区金融货币合作的重要性。经过各方努力，“10+3”财长会议在 2000 年达成了“清迈协议”，就货币互换机制、加强地区金融监管、地区资本流动监管、人力资源培训和地区金融稳定的具体措施等问题达成了一致，从而促使东亚地区的货币金融合作取得了实质性进展。

在经济技术合作方面，各个层面的亚太区域经济合作机制以消除地区经济发展不平衡、缩小经济差距，以及促进共同发展等为主要目标，在人力资源开发、教育、产业科技、中小企业、能源、交通运输、电信、旅游、海洋资源保护、环保、农业等领域开展了多种形式的合作。近年来，基础设施和互联互通、数字经济、城镇化、反腐败、结构改革等也逐渐成为广受关注的重点领域，使得亚太区域经济合作的广度和深度进一步拓展。

---

① 杨勇，张彬. 浅析多边化区域主义在亚太区域经济一体化中的影响［J］. 世界经济研究，2011（11）：75-80.

第二节 亚太区域经济合作的全球和地区背景

亚太区域经济合作进程的不断发展有着深刻的政治经济背景，不仅受到各成员的利益诉求和相互依存关系的驱动，还受到世界和地区经济宏观环境变化的多方面影响。

一、多边贸易体制的发展遇阻

经济全球化与区域经济一体化是近年来世界经济发展的两个重要特征，二者之间通常体现为此消彼长的关系。在经济全球化进展顺利之时，区域经济合作的势头会有所减弱，而当经济全球化进程遇到较大阻力之时，很多国家就会将重心转向区域经济合作。

第二次世界大战之后的 70 余年里，以关税及贸易总协定（GATT）/WTO 为代表的多边贸易体制是经济全球化发展的重要制度保障。GATT/WTO 框架下的各项协定和规则有效削减了国际贸易壁垒，加强了各成员之间的经济政策协调，为促进世界经济和全球贸易的增长提供了强大推动力。1995 年 1 月 1 日，WTO 取代 GATT 开始负责全球贸易规则的制定与实施，标志着多边贸易体制进入了一个新时代。

但是，WTO 框架下的多边贸易体制在多年的运行过程中也逐渐暴露出一些问题和缺陷，既有 WTO 内部的因素，又源于外部环境的变化。因此，近年来对 WTO 进行改革的呼声越来越高，目标是增强其权威性和有效性，使其在全球经济治理中更加有效地践行开放市场、促进发展的宗旨。

（一）WTO 的谈判功能和决策效率日趋下降

作为协调全球贸易规则的核心机构和全球经济治理的重要机制，组织多边贸易谈判是 WTO 的重要职能之一。然而，自 1995 年成立以来，WTO 框架下未能完成一轮多边谈判，自 2001 年启动的多哈回合谈判因陷入久拖不决的困境之中而被终止。造成这一局面的原因之一是 WTO 成员数量的不断增多，使得谈判达成一致的难度越来越大（见表 1-1）。

WTO 采取的一揽子承诺方式是导致多边贸易谈判旷日持久的另一因素。为了防止免费“搭车”现象，GATT 在肯尼迪回合中引入了这一操作方式。应当承认，一揽子方式有其特点和优势。一方面，从单纯的贸易效应来看，一揽子协议意味着不同的利益组合可供选择，参与谈判的成员从范围更宽的协议中能够综合考虑得失，争取获得更多的收益。另一方面，从政治经济角度的所得来看，在成员某一部门的内部，由于国内利益集团的保护难以做出的让步，在一揽子方式下往往更容易达成。其原因在于，一揽子协议所施加的外部压力使敏感部门的改革更容易进行，乌拉圭回合中的农业贸易改革提供了这方面的实例。但从不利的视角来看，在这一承诺模式下，谈判的每一项内容都是一揽子协议中不可分割的部分，不能单独达成。这意味着只要任意一项谈判议题在成员之间没有达成一致，一揽子协议就将无法签署，这必然会大大延长 WTO 多边贸易谈判的周期。

表 1-1　多边贸易谈判进程

贸易回合	地点/名称	年份	参加成员数量
第一回合	日内瓦	1947	23
第二回合	安纳西	1949	13
第三回合	托　奎	1951	38
第四回合	日内瓦	1956	26
第五回合	狄　龙	1960－1961	26
第六回合	肯尼迪	1964－1967	62
第七回合	东　京	1973－1979	102
第八回合	乌拉圭	1986－1994	123
第九回合	多　哈	2001－	145

资料来源：根据 WTO 官方网站有关材料整理，http://www.wto.org。

（二）议题的不断拓展加大了多边贸易体制的规则协调难度

肯尼迪回合以前，GATT 主持下的多边贸易谈判仅涉及与产品有关的关税减让，谈判问题不仅集中，而且难度相对较小。自肯尼迪回合以后，越来越多的议题逐渐被纳入多边贸易谈判之中。到 1986 年乌拉圭回合启动时，除制造业产品关税削减以外，服务市场准入、农产品、反倾销、技术贸易壁垒、知识产权、反补贴、争端解决机制、贸易政策及其透明度等议题都被纳入谈判。在此后的多哈回合谈判中，增加的新议题包括贸易与投资的关系、贸易便利化、电子商务等（见表 1-2）。

近年来，世界经济格局加速演变，全球科技革命蓬勃发展，数字贸易迅速扩展，全球产业链布局深刻变化。但是，WTO 在多种因素影响下未能与时俱进，在制订新规则和完善现有规则方面捉襟见肘，造成全球多边贸易治理严重滞后于世界经济贸易发展的现实。

表 1-2　GATT/WTO 多边贸易谈判领域与结果

贸易谈判	谈判领域及方式	谈判结果
日内瓦回合	关税：产品对产品的谈判	45 000 个税号的减让
安纳西回合	关税：产品对产品的谈判	适度的关税降低
托奎回合	关税：产品对产品的谈判	8700 个税号的减让
日内瓦回合	关税：产品对产品的谈判	适度的关税降低
狄龙回合	关税：产品对产品的谈判；欧盟关于工业制成品 20%线性削减建议未被通过	1957 年欧共体建立后进行关税调整；4400 个税号的相互减让
肯尼迪回合	● 关税：公式法减让，辅之以产品对产品的谈判 ● 非关税措施：反倾销、海关估价	发达国家平均减税 35%；30 000 个税号被约束；反倾销和海关估价协议
东京回合	● 关税：公式法减让 ● 非关税措施：反倾销、补贴、海关估价、政府采购、进口许可证程序、产品标准、保障条款	发达国家平均减税 1/3（其中，工业制成品达 6%）； 有关非关税措施的行为准则，适用于有关 GATT 成员
乌拉圭回合	● 关税：产品对产品和公式法谈判相结合 ● 非关税措施：所有东京回合议题加上装船前检验、与贸易有关的投资措施、原产地规则 ● 新议题：服务贸易和知识产权、争端解决程序、贸易政策和监督的透明度	发达国家平均减税 1/3；农产品和纺织品被列入 GATT；创立 WTO；服务贸易协议和知识产权协议；许多东京回合的守则得到加强并成为 1994 年 GATT 的一部分，即适用于 WTO 的所有成员

续表

贸易谈判	谈判领域及方式	谈判结果
多哈回合	● WTO 生效后出现的问题：关于 WTO 协议的实施与执行；非农产品的市场准入；小型成员的参与 ● 乌拉圭回合的后续谈判：农产品、服务贸易自由化；知识产权；政府采购；贸易与环境问题 ● WTO 规则：反倾销与反补贴；争端解决；WTO 与区域贸易协议 ● 发展中成员与最不发达成员的差别待遇 ● 新议题：贸易与投资的关系；贸易便利化、电子商务	（未达成一致，谈判终止）

资料来源：根据 WTO 官方网站有关材料整理，http://www.wto.org。

（三）发达成员和发展中成员在多边贸易体制中的利益严重失衡

长期以来，由于发达成员的市场机制比较完善，经济发展水平高，又占有世界上大部分资本要素，其不仅在以市场机制为主导的经济全球化过程中处于主导地位，还操纵着多边贸易体制的走向。对于广大发展中成员而言，虽然其数量众多，但不论是作为买方还是卖方，都难以对国际市场施加较强的控制力，因此也难以在多边贸易谈判中拥有足够的谈判资本。即使发展中成员从自身利益出发提出一些措施和建议，也往往由于发达成员的阻挠和不配合而难以在多边贸易谈判中获得通过。例如，WTO 多哈回合谈判所涉及的贸易与环境、竞争政策、电子商务和劳工标准等领域都被发达成员放在了优先位置，而众多发展中成员提出的发达国家削减农产品关税、取消出口补贴和削减，并最终取消导致全球农产品贸易扭曲的国内支持政策等方面的要求却没有得到应有的重视。此外，WTO 曾以“绿屋会议”的形式对相关议题进行讨论，反映出 WTO 体制中存在着排他的、不透明的、不民主的决策方式。若上述问题得不到解决，会进一步加剧发达成员和发展中成员在多边贸易体制下的利益失衡，使发展中成员对全球贸易自由化可能导致的不平等、贫困、环境恶化和各种社会问题产生越来越多的忧虑。

（四）WTO 争端解决机制陷入阶段性的瘫痪

WTO 之所以能够取代 GATT，成为具有国际法律地位的国际组织，其中一个重要的原因就是其争端解决机制的设置。在 GATT 机制下，缔约方之间发生贸易争端只能通过磋商加以解决，专家组意见因缺乏约束力常常难以有效执行。WTO 根据《关于争端解决规则与程序的谅解》设立了争端解决机制，提高了专家组建议的约束力和上诉机构的终审法律地位，使得以规则为基础的多边贸易体制得到了有效增强。因此，WTO 争端解决机制也被誉为“WTO 皇冠上的明珠”。

但是，自 2016 年以来，美国以 WTO 上诉机构无视诉讼程序期限、超越审查范围等为由，阻挠新法官的任命，并提出了恢复 GATT 机制下无约束力的磋商机制的要求。WTO 各成员围绕这一问题陷入争论，但始终未能达成一致意见。2019 年 12 月 11 日，WTO 争端解决上诉机构在未能完成新任法官的遴选和任命的情况下正式停摆，从而对多边贸易体制原则及规则的有效落实和执行提出了新的挑战。

与 WTO 框架下的多边贸易体系相比，区域经济合作涵盖的成员较少，敏感问题相对集中，合作方式也更加灵活多样，各方可以本着求同存异的原则，积极推动重点领域的合作，并以此为基础逐步扩大共识，拓展区域经济合作的广度和深度。除了欧盟成员之外，世界主要的经济和贸易大国都集中在亚太地区。因此，在近年来 WTO 面临越来越多的困难和挑战的现实情况下，积极参与亚太区域经济合作成为该地区各成员推进贸易自由化和便利化进程的有效渠道。

二、区域经济一体化浪潮的兴起

如果说多边贸易体制的遇阻为亚太区域经济合作的发展提供了良机，那么全球范围内区域经济一体化浪潮的兴起则与亚太区域经济合作的深化与拓展有着更加直接的联动关系。

区域经济一体化是国家和地区之间通过一定的制度安排实现的经济联合。由于制度安排和组织形式不同，经济合作的领域和程度也有所差异，但根本目标和动力都是为了最大限度地维护各成员的共同利益，提高各成员在国际竞争中的整体竞争力，从而获得比较利益和规模经济利益。

区域经济一体化是随着世界经济的发展而逐步演进的，在不同时期表现出显著的阶段特征。就总体发展态势而言，世界范围内的区域经济一体化自 20 世纪 50 年代末以来经历了三次浪潮。

区域经济一体化的第一次浪潮发生在20世纪50～60年代，主要集中在欧洲地区。其中，1956年成立的欧洲经济共同体（EEC）是最具标志性的组织，成为此后引领欧洲区域经济一体化进程的“火车头”。此外，由英国提议并于1960年成立的欧洲自由贸易联盟（EFTA）是欧洲区域经济一体化合作浪潮的另一个主角。需要指出的是，此次区域经济一体化的浪潮并未在全球范围内全面兴起，其原因在于这一时期美国、日本等世界贸易大国对参与区域经济合作并不积极，主张通过多边贸易谈判的方式来推进自由贸易。

区域经济一体化的第二次浪潮发生于 20 世纪 80 年代末至 90 年代初，其标志是欧洲统一市场的形成，以及 NAFTA 和 APEC 的成立。值得关注的是，美国主导建立 NAFTA 标志着其对区域经济合作的态度发生了重要转变，开始放弃原有的消极立场，转向积极参与和主导自由贸易协定，以获取更多的经济和政治利益。这一时期，欧共体迅速扩大，并向欧盟过渡。1994 年，NAFTA 的正式生效直接带动了拉丁美洲乃至非洲区域经济合作的兴起。一些旧的自由贸易协定重新生效，并形成新的区域贸易协定，如安第斯共同体、西非经济货币联盟等。1989年APEC的成立标志着亚太区域经济合作进程的全面启动。此外，东盟成员在1992年签署相关协议，启动了东盟自由贸易区进程。

20 世纪 90 年代末，区域经济一体化掀起了第三次浪潮。这次浪潮的主要特点之一是自由贸易区在全球范围内的大量涌现。除了数量激增之外，自由贸易区的快速发展还表现在涵盖地域的广泛性，亚洲、美洲、欧洲，乃至非洲和中东地区都诞生了许多新的自由贸易区，还有一些自由贸易区是跨地区的。如前文所述，相比世界其他地区，亚太地区的自由贸易区建设起步较晚，20 世纪 90 年代末之前仅有 NAFTA、AFTA 和 ANZCERTA 三个自由贸易协定正式生效。但自 21 世纪以来，越来越多的亚太经济体开始努力构建以自身为核心的自由贸易区网络，使得亚太地区成为全球范围内自由贸易区数量增长最为迅速的地区，从而在客观上加快了亚太区域经济一体化进程。

三、亚太地区各成员的经贸关系日益密切

开展区域经济合作的前提条件之一是各国和地区在经济领域存在密切的往来和联系，相互间存在较多的共同利益诉求，并有强烈的合作意愿。随着全球价值链（global value chain, GVC）的不断发展与延伸，各国之间在国际产业分工和贸易投资领域的相互依存度越来越高。自 20 世纪 90 年代以来，亚太地区成为世界范围内贸易投资活动最为活跃的地区，同时也是全球价值链分布最为密集的地区。

全球价值链的发展在进一步深化国际产业分工和密切各国经贸关系的同时，也加大了国际经贸体系发生系统性风险的可能性。这两个事实提升了亚太地区各成员对加强全球价值链合作必要性的认识，从而形成了促进亚太区域经济合作进程的又一内部驱动力。

四、地区大国和组织的推动

亚太地区包括美国、中国、日本、澳大利亚和东盟等在世界和亚太经济格局中占有重要地位的国家和区域合作组织。不可否认的是，这些国家和组织的对外经贸合作战略对亚太区域经济合作的模式和进程产生了重要影响。从 20 世纪 90 年代起，美国、澳大利亚、日本等亚太地区的发达国家从各自的政治经济利益出发，开始积极推动亚太区域经济合作的发展。此后，中国和东盟等发展中大国和地区组织也开始在区域经济合作方面发挥积极的参与者和协调者的作用，为亚太区域经济合作的蓬勃发展做出了重要贡献。

五、“逆全球化”潮流及其对亚太区域经济合作的影响

近年来，亚太区域经济合作进程并非一帆风顺。尤为值得关注的是，随着全球价值链的演进和新兴市场的崛起，发达国家国内产业空心化、收入分配不平等与劳动力市场冲击等问题进一步凸显和恶化，“逆全球化”趋势愈演愈烈，给亚太区域经济合作进程带来了一系列新的问题和挑战。

（一）逆全球化产生的背景与原因

“逆全球化”又称为“去全球化”，是指在世界经济复苏乏力、全球贸易持续低迷的情况下，部分国家出现的以保护主义、孤立主义和民粹主义为代表，与20世纪90年代以来经济全球化潮流反向而行的思潮与行动。

从“逆全球化”产生的背景和原因来看，可以追溯到2008年的全球金融危机。在此次金融危机之前，虽然也时有反对全球化的声音，但由于世界经济处于上行时期，经济发展能够掩盖经济全球化过程中出现的一系列问题。当前的反全球化则发生在世界经济下行时期，经济发展不但难以掩盖经济全球化带来的问题，而且经济增长本身也成为问题。全球金融危机爆发之后，世界经济增长乏力，难以在短时间内走出危机的阴影，并拖累了国际贸易和投资的增长。在这种结构性的变化下，贸易保护主义、金融市场动荡和大规模移民潮等现象不断出现，为反全球化的高涨提供了动因。

以2008年全球金融危机的爆发为分水岭，世界经济增长出现大幅下降，此后一直维持在较低水平。世界经济增长除了2009－2011年由于政策刺激一度恢复到危机前水平外，从2012年起世界经济增长骤然下降，此后一直维持低迷状态。需要指出的是，世界经济增长和世界货物贸易的关系也出现了转折性变化。在全球金融危机爆发之前，世界经济与世界贸易均保持增长态势，货物贸易的平均增长率比世界GDP平均增长率高出近10%。可以说，过去20多年来，世界贸易为世界经济增长提供了强大拉动力。全球金融危机爆发后，世界经济和世界货物贸易都出现下滑，但世界货物贸易的下降幅度远远超过了世界经济增长的下降幅度。2009－2010年，在各国出台的政策刺激下，世界贸易和经济增长都快速反弹，呈

现较强的恢复势头。但是，2012 年世界货物贸易增长率再次从 19.85%骤降到 0.86%，一方面是因为各国刺激政策的退出，另一方面是因为国际市场的供需出现了结构性矛盾。刺激政策扩大了供给能力，但世界总需求却因债务总负担加重而减少。此后，世界货物贸易的增长率开始连续多年低于世界经济增长率。

世界贸易是经济全球化的重要体现，它从一个侧面反映了经济全球化和反全球化的此消彼长。经济全球化和贸易自由化的发展促进了商品、服务、资本、技术、劳动力等产品与生产要素在全球范围内更加自由地流动和更有效地配置。在这一过程中，智能制造、高科技、金融等日益成为发达国家的主导性跨国产业。发达国家的传统制造业等中低端产业则逐渐转移至新兴市场与发展中国家，从而导致前者出现贸易逆差、制造业空心化等问题。在此背景下，一些发达国家内部的反全球化势力开始抬头，将本国经济和产业发展所面临的问题归咎于全球化的冲击。

与此同时，由于全球经济和贸易陷入持续结构性低迷，失业、收入分配不均、社会两极分化等问题开始在一些国家内部持续发酵。但是，这些国家的政府却未能做出及时有效的调整，致使处于经济与社会边缘地位的中下层民众日益不满。他们认为，高科技、金融和互联网精英阶层都是全球化的主要受益者，产业工人、农民和低技能服务业者则因大量资本外流和进口而遭受严重冲击，从而进一步诱发了“逆全球化”思潮的抬头。

（二）逆全球化对亚太区域经济合作进程的影响

亚太地区作为近 30 年来全球经济最具活力的区域，虽然在经济发展和消除贫困方面取得了令人瞩目的成绩，增长势头良好，但“逆全球化”趋势和贸易保护主义的抬头将给亚太区域经济合作进程带来多方面的风险和冲击。

一方面，“逆全球化”潮流使得全球范围内缔结自由贸易协定的数量下降，并有可能影响亚太地区贸易投资自由化进程的步伐。1990－2010 年期间，全球范围内共签署了 500 多个自由贸易协定，是 1990 年之前 20 年建立的自由贸易区总和的 3 倍之多，这些自由贸易协定的签订使得全球贸易保护水平大幅下降。然而，在“逆全球化”趋势的影响下，近年来各国之间签订自由贸易协定的数量明显减少，2016年以来仅为个位数。与此同时，全球范围内的贸易保护措施则在不断增加。根据全球贸易预警数据库的数据显示，自2012年起，二十国集团成员所公布的歧视性贸易措施数量大幅增加，其中反倾销和临时提高进口关税是最主要的两类贸易保护手段，占全球贸易保护措施数量的30%。另据WTO《2018年世界贸易发展报告》所发布的数据统计显示，2016年8月至2017年8月期间，WTO成员出台的各类贸易保护措施多达108项，受影响贸易总额高达790亿美元。同期，WTO成员共实施了301项贸易救济措施，涉及金额共计706亿美元。显然，上述趋势对亚太地区正处于推进过程之中的相关自由贸易协定将产生直接或潜在的负面影响。

另一方面，“逆全球化”潮流将拖缓亚太经济的复苏进程，对亚太区域生产网络的运行造成障碍。自2017年以来，由单边主义和保护主义所引发的双边或区域层面的贸易摩擦在世界各地频发，给包括亚太地区在内的全球经济的良性复苏蒙上巨大阴影。欧洲中央银行于2018年5月发布的经济公报中明确指出，全球贸易紧张局势导致全球贸易自由化步伐放缓，从而对全球经济的复苏造成了威胁。美国智库之一的布鲁金斯学会的研究显示，如果全球爆发小型贸易战，即关税增加10%，则大多数经济体国内生产总值将减少 1%～4.5%；如果全球爆发严重贸易战，即关税增加40%，全球经济将重现20世纪30年代的大萧条。亚太地区在世界经济和贸易体系中占有重要地位，价值链分布极为密集。因此，“逆全球化”思潮和贸易保护主义的泛滥无疑将破坏亚太地区基于良好市场基础的价值链体系，导致亚太生产网络的撕裂和重组，该地区重要产业链条的分工与布局也将受到冲击，从而给亚太区域经济合作的未来前景增加不确定性。

第二章　亚太区域经济合作的多视角理论分析

区域经济合作的驱动因素是多维的，涉及政治、经济、外交等多个层面。同时，从世界范围来看，亚太地区是近年来政治经济格局演变最为复杂、大国博弈最为激烈的区域，进一步强调了从不同视角对亚太区域经济合作进程进行理论分析的必要性。

第一节　传统的区域经济一体化理论

传统的区域经济一体化理论主要包括关税同盟理论、自由贸易区理论、共同市场理论和完全的经济一体化理论等，这些理论分别从产品和要素市场、交易成本等角度出发，解释了区域经济合作衍生和发展的动因和传导机制。下面主要对关税同盟理论和自由贸易区理论做详细论述。

一、关税同盟理论

作为区域经济一体化的典型形式，关税同盟取消成员之间的进口关税，对成员以外的国家或地区实行统一对外关税，并按照协议将关税收入在成员之间按一定比例进行分配。关税同盟理论主要研究资源再分配引起的效应变化以及对成员的影响。

根据传统的关税同盟理论，以比较利益原则为基础的自由贸易可以扩大各国的经济利益，带来生产和消费的有益变化。关税同盟在区域内实行关税减免，从而趋向自由贸易，必然导致成员福利的增加，关税同盟的扩充则可被视为提高世界福利水平的途径之一。

瓦伊纳（Viner, 1950）对传统关税同盟理论的构建做出了开拓性的贡献，他指出关税同盟的成立将产生两种主要的效果，即贸易创造和贸易转移。具体而言，贸易创造是指关税同盟建立以后两国贸易规模的扩大以及由此带来的生产要素的优化配置，是一种正效应；贸易转移则是指同盟外较低成本的进口被同盟内较高成本的进口所替代，是一种负效应。关税同盟的净福利效果取决于贸易创造效应和贸易转移效应的对比，即如果贸易创造效应大于贸易转移效应，关税同盟的建立可以提高经济效率，进而提高福利水平；反之，则会降低福利水平。

瓦伊纳进一步提出了提高福利水平的条件：

（1）关税同盟的成员越多，覆盖的经济区域越大，则贸易转移效果将进一步下降，而贸易创造效果上升的可能性进一步增加。

（2）如果共同对外关税低于成立关税同盟以前的各自对外关税，则贸易转移效应也较低。

（3）如果成员之间建立同盟前关税保护的产业之间的互补性比较低（竞争性较大），则贸易转移的幅度比较小；如果成员的经济结构类似，则各自还需从同盟外的国家进口不具有比较优势的商品。

（4）成员保护产业的单位成本差异越大（即有潜在的互补性），则贸易创造的余地越大。

（5）如果同盟外的潜在出口市场具有较高水平的保护关税，成员在自由贸易下具有比较优势的产品将获益，这是因为成立关税同盟所致专业化水平降低造成的损害较小。在极端情况下，如果同盟外的关税水平高到在形成关税同盟以前的所有贸易都被禁止，则同盟的形成不会造成贸易转移。

此外，瓦伊纳还确定了关税同盟可能带来的其他两种效果：第一，对于那些由于国内市场较小、外国进口关税较高导致出口量较小，不能达到成本最小的产出水平的小国而言，在形成关税同盟后，可能在同盟内创造一个较大的市场，以达到最优生产规模；第二，同盟内成员可能愿意改善其贸易条件以提高福利，尽管这将造成非成员的福利下降。由于小国不能像大国一样能通过关税来改善贸易条件，几个国家结成关税同盟后，将利用一个较大的关税区的地位来提高共同关税的有效性，从而改善成员的贸易条件。但是这是以非成员的损失为代价的，世界整体的福利不会因此而提高。

米德（Meade, 1955）认为，瓦伊纳的理论虽然创造性地提出了贸易创造和贸易转移效应，但不能提供一个准确的标准来测算结成关税同盟后的净损益情况，这主要是因为瓦伊纳没有考虑“消费效果”，即在形成关税同盟以后，相对价格的变化将影响消费结构。瓦伊纳的分析只有在所有产品的价格弹性均为 0 时才成立，这显然与经济现实不符。以贸易转移为例，如果东道国的某种商品的需求是弹性的，在建立关税同盟以后，该商品的相对价格下降，其需求将上升，该种商品从伙伴国的进口量也会上升，这种贸易扩张给东道国带来的来自该种商品消费所增加的福利，可能足以补偿贸易转移效果造成的损失。这种“消费效果”的大小，取决于对东道国的消费者而言该种商品的边际效用的大小。对于东道国来说，加入关税同盟后，内部关税削减会带来一定的税收损失。李普斯（Lipsey, 1957）进一步指出，当消费效应大于贸易转移时，关税同盟成员乃至整个世界，在理论上都有可能因此而提高福利。

库伯和马赛尔（Cooper & Massell, 1965）指出，如果一个国家实行非歧视性的关税削减，似乎总是比建立或加入一个关税同盟所增加的福利要多。假如非歧视性关税削减到形成关税同盟的共同关税水平，此时没有贸易转移效果，只有贸易创造效果，这表明结成关税同盟与等量的非歧视性关税削减相比，是一种次优的政策。对此，P. 旺纳科特和 R. 旺纳科特（P. Wonnacott & R. Wonnacott，1981）提出，一个国家加入关税同盟是为了从出口扩大中获益，而不是为了获得如前述模型所示的贸易创造效益。事实上，关税同盟在建立后，其成员将面临其他国家对本国产品所征收的关税，在传统的关税同盟理论分析中则忽略了这一因素。如果假定关税同盟的成员为小国经济，面对具有完全弹性的世界供给曲线，建立关税同盟后，因内部关税的削减使本国生产成本高于其他国家，而产品出口量增加低于伙伴国，将为该国带来不同于贸易创造的收益。

琼森（Johnson，1965）则认为，传统理论假定经济福利来自效用最大化下的私人消费，没有包括公共产品的集体性消费所带来的福利。如果考虑这一因素，如一国对工业扩展存在整体偏好，那么提高公共产品福利也可能是加入关税同盟的动机之一。假定某国通过征收关税来保护国内市场，私人消费因商品价格高于世界价格而受损，但是由于国内工业生产活动扩大，将可能给该国整体经济带来超过消费者损失的正面效用。

20 世纪 80 年代以来，国际经济学界针对传统关税同盟理论展开了更加全面和深入的探讨，指出了其存在的内在缺陷和在实际应用中的不足，为进一步拓展和完善区域经济合作理论提供了新的思路。例如，有的学者认为，传统理论未能涵盖关税同盟在贸易方面所引发的多种效应。事实上，除了贸易创造和贸易转移之外，还有“外部贸易创造”“贸易重整”和“贸易抑制”等其他效应。有的学者指出，传统理论未将关税同盟与经济增长紧密联系起来。一方面，传统理论假定技术不变，忽略了技术更新条件下成本下降的可能性及其对关税同盟其他效应的影响。另一方面，传统理论过于注重商品贸易，忽略了其中以商品形态呈现的生产资本和其他生产要素的流动，弱化了各种贸易效应与经济增长的关系。

二、自由贸易区理论

自由贸易区是指两个或两个以上的国家或一组关税领土之间通过达成协议，相互取消进口关税和与关税具有同等效力的其他措施而形成的经济一体化组织。与关税同盟一样，自由贸易区也会产生贸易创造和贸易转移效应。但是，自由贸易区与关税同盟之间有两个根本性的区别：第一，自由贸易区的成员分别保持不同的对外关税水平；第二，自由贸易区实行原产地规则，其目的是限制成员利用彼此之间的关税差异，从关税最低的非成员进口后再向自由贸易区内其他成员销售所造成的“贸易偏转”（trade deflection）。

（一）自由贸易区：单国模型

假设有 H 和 P 两个国家，各自在国内生产一种商品 X。这种商品在 H 国的关税较高，为 P_WT_H；在 P 国的关税较低，为 P_WT_P。OP_W 为世界的供给价格（图 2-1）。

假设在成立自由贸易区以前，H 国的关税是禁止性的，排除任何进口。此时，H 国的供给量为 OL，P 国的供给曲线为 S_{H+P}。

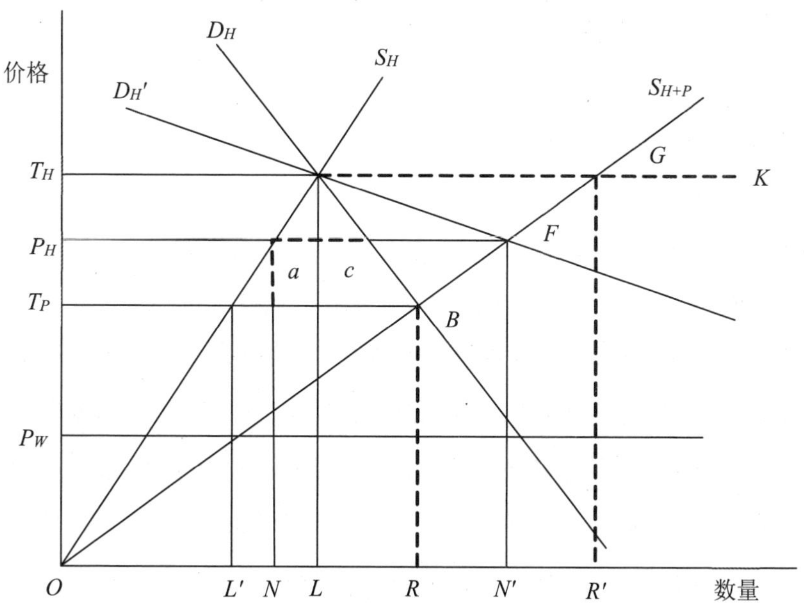

图 2-1　自由贸易区对单一成员的影响

形成自由贸易区以后，只要其在总体上是一个净进口者，根据原产地规则，自贸区内原产品在 H 国的价格就会介于 OT_P 和 OT_H 之间，既不会低于 OT_P，又不会高于 OT_H。此时，从 H 国的角度来看，其产品有效供给曲线为 T_PBFGK。

在自由贸易区中，P 国的供给量取决于商品价格，受到 H 国需求水平的限制。我们需要区分以下两种情况：

第一，H 国的需求曲线为 D_H，此时，H 国的国内供给为 OL'，P 国供给的商品量为 $L'R$，三角形 a 为贸易创造，c 为 X 商品价格下降所形成的消费效应。

第二，H 国的需求曲线为 D'_H，此时，H 国的价格 P_H 更接近于价格上限 OT_H。在这种价格水平下，H 国的供给量为 ON，P 国的供给量为 NN'。贸易创造则由在 D'_H 和 S_H 下方、水平线 P_H 上方的三角形区域表示。

由此可以看出，在自由贸易区内，价格水平越低，贸易创造的效应就越大。

还要考虑一种情况，即在自由贸易区中，X 商品由 P 国供给 H 国，直至达到其供给总量。如果有超出的部分，则还要依靠从外部世界的进口来补充。此时，P 国的价格就会下降到 OT_P 以下。这种贸易流动的变化被称为“间接贸易偏转”，它是由自由贸易区内生产能力限制所引起的区域外产品对区域内产品的替代，不受原产地规则的约束。

（二）自由贸易区：两国模型

假设有 H 和 P 两个国家，各自在国内生产一种给定商品，OP_W 为世界的供给价格。在形成经济一体化以前，P 国关税水平相对较低，为 P_WT_P；包括关税在内的价格为 OT_P。图 2-2 和图 2-3 描绘了 H 国和 P 国的国内供求情况。图中三角形 a 代表贸易创造；矩形 b 表示以伙伴国产品替代原有进口，即由贸易转移所构成的额外费用；三角形 c 是 H 国的消费效应，为正；三角形 d 是 P 国的消费效应，为负；三角形 e 为 P 国的生产效应，可能为零，也可能为负，并且主要是针对关税同盟而言。对于自由贸易区两国模型的福利分析，应区分为两种情况，并与关税平均化的关税同盟进行比较。

在第一种情况下，假设 H 国与 P 国需求情况相似，但是 H 国生产效率相对低下，而 P 国供给曲线具有相对弹性和竞争力，进而超过 OL''的产出的价格是高于世界市场价格 OP_W 的。

在建立自由贸易区以前，P 国生产和消费的产品数量为 OM，对应的价格为 OT_P，P 国关税排除所有进口。H 国的生产水平为 OL，消费为 ON，其供需差额 LN 部分则以价格 OP_W 从成本最低的来源进口，即从世界其余地区进口，海关收入为 $LN \times P_WT_H$。

如果 H 国和 P 国组成自由贸易区［图 2-2（a）］，价格为 OT_P 时的区内供给

（$OM+OL'$）显然小于该价格水平下的区内需求（$OM+ON'$），但是其差额 $L'N'$ 却小于该价格水平下 P 国的供给能力。在排除了成本最低的供给来源的自由贸易区后，P 国将以价格 T_P 供给 H 国市场 $L'N'$（$=L''M$）数量的产品，将余下相当于 OL″ 数量的产品供给国内市场，P 国的过剩需求 $L''M$ 将以价格 OP_W 从世界其余地区进口。此时，一体化以后的自由贸易区中将存在一个单一的均衡价格，这一价格水平等于建立自由贸易区以前两个成员价格中较低的那一个。

可以看出，贸易创造为 H 国的生产效应 a 加上消费效应 c，其大于贸易转移部分的成本。贸易转移成本与原关税收入之间的差额，表示从国库向消费者的内部转移，但并不是自由贸易区整体的实际收入损失。P 国将以自由贸易区成立之前同样的数量进行生产和消费，价格水平不变，但是政府收入将增加（图中阴影部分的矩形面积），表明 P 国国民收入将增加。对世界其他地区而言，其出口明显较以前增加，即 $L''M>LN$，这是由于 P 国的供给转向满足 H 国的需求。对于自由贸易区而言，不仅两个国家，世界其余国家和地区的福利状况也有可能有所改善①。

这种结果可以与 H 国和 P 国组建关税平均化的关税同盟的情况进行比较[图 2-2（b）]。此例可见，价格为 CET 时，同盟的供给将大于需求，因此，共同外部关税将只是设定的价格上限。均衡价格将是供求相等时（$TM''=US$）的 OP_{CU}。尽管其贸易创造效应小于自由贸易区的情况，但是更多的贸易创造，即生产效应 a 与消费效应 c 明显超过贸易转移 b 部分。

自由贸易区和关税同盟的差异主要是针对 P 国而言的。在关税同盟的情况下，P 国消费者将承受以 d 表示的消费损失。尽管其生产者会得到净收益，但是仍将出现以 e 表示的负生产效应。在自由贸易区中，该国不存在任何生产和消费效应的损失，但是将存在政府收益，这一收益比建立关税同盟使 P 国增加的净收益要大。另外，建立关税同盟以后，成员与外部世界的贸易消失；而自由贸易区却可

① 彼得·罗布森. 国际一体化经济学[M]. 上海：上海译文出版社，2001.

使之增加。

（a）自由贸易区

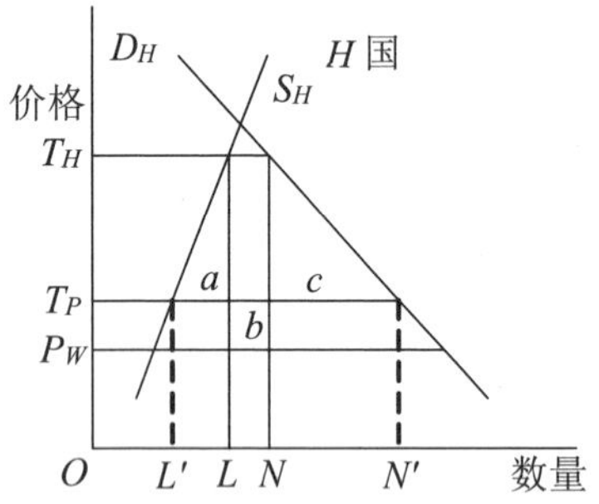

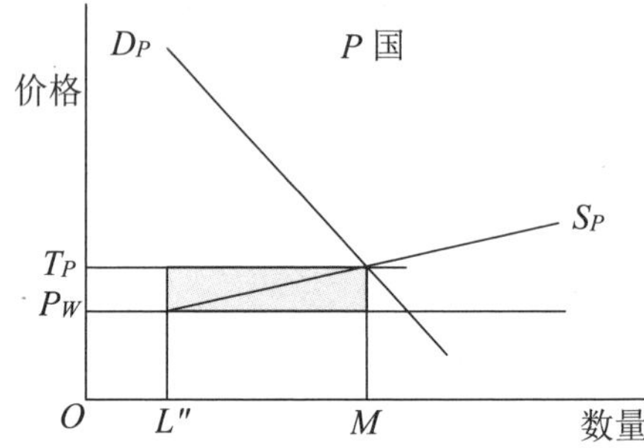

（b）关税平均化的关税同盟

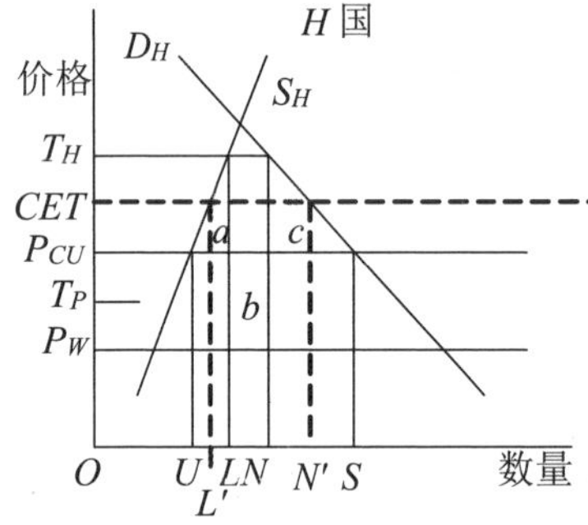

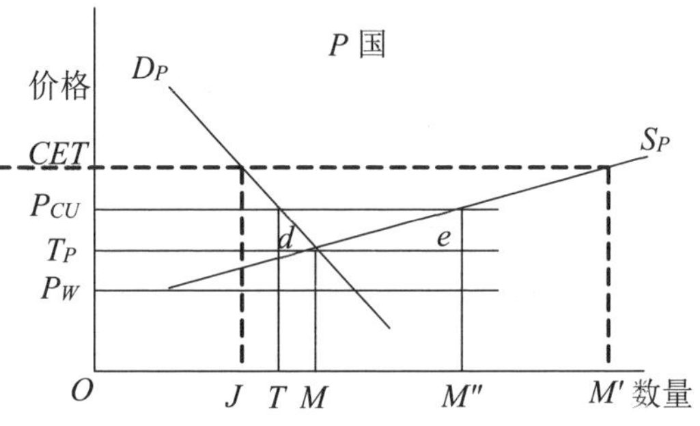

图 2-2　自由贸易区对两个成员的影响（区内单一均衡价格）

综合考虑各种因素，如果单纯着眼于静态效率分析，可以说关税同盟与自由贸易区相比是一种次优方案。两种选择之间的区别主要在于自由贸易区中原产地规则无法防止间接贸易偏转的发生。如果将运输成本的因素包括在内，则自由贸易区成员的地理位置越分散，间接贸易偏转的可能性就越小。

在第二种情况下，自由贸易区中存在产品价格差异。仍然假设 P 国的供给具有相对弹性和竞争力，但是其无力满足 H 国增加的需求。

自由贸易区建立以前，假设两国都实施排他性关税。P 国的生产和消费为 OM，H 国的生产和消费为 ON。如果建立自由贸易区［图 2-3（a）］，P 国无力在价格水平 OT_P 上满足来自 H 国的额外需求，因此，自由贸易区内 H 国的均衡价格将

为 OP_{FTA}，$L'N'=OM'$。同时，P 国的价格不可能超过从世界其余地区进口商品的价格水平 OT_P，导致在自由贸易区内存在两个均衡价格。在这种情况下，H 国将仅有贸易创造效应（$a+c$），P 国将没有增加的消费和生产成本，但是该国政府的收益会增加（图中阴影部分），表示其国民收入增加。

如果 H 国和 P 国组成关税同盟［图 2-3（b）］，共同对外关税将发挥作用。在这一关税水平上，供给和需求接近平衡，同盟内价格将较自由贸易区价格略高。H 国存在贸易创造，P 国则因以较高价格向 H 国出口而获益，但是这以用 d 和 e 表示的生产和消费负效应为代价。

（a）自由贸易区

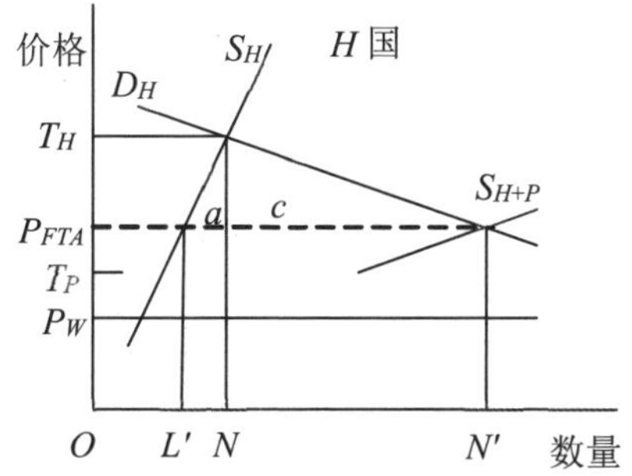

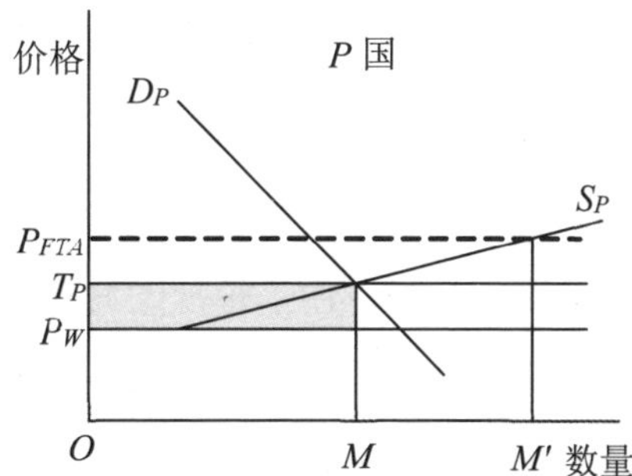

（b）关税平均化的关税同盟

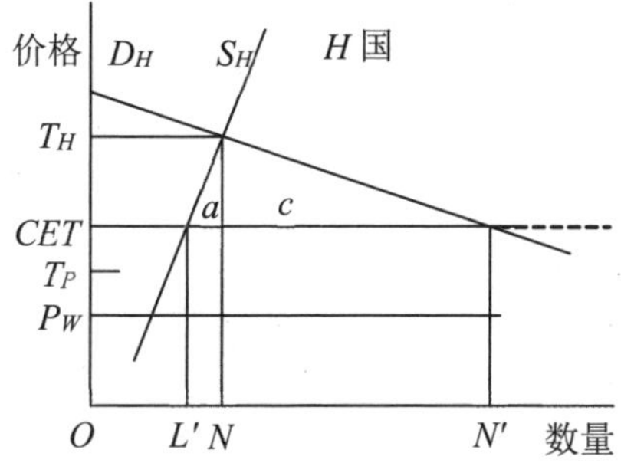

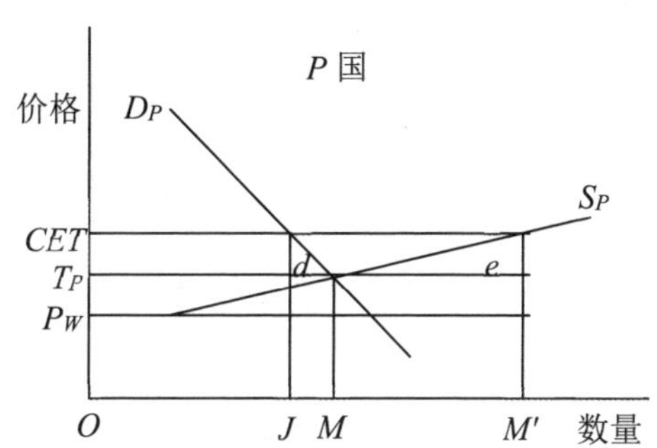

图 2-3　自由贸易区对两个成员的影响（区内存在价格差异）

与第一种情况的结论相似，在第二种情况下，关税同盟与自由贸易区相比也是次优选择。如果我们不考虑特定的市场条件，这一结论广泛适用于关税平均化的关税同盟与自由贸易区相比较的情况。

（三）自由贸易区：轮轴-辐条模式

在参与自由贸易区的实践中，一些国家或经济体会尝试分别与多个国家或经济体建立自由贸易区。为此，R. 旺纳科特（R. Wonnacott, 1992）提出了轮轴-辐条（hub and spoke）理论，用来描述和分析多个自由贸易区并行发展乃至形成自由贸易区网络的现象。该模式包括一个轮轴国和多个辐条国，轮轴国处于中心地位，辐条国则围绕在轮轴国周围。轮轴国与每个辐条国分别签订了自由贸易协定，而辐条国之间并没有签订自由贸易协定。

该理论认为，与单一的区域经济一体化组织相比，轮轴-辐条模式下的自由贸易区网络的利益分配更加复杂，表现出一定程度的不平衡性。由于轮轴国处于中心地位，其既可以将产品通过自由贸易区的途径免关税出口到各个辐条国市场，又可以从各个辐条国以免关税的方式进口需要的产品和原材料。与轮轴国相比，单一的辐条国在进入轮轴国和其他辐条国市场时均处于劣势地位。具体而言，在进入轮轴国市场时，由于轮轴国与多个辐条国签署了自由贸易协定，该辐条国的竞争优势将被削弱。在进入其他辐条国市场时，由于辐条国之间没有签署自由贸易协定，相互之间未实现贸易自由化，将面临关税和各种非关税壁垒，完全不具备优势。

由此可以得出如下理性推测：轮轴国具有巩固和强化其地位的动机和惯性，将倾向于与更多的经济体建立自由贸易区，形成以其为核心的更为广泛的自由贸易区网络。对于辐条国而言，则倾向于与其他辐条国建立自由贸易区，争取成为新的轮轴国，从而打破轮轴-辐条格局给其带来的不利影响。因此，随着越来越多的经济体主动或被动地融入自由贸易区网络，自由贸易区在总体上将呈现出快速扩张的态势，成为区域经济一体化合作的主要路径。

（四）竞争性自由化理论

伯格斯坦（Bergsten, 1990）也注意到自 20 世纪 80 年代末以来自由贸易区快速发展的现象，并提出了“竞争性自由化”（competitive liberalization）理论。他指出，各经济体推动贸易和自由化的根本动因是更多地吸引外资和占据外部市场份额，在区域和双边等多个层面上建立自由贸易区就是这种竞争的表现形式，而这一行为也在客观上带动了全球和各区域的贸易投资自由化进程。

与“竞争性自由化”的概念类似，鲍德温（Baldwin, 1993）用“地区主义的多米诺骨牌”理论解释了自由贸易区快速发展的现象。他认为，自由贸易区的扩张会产生一种“多米诺骨牌”效应，对更多成员持开放立场的自由贸易区将最终扩展至全世界。鲍德温提出，一国参与自由贸易区建设的决策来自双方支持和反对力量的政治平衡。在自由贸易区建成后，由于其对外部成员具有歧视性，将会逼迫非成员改变贸易政策，加紧推动本国同有关国家建立自由贸易区，从而激发自由贸易区不断新建或扩张，推动区域经济合作加速发展。

（五）克鲁格曼的贸易集团模型

在全球范围内的自由贸易区数量不断增加的情况下，一个随之而来的焦点问题是自由贸易区对多边体制或全球贸易自由化而言究竟是件好事还是坏事，正如巴格瓦蒂（Bhagwati，1991）所说，“区域性的一体化安排是向多边化方向迈进途中的奠基石还是绊脚石？”如果区域性的自由贸易区改善了其成员的福利，而又不降低世界其他国家的福利，那么这样的自由贸易区与多边主义的导向是一致的。但是实际情况不一定如此，因为区域性的自由贸易区对多边体制的影响是双重的：一方面自由贸易区内消除贸易障碍，有利于全球贸易自由化；另一方面，若区域性的自由贸易区设置共同的对外政策针对非成员，又会产生歧视性政策，与多边体制相违背。

克鲁格曼（Krugman，1991）最初曾认为，当世界上的区域性集团化数目减少时，每个区域性集团在其他集团的市场上的份额将上升，这会使区域性集团在世界经济中的垄断势力加强。因此，各个区域性集团的最佳对外关税将会提高，贸易转移会因共同对外关税的上升而加重。从总体来看，区域一体化会导致世界福利下降，而且福利损失中来自贸易转移的部分，要远远大于来自最佳关税上升的部分。

但是，后来克鲁格曼（1993）证明上述情况并非一成不变的。克鲁格曼模型的基本框架如下：假设世界上有 N 个完全相同的国家，分成 B 个贸易集团（trading blocs），这里 $B \leqslant N$。当 $B=N$ 时，每个国家都是一个贸易集团，即没有区域一体化发生；当 B 减少时，即存在区域一体化安排（当 $B=1$ 时，所有国家组成一个贸易集团，即全球经济一体化），每个贸易集团内，成员间取消贸易壁垒，而对非成员实施共同的关税，共同关税的选择遵循集团福利最大化原则。克鲁格曼的目的就是在这一模型框架下，研究世界福利如何受 B 的影响。

假设每个国家专门生产一种产品，并且与其他国家的产品不完全替代，所有国家的偏好均相同，可用下列效用函数来表示

$$U=\left[\sum_{i=1}^{n} C_i^{\theta}\right]^{1/\theta},0<\theta<1 \tag{1}$$

这里，C_i 是第 i 产品的消费量，此种产品的替代弹性为 $\delta=1/$（$1-\grave{e}$），经变换，公式 1.1 可写为

$$U=\{B/[(1+t)\delta+B-1]\}[1-B-1(1+t)\delta\theta]1/\theta \tag{2}$$

因为关税是 B 的函数，由上式可得到最佳关税 t^* 与集团出口份额 S 分别为

$$t^*=\frac{1}{(1-S)(\delta-1)} \tag{3}$$

$$S=[(1+t)^{\delta}+B-1]^{-1} \tag{4}$$

由公式 3 和公式 4，可以确定关税与福利如何受 B 的影响。在世界经济区域一体化浪潮的初期，区域性贸易集团数量的增加会使世界福利恶化，因为虽然少数国家之间实现了贸易自由化，但对世界整体的贸易保护程度的减轻作用还很微弱，但共同对外政策的制定导致的贸易转移则相对明显，使得整个世界福利降低。随着 B 下降到某一水平，世界福利达到最小。但是，当区域一体化发展程度超过这一界限后，由于大多数国家参与了区域贸易集团，大大降低了整个世界范围内贸易保护程度，促进了全球贸易自由化进程。虽然随着 B 的下降，最佳共同关税上升导致贸易转移效果增加，但与贸易创造效果相比则很弱，因此世界福利会随着区域一体化的发展而改善。当 $B=1$，即实现全球贸易自由化时，世界福利达到最大。

三、传统的区域经济一体化理论对亚太区域经济合作的启示

以关税同盟和自由贸易区理论为代表的传统区域经济一体化理论对于我们深刻理解早期阶段亚太区域经济合作的动因和基本特征具有多方面的启示意义。

在亚太区域经济合作正式起步之前，亚太仅仅是一个地理意义上的概念，浩瀚的太平洋与其说是连接东西两岸的纽带，不如说是一种障碍。20 世纪 80 年代以来，亚太地区的经济增长日渐活跃，各成员之间的贸易投资关系越来越紧密。与此同时，欧洲区域经济合作的示范效应不断加强。基于上述背景，追逐更多的贸易创造效应和经济福利成为亚太各成员开启区域经济合作的核心驱动力，也催生出 APEC 这样的以推进贸易投资自由化为主要目标的泛亚太区域经济合作组织。尽管 APEC 不是具有强约束力的区域经济一体化机制，但其依然通过“茂物目标”的设立，引导各成员以集体行动计划和单边行动计划相结合的方式逐步削减关税和非关税壁垒，显著提高了亚太地区的贸易投资自由化和便利化水平。

以 20 世纪 90 年代初建立的 NAFTA 为开端，亚太地区成为世界范围内自由贸易区数量增长最快的地区，其背后的动因可以通过自由贸易区理论进行很好的诠释。在这一进程中，竞争性自由化的效应得到了充分体现，亚太地区也出现了多个以东盟和拉丁美洲成员为核心的自由贸易区轮轴-辐条体系。此外，近年来以 CPTPP 和 RCEP 为代表的大型自由贸易区的建成和推进也印证了克鲁格曼的贸易集团模型所分析的趋势，也使得亚太地区能否最终建立一个基于巨型自由贸易区的区域经济一体化框架成为国际社会关注的重点。

第二节　全球价值链理论

20 世纪 90 年代以来，不断深化的经济全球化使得国际产业分工越来越细化，各国和地区的生产经营活动更多地摆脱了边界的限制，世界价值创造体系也出现了前所未有的垂直分离和重构。这一现实背景催生了全球价值链理论，也为我们

进一步剖析区域经济合作的动因和发展趋势提供了新的视角和思路。

一、全球价值链理论的发展历程

根据学术界比较通行的定义，全球价值链是指为实现商品或服务价值而连接生产、销售、回收处理等过程的全球性跨企业网络组织，涉及从原料采购和运输、半成品和成品的生产和分销，直至最终消费和回收处理的整个过程，包括所有参与者和生产销售等活动的组织及其价值、利润分配。当前散布于全球的处于价值链上的企业，进行着从设计、产品开发、生产制造、营销、交货、消费、售后服务到最后循环利用等各种增值活动。

全球价值链这一特定概念最初由波特（Porter, 1990）在《国家竞争优势》一书中提出，他认为，企业通过内部建立的一系列相互关联的“价值增值活动”，使得价值链上的每一个环节都能够产生增值效应。显然，波特侧重于从企业层面研究价值链问题。在波特的理论基础上，科古特（Kogut, 1985）用“价值增值链”的概念分析了国家之间的竞争。他认为，一国的竞争优势不能仅仅体现在商品的某一生产环节上，如果能够在内部技术投入、原料使用、市场销售等每个环节都产生价值增值，那么该国的竞争优势将在资源禀赋差异所导致的国家比较优势基础上得到进一步强化，从而将全球价值链的概念从企业层面扩展到了国家层面。相比企业组织中的传统价值链，全球价值链是价值增值在国际经贸关系中的体现。产品构成越复杂，生产需要的工序越多，价值链的纵向维度就越长，并且逐渐在组织规模和生产性主体上形成层级关系。同时，产业规模越庞大，进行专业化分工所获得的规模经济也越大。

从经济学理论的发展脉络来看，全球价值链理论和国际分工理论有着密切的关系，在很大程度上是对后者的继承和发展。国际分工理论在第一次工业革命后开始深度发展，体现出各国国民经济的内部分工逐渐超越国家界限的趋势。就分工的深度而言，国际分工经历了由产业间分工到产业内分工再到产品内分工的过程。

产业间分工主要是指不同产业部门之间生产的专业化组织形式，涉及的经典理论包括亚当·斯密的绝对优势理论、大卫·李嘉图的比较优势理论，以及赫克歇尔-俄林的要素禀赋理论。绝对优势理论认为，如果一国在生产某种产品上具有绝对有利的生产条件，则该国应该集中资源专门生产此产品。比较优势理论则认为一国的国际分工不必完全依据其生产成本的绝对优势，只要具有生产成本的相对优势，就可以参与国际分工。要素禀赋理论认为国际分工的基础是各国的生产要素禀赋，国家应该集中生产并出口使用密集要素生产的产品，进口使用稀缺要素生产的产品。

产业内分工是指产业内部各细分部门之间的生产专业化形式，于 20 世纪 50 年代末期出现在发达国家之间，与之相关的经典理论包括克鲁格曼的规模经济理论、弗农的产品生命周期理论，以及林德的需求偏好相似理论。规模经济理论假设企业具有内部规模经济且市场结构为垄断竞争，垄断企业可以通过国际分工扩大市场，从而降低成本。因此，贸易的基础不一定是国家之间要素禀赋的差异，也有可能是规模经济。产品生命周期理论认为国际分工格局的改变主要受产品技术变化的影响，产品技术发展到不同阶段，对生产要素的需求也不同，因此比较优势也在不断转移。需求偏好相似理论则认为需求的变化是引起国际分工变化的基础，收入又是影响需求倾向变化的主要因素，因此收入水平相似的国家往往相互出口同种类商品。

产品内分工是指将产品生产流程中的不同工序与环节分散到不同国家完成，是一种将分工对象深入产品内部生产环节的国际分工体系。在关于产品内分工的理论方面，格里菲（1994）认为跨国公司作为垂直专业化国际分工的主导者，可以从全球价值链的两端推动产品内分工的实现。垂直专业化分工至少要具备三个前提条件：一是产品生产要经过多个连续阶段；二是要有两个或以上的国家在生产过程中提供增加值；三是至少一个国家在生产过程中必须使用进口的投入品，其产出的一部分必须用于出口。生产工序在不同地区的完成，一方面可以降低生产成本，另一方面可以通过提高要素的生产效率促进技术进步，实现产业升级。

在产品内贸易的背景下，垂直专业化分工的竞争主要取决于中间产品的价格，而中间产品的价格取决于各国的比较优势。对此，格里菲还提出了“全球商品链”的概念，重点从“生产者驱动”和“购买者驱动”两个角度考察如何提升产品在国际产销体系中的竞争优势。

全球价值链与产业链和供应链这两个概念也有着密切的内在联系。产业链是指产业联系的纽带，体现了产业相互之间的供给与需求关系，是一种以企业为主体的链网状产业组织系统。产业链不仅存在和价值链一样按产品生产过程发展的纵向结构（包括研发、原料采购、加工、半成品、成品销售等环节），也存在每一个环节上的横向结构，即企业之间的竞合关系。供应链的概念更多地涉及产业、技术等生产行为，包含采购、转换等物流管理活动，也包括与渠道合作伙伴的协调合作方面。在全球价值链被不断分割的过程中，每一个被分割的环节都在寻求价值最大化，从而更密切地融入了一种高度协作的商业模式，供应链就是其中一种生产模式，与之相对的是需求链。

与全球价值链伴生的还有国际生产网络理论。随着经济全球化与区域一体化的不断发展，企业的“生产网络”从一国国内延伸到全球，形成国际生产网络。学术界将国际生产网络定义为企业跨国界从事研发、产品设计、采购、生产、市场营销及售后服务等经济活动而形成的一系列组织关系。国际生产网络的形成和发展基于价值链在全球范围的延伸，以跨边界生产为特点，通过价值链链条的跨区域性，将不同国家和地区吸引到同一产品的生产和销售中来，促进了生产网络的跨国分布。

二、影响一国在全球价值链中地位的主要因素

随着全球价值链理论的发展，如何准确评估一国在全球贸易中的参与度及其在全球价值链中的地位不仅成为学术界研究的重点，也受到了世界各国的高度关注。为此，WTO 和经济合作与发展组织（OECD）在 2013 年提出了产品附加值统计方法，制订了一套全球价值链指标体系，并建立了贸易增加值数据库（TIVA），

以此来衡量各国在全球价值链中的参与情况和地位。综合学术界的观点，决定一国在全球价值链中地位的主要影响因素包括要素报酬、产业规模、国际投资和技术创新等。

（一）要素报酬

古典贸易理论认为，国际贸易对各类生产要素的收益存在如下长期影响：第一，由于密集使用本国丰裕要素的产品在本国价格低，而密集使用本国稀缺要素的产品在本国价格高，因此，充裕要素密集型产品的出口会提高该要素的报酬，而进口本国稀缺要素密集型产品则会降低稀缺要素的报酬。无论这些要素在行业中如何分配，最终都会实现要素价格均等化；第二，国际贸易通过产品价格的变动和各要素边际生产率的变动对各要素的收益产生重要影响，同时，要素价格的波动幅度会大于产品价格的波动幅度，即存在“放大效应”；第三，随着要素报酬的不断提高，出口中的国内增加值比重也会随之上升，进而带动出口国在全球价值链中地位的提高。

（二）产业规模

产业规模对一国在全球价值链中地位变动的影响机制可以归纳为以下两点。其一，产业规模的扩大相当于新技术应用市场的扩大，使技术研发活动有利可图，进而提高产业部门中劳动、资本等生产要素利用和配置的效率，则等量的要素投入即可获得更高的产出，推动行业和国家整体价值链地位的提升。其二，产业规模的扩大有利于强化外部规模经济效应。外部规模经济的存在使产业规模的扩大有利于降低行业在信息获取、产品营销、物流运送等若干存在外部性的环节上所需的成本，形成新的竞争优势，从而提高行业各个环节的附加值。

（三）国际投资

生产和贸易的全球化促使世界各国通过直接或间接投资方式参与他国的生产活动，以追求资本收益的最大化，从而带来了投资的全球化。国际投资对一国在全球价值链中地位变动的影响机制主要体现在以下几个方面：

第一，对于投资的东道国来说，最大的收益是劳动力要素的潜力得到释放。

国际资本可以带来先进的生产技术和管理经验，使东道国能够更加顺利地融入国际市场体系。同时，资本和技术的大量涌入必然会大量增加东道国的就业岗位，带来劳动生产率和劳动报酬的提高，增加其出口贸易中的国内增加值，从而推动东道国在全球价值链中地位的上升。

第二，外商资本的进入会在东道国产生多方面的外部效益，如使东道国企业更有效地获取国际市场信息，更加便利地融入全球生产和贸易体系等，有利于东道国企业降低生产和营销成本，提升其在全球价值链中的地位。

第三，国际资本的流入将会对东道国内原有的投资产生一定的挤出效应，同时，外资企业在生产设备的购买、更新以及中间产品等方面通常较多地依赖国外进口，这都会造成东道国出口贸易中国内增加值的比例下降，从而对提高东道国在全球价值链中的地位产生一定程度的不利影响。

（四）技术创新

近年来，技术创新成为推动生产率提高和经济增长的核心因素，对全球经济活动和人们的生产生活方式产生了巨大影响。与此同时，国际贸易不仅大大加快了国家和地区间的商品、服务和信息的交换，也使得技术创新的推广和传播效率大为提高。具体而言，技术创新的效应体现在以下几个方面：第一，高新技术产品具有高附加值的特点，也是增加值出口的重要来源，有利于提升一国高新技术产品的出口比重；第二，新技术的运用有助于提高传统产业的生产效率，改进产品的技术水平，提高出口产品的科技含量；第三，跨国公司的先进生产技术在全球化生产过程中存在技术外溢效应，有助于缩小国家间的技术差距。

20 世纪 80 年代中期出现的新经济增长理论可以比较好地解释技术创新和一国在全球价值链中地位变化的关系。根据该理论，一国在全球价值链中地位的上升过程就是可贸易商品的生产技术不断提高的过程，同时也是产业结构不断转型升级的动态演进过程。价值链地位变动以技术变革为先导，并且通过降低企业的生产经营成本、提高居民可消费商品的质量，进一步影响需求结构，并最终刺激产业结构和贸易结构的转型升级。不仅如此，技术创新还能够带来新的生产技术和生产组织模式，推动新兴产业的发展，促进传统产业的升级，进而提升一国整体和各产业部门在全球价值链中的地位。

三、全球价值链理论对亚太区域经济合作的启示

20 世纪 80 年代以来，随着区域经济一体化的不断深化，依赖于全球生产的主要产品的价值增值环节也开始呈现出区域化的特征。尤其是在 WTO 多边贸易体制的发展遇到阻碍之后，越来越多的经济体开始依靠更深地嵌入区域价值链体系参与到全球的生产网络当中。

亚太地区国家众多，并且集中了除欧盟成员之外世界最主要的制造业大国和贸易大国。同时，亚太各国在自然资源、劳动力、技术等要素禀赋方面差异显著，而且具有很强的互补性，从而为该地区深化国际分工和全球价值链合作提供了必要的基础条件。从发展进程来看，国际垂直分工的模式最初在东亚和东南亚地区得到了充分体现。在“雁阵模式”下，日本、韩国等发达经济体拥有技术和资金优势，占据价值链上游，从事设计、开发和关键零部件的生产和出口；中国和东南亚的发展中经济体具有劳动力和原材料优势，主要从事劳动密集型的装配加工行业，处于价值链中游和下游，并将组装完成的最终产品出口到世界市场。20 世纪 90 年代以来，随着亚太区域经济合作的全面展开，该地区逐渐形成了产业间分工、产业内分工和产品内分工并存的复合型网络分工体系，涵盖了初级产业、劳动密集型制造业、资本密集型制造业、技术密集型制造业和服务业等全产业链。

当前，亚太地区已成为全球价值链分布最为密集的地区，对世界经济和贸易格局具有举足轻重的影响。与此同时，在各类自由贸易区加快衍生、新兴经济体全面推进产业升级等因素的驱动下，亚太地区的全球价值链体系正在发生重构。因此，从全球价值链的视角认识和分析亚太区域经济合作发展的未来新趋势将具有非常重要的理论和现实意义。

第三节　区域经济合作的“新区域主义”观点

20 世纪 90 年代初出现的新一轮区域经济一体化浪潮在一体化的动机、形式、内容、范围、利益及影响等方面呈现出许多新的特点，包括关税同盟和自由贸易区理论在内的传统理论在分析方法上已不能完全适用，从而为拓展区域经济一体化理论研究注入了新的动力。在这方面，“新区域主义”做出了有益的探索。

随着冷战的结束、全球化进程的加快，以及欧洲再度引领的区域主义在全球范围内蓬勃发展，区域主义研究回归到理论前沿，学术界称之为“新区域主义”。在传统的经济一体化的福利效应分析基础上，“新区域主义”将研究领域进一步扩展到政治、经济、文化、安全等诸多领域，有助于我们更加全面、深入地理解各种形式的区域经济合作组织的内涵。

一、从狭义一体化到广义合作

从经济分析的角度来看，在传统的区域经济一体化研究中，“区域化”基本上等同于国际经济一体化，它以各自独立的经济体在体制上组成更大规模的经济集团作为代表。而“新区域主义”理论已不再过分强调狭义的经济一体化，根据近年来区域化中出现的新的组织形式，“新区域主义”的内涵已经拓展到广义的经济合作范畴。

一般形式的区域经济一体化组织大多从货物贸易自由化起步，以关税减让和削减非关税措施为主，而在广义的区域经济合作中，涉及的领域更为全面。如果将安全、文化、政治、社会等领域的对话与合作也包括在内，“新区域主义”的内容更是综合的、多层次的①。

---

① 孟夏. 亚太区域贸易安排研究[M]. 天津：南开大学出版社，2005.

二、从传统利益到非传统利益

传统形式的区域一体化合作以经济利益为核心，然而，“新区域主义”不再局限于单一经济目标，它的价值取向渗透到非传统领域，在经济以及经济以外的许多方面均有所体现。

在经济方面，“新区域主义”在积极倡导贸易自由化的同时，将许多新的议题囊括进来。例如，在近年来已经建成或正在谈判的自由贸易区中，就包括了货物贸易、服务贸易、投资、劳动力流动、环境、便利化、政府采购、透明度、能力建设等诸多内容，反映了处于不同发展水平的国家广泛的利益诉求。值得注意的是，发达国家尤其希望在一些新领域中扮演规则制订者的角色，以获取更多的政治和经济利益，保持在世界经济格局中的主导地位。

在非经济方面，“新区域主义”将区域经济一体化的利益延伸到文化、政治、安全、外交等多个领域。以安全问题为例，“新区域主义”的观点认为，区域化的一个重要目标是改善成员内部及周边地区的安全。同时，“新区域主义”认为，在全球确立优势地位并互相抗衡也是主要发达国家在世界各个地区开展区域合作的重要利益考虑。

三、从对称利益到非对称利益

传统的区域经济一体化研究通常设定了如下前提：进行区域合作或建立一体化组织纯粹出于商业目的，即参加者的目标函数是单一的经济因素；所有参加国的规模是相同的，代表各方具有同等的谈判博弈能力；谈判的结果也是互惠的。而“新区域主义”则认为，在现实的国际经济活动中，大国经济与小国经济之间存在巨大差异，体现在市场规模、产业结构、消费水平与偏好、宏观经济政策等多个方面。因此，“新区域主义”所做出的修订是引入了经济规模差异和非经济目标的假设，并在此基础上得出了一系列新的结论。

一方面，“新区域主义”指出，大国参与区域经济合作的动机是多重的。除了传统的贸易利益，大国在非传统利益方面的考虑越来越多。帕罗尼和威利（Perroni and Whalley, 2000）认为，由于大国和小国参与区域经济合作的比较优势及目标函数存在差异，它们的成本和收益体现在不同领域。[①]以 20 世纪 90 年代中期后由大国推动的诸多区域自由贸易安排为例，大国在向小国开放市场的同时，也放弃了对小国实施贸易报复的权利。为了补偿大国损失，小国必须向大国提供单方支付（side-payment)。在大国的目标函数中，除单方支付外，也包括了提高贸易报复与谈判能力、主导多边贸易谈判和影响国际经济规则制订等因素。

另一方面，“新区域主义”强调了大国参与区域经济合作的政治目标或者非经济收益，包括获得区域主导权、推进意识形态与政治制度的扩张、配合实施既定的地缘战略等（参见表 2-1）。这一趋势在 21 世纪以来形成的区域自由贸易安排的发起动因、推进过程和具体条款中表现得越来越明显。

表 2-1　大国与小国参与区域经济合作的多元化利益取向

利益取向	大　国	小　国
经济收益	• 传统的贸易收益 • 稳定的区域市场 • 增加在多边贸易谈判中的筹码 • 提升贸易报复能力	• 传统的贸易收益 • 获得投资与促进经济增长 • 进入大型经济体市场的保障
非经济收益	• 获得区域主导权 • 推进意识形态与政治制度的扩张 • 巩固周边战略安全 • 谋求全球霸权	• 提高政府信誉 • 加强信息传递 • 增强谈判能力，降低谈判成本 • 建立机制，促进区域协调发展 • 获得稳定的区域公共产品供给

尽管“新区域主义”强调大国战略的主导地位，但处于非对称地位的小国也可以实现多元化的利益诉求。例如，小国通过与大国签署自由贸易协定，实际上是利用单方支付获得了进入大国市场的机会，有些小国还因为成为“轴心-辐条”

① Perroni C, John Whalley. The New Regionalism: Trade Liberalization or Insurance? *Canadian Journal of Economics*, 2000, 33 (1).

体系中的次一级中心而提高了在国际经济或国际战略格局中的地位[①]。此外，小国还可以在促进区域协调发展、获得稳定的区域公共产品供给等方面获得非经济利益。

四、从主权原则的堡垒到更多介入性的干预

“新区域主义”和传统的区域经济一体化理论的另一个主要区别是引入了国际关系学的理论和观点，从主权或更广泛的国家利益出发，探讨了新时期区域经济合作的内涵。

根据阿卡亚（2000）的解释，“新区域主义”正在使地区主义变得更富干预性且更少受到主权约束，即显示出明显的介入性。[②]在第二次世界大战结束后最初的一段时间，地区主义的作用被描述为维护国家主权原则的堡垒。在国际社会中，特别是在第三世界，普遍认为地区主义不会威胁或削弱国家行为体的主权和自治权。例如，一些早期关于国际关系中地区主义的观点认为，地缘战略集团体系是世界主导性大国的势力范围，它的存在导致了全球均势的形成。国际体系中的新兴国家同时发现，地区主义是一个重要的外交政策工具，能够使其避免遭受大国对其主权和自主权的干预，而且地区主义也被第三世界国家当作实现共同经济利益和政治互信的方法。但是，在冷战时期，地区主义在处理冲突时所受到的制约变得日益明显，这种限制主要源于不干涉主义。

经过多年的发展，地区主义已经偏离了最初的亲主权倾向，这一变迁可以被描述成为走向“介入性地区主义”的过程。过去，地区主义是国家主权的维护者，特别是在第三世界。当前，全球化和涉及人道主义干预的国际规范正在把地区主义从主权的保护者变成干预性世界秩序的构建者。从全球来看，介入性地区主义正在以各种形式实践着。在经济领域，宏观经济监督和金融监督已经融入了传统

① 李向阳. 新区域主义与大国战略[J]. 国际经济评论，2003（4）：7-8.

② 阿米塔夫·阿齐亚. 地区主义和即将出现的世界秩序：主权、自治权、地区特性[J]. 世界经济与政治，2000（2）：63-69.

的贸易自由化进程和市场导向的地区投资合作。在政治领域，介入性地区主义的机制包括了反对人权迫害和民主衰败的共同规则及其发展、地区主义人权机构的发展和人道主义军事干预机制。

就其影响而言，介入性显著加强的新区域主义在促进共同安全、加强民主等方面有一定的积极作用。但是，它的危险性和局限性也是显而易见的。介入性地区主义所体现的西方价值观，以及西方大国以此为主导实施的全球和地区经济、安全、政治战略仍旧带有强烈的国际经济和国际政治旧秩序烙印。特别是以经济合作或一体化为纽带，大国对小国的政治、安全等潜在的干预呈现出越来越强的趋势。例如，小国纷纷与大国缔结贸易协定，在经济获益的同时也不得不承受其带来的政治、安全等方面的负面影响。从这个层面来看，国际关系学对“新区域主义”内涵的诠释比经济学的价值分析更深入。

五、“新区域主义”视角下的亚太区域经济合作

亚太地区地域广阔，成员众多，彼此间经济发展水平差异大，而且具有显著的多样性，在起步阶段开展高水平区域经济一体化合作的基础条件并不完备。有鉴于此，必须采取一种更加开放、灵活和多元化的合作方式，才能更好地适应亚太地区的现实情况。从实践来看，以 APEC 为代表的论坛性质的合作机制采用了基于自主自愿、协商一致和灵活渐进原则的合作方式，并高举“开放的地区主义”旗帜，为亚太区域经济合作打造了更为广阔的制度空间。此外，在 APEC、东亚峰会等合作机制框架下，合作范围从传统的贸易投资领域拓展到经济技术合作、社会、人文、非传统安全等广泛领域。在亚太地区近年来缔结和谈判的自由贸易协定中，也纳入了劳工、环保、政府采购、知识产权、电子商务等越来越多的新议题。

与此同时，亚太区域经济合作与政治、外交、安全等因素相互渗透、相互影响的趋势越来越明显。例如，反恐成为 APEC 框架下的合作议题，APEC 领导人会议和东亚峰会等会晤机制也成为各国开展区域和双边外交的重要平台。同时，

在近年来的亚太区域经济合作进程中，围绕地区主导权和经贸规则制定权而展开的博弈越来越激烈，大国和小国同时谋求经济利益和非经济利益的策略导向日益清晰，介入性不断加强，从而显著增加了亚太区域经济合作整体格局的复杂性和不确定性。

第四节　区域经济合作的新制度经济学观点

新制度经济学是当今主流经济学中的一个重要分支，它由诺贝尔经济学奖获得者罗纳德·科斯分别在1937年发表的《企业的性质》和1960年发表的《社会成本问题》所开创，其理论体系主要包括交易费用理论、产权经济学、契约与委托-代理理论、制度与制度变迁理论等。

一、新制度经济学的主要观点

从新制度经济学的角度分析，区域经济一体化本质上是因市场制度内在缺陷而引致的制度变迁。但是，区域一体化在谋求国与国之间开展经济合作的同时，还渗入了政治因素（国家利益）。从博弈论的角度而言，区域一体化意味着扣除谈判费用后的合作博弈所达到的均衡利益要优于非合作博弈的利益，但合作均衡是不稳定的，任何一方都有打破均衡而追求短期利益最大化的动机，尽管最终招致的是“两败俱伤”[①]。因此，不断协调以维持合作又是必需的。在协调和谈判过程中，效率和公平得到了兼顾。在区域经济一体化过程中，通常一国具有相对自主的选择权，即可以通过是否达成国家间的契约来推动区域一体化进程（强制性变迁），这取决于一国在潜在利益和现实成本（包括谈判费用）之间的权衡。在这一选择过程中，各国初始发展水平的趋同程度就显得十分关键，因为这将决定各国

① 刘澄，王东峰. 区域经济一体化的新制度经济学分析[J]. 亚太经济，2007（2）：26-28.

能否通过实现未来经济的有效融合而获取经济利益，也决定各国能否迅速达成共识而降低谈判费用。然而，各国发展水平的异同又受制于经济、政治、文化及地理位置等诸多因素的影响。也正是基于此，区域经济一体化总是发生在那些多方面高度趋同的国家和地区，如西欧、拉丁美洲和东南亚地区等。

按照新制度经济学的观点，制度变迁是建立在经济人对“成本-收益进行比较计算”的基础上，也就是经济人对潜在的外部利润和制度变迁的成本进行比较的结果。只有当潜在利润超过预期的成本时，一项新的制度安排才会被创造出来。这种新的制度安排的目的在于使存在于原有制度安排外的利润内部化，以达到帕累托最优。传统的一体化理论几乎完全是从静态的资源配置收益角度来看待一体化对各成员的效率和福利的影响的。随着一体化理论的拓展及世界范围内技术条件的改变，参与区域经济一体化组织（如 FTA）可以获得更多的潜在利润，也就是一体化的动态效果，主要包括劳动生产率的提高和资本的累积。其中，劳动生产率的提高效果还可细分为四个方面：一是因区域内贸易的增加而扩大了国内市场的市场扩大效果；二是因进口引进外资的增加而活跃了国内市场的促进竞争效果；三是各成员间更易相互交流或导入先进经营方法和技术的扩散效果；四是进行磋商时，各成员因彼此间相互钳制而放松国内限制，甚至推进国内改革的制度革新效果。

需要指出的是，区域经济一体化的程度取决于参与人共同的主观因素，即关于博弈实际进行方式的共有信念。其中假定参与人（参加区域经济一体化的各成员政府）对于博弈结构只拥有个人的不完备观点，政府参加一体化有自己的动机，其推理、说服别人和控制自己行动后果的能力也都有限，政府是否能够或者愿意出面协调从一种均衡达到另一种均衡是不清楚的。所以说，共有信念是制度安排能否继续演进的决定因素。然而，随着一体化程度的提高，各国政府将难以或无法再在关键性政策领域（包括关税、非关税壁垒、金融货币、市场进入和投资方面）保持自主。例如，新区域一体化浪潮大都采用了自由贸易区而不是关税同盟（或者共同市场）的形式，在一定程度上反映出成员之间难以就统一的关税政策达成一致。

此外，从新制度经济学的角度来看，区域经济一体化过程中还存在交易成本的问题。科斯在其《企业的性质》和《社会成本问题》两篇论文中首先提出了交易成本的概念。综合众多新制度经济学家的观点，在市场交易过程中只要存在人与人打交道的过程，就肯定存在交易成本，主要包括信息成本、监督成本和对策成本。在区域经济一体化过程中，交易成本具体表现为国际市场的分割、关税和非关税的壁垒、专业化市场的细分等，而诸如自由贸易区等制度性安排可以有效降低这些交易成本，释放更多的潜在利润，从而给参与区域经济合作的成员带来收益的递增。

二、新制度经济学对亚太区域经济合作的启示

亚太地区成员众多，市场开放水平差异显著。在开展区域经济合作之前，由于亚太各国之间的信息交流不够畅通，市场机制不完善，区域市场被分为多个孤立分散、缺乏联系的封闭市场，限制了产品和要素的自由流动。在这样的市场环境下，企业间没有实现充分竞争，缺乏活力，商品价格高，资本周转率低。按照新制度经济学的观点，亚太市场存在的上述内在缺陷引发了制度变迁，促进了不同类型的亚太区域经济合作机制的形成和发展。

亚太地区各成员通过区域经济合作建立的规模更大的市场能够带来多种正面效应：其一，促使资本、劳动力、技术、自然资源等生产要素的聚集、扩散、升级替换，资源得到重新整合，产品边际成本降低，获得外部规模经济效应。其二，对非成员形成统一的关税和非关税壁垒，非成员企业处于不利的竞争地位。为了排除不利影响，非成员企业考虑到成员内部直接设厂，从而增加了对区域内成员的直接投资。其三，贸易和生产要素实现自由流动，各成员企业面临的市场扩大，竞争变得更加激烈。在激烈的市场竞争中，企业将自发更新技术设备，提高劳动生产率，降低生产成本和商品价格，从而形成以规模经济为主导的市场扩大、企业间竞争激化、生产成本和商品价格下降、大众消费增加、市场进一步扩

大的良性循环。

从交易成本的角度而言，在开展区域经济合作之前，亚太各成员市场分割，实行不同的关税和非关税限制政策，阻碍了产品和要素在区内各成员之间的流动。这种制度性障碍造成市场失灵，增加了企业进行跨国交易的成本，经济运行效率无法实现最大化。上述问题促使各成员通过建立区域经济合作机制绕开各种贸易壁垒，通过推进贸易自由化降低交易成本。同时，区域经济合作还使国际分工与协作转变为企业内部的分工与协作，加快产业间的整合和重组，形成产业集群，提高资源利用率，降低企业间的交易费用。其结果是地区内的贸易流量会因此增加，各成员的消费者和生产者剩余都会提高，若两者之和能够抵消因关税下降而导致的政府收入减少，则各成员的经济福利也会增加，最终实现亚太地区整体经济增长。

从制度成本的角度而言，相对于全球多边贸易谈判，区域经济合作难度较小、成本较低、效率更高。在 WTO 多边贸易谈判步履艰难、进展缓慢的情况下，积极开展区域经济合作成为亚太各成员推动国际贸易和经济发展的首选。因此，降低制度创新的成本也是亚太各成员选择参与区域经济合作的重要动因之一。

第五节　区域经济一体化的国际关系学分析

毋庸置疑，在区域经济一体化的发展进程中，始终会受到一系列政治因素的影响和驱动。参与区域经济一体化的成员不仅将其视为一种经济结盟，还把它作为在贸易互惠基础上加强国与国之间政治联系的工具。因此，我们有必要从国际关系学的角度，对亚太区域经济合作发展的内在原因和规律做进一步的分析，所涉及的主要理论包括国际政治经济学理论、国际合作理论、相互依存理论、国际机制理论和地缘经济学理论等。

一、国际政治经济学理论

国际政治经济学又称为世界政治经济学或全球政治经济学，是 20 世纪以来西方国际关系理论研究的一个重要领域。随着世界政治经济格局的发展变化，国际社会越来越明显地表现出国际政治关系经济化和国际经济关系政治化并行发展的趋势。总体而言，国际政治经济学领域主要分为自由主义和现实主义两个流派。自由主义流派强调政府在政治经济活动中的作用是有限的，其主要职能是为市场提供必要的保障和基础，主张通过建立国际机制来促进国际经济的发展。现实主义流派则认为，民族国家是政治经济社会活动主要的甚至唯一的行为者，是理性的国际关系角色，在对外关系中最大限度地追求政治权力和经济利益。现实主义流派的主要结论包括：第一，权力表现为对资源和事件的影响力和控制力，追求有利于自身的财富和权力的再分配是国际关系的核心；第二，民族国家应重视国际政治与国际经济的关系，通过冲突、竞争、合作等多种形式来实现其对外目标。实际上，现实主义国际政治经济学因循政治决定经济的观点，从国际政治角度来解释国际经济关系的发展，更多地关注国与国之间的政治活动和关系对国际经济关系的影响，强调国际政治“零和”博弈的特点对国际经济关系运行和发展的影响。现实主义国际政治经济学在研究国际经济关系政治化问题时，基本上都是从国际经济关系的国际政治动因或目标出发，对当代国际经济关系政治化问题进行理论和实证分析。

国际政治经济学理论对亚太区域经济一体化合作的启示在于：第一，区域经济一体化在相当程度上是一种政治活动，各国政府领导人的政治意图和国家间的政治因素直接影响区域经济一体化的进程速度；第二，区域内成员参与区域经济一体化的动因除了获取经济利益最大化之外，获取政治利益最大化也是重要因素之一；第三，区域经济一体化的发展必须有国际制度作保障，这在一定程度上取决于各国政府及其领导人的政治意愿和相互间的政治关系，以及国家利益的维护和发展程度，还取决于制度化建设的程度。

二、国际合作理论

国际合作理论是 20 世纪 70 年代以后随着世界政治经济格局的变化而产生的，该理论的主要代表人物有罗伯特・基欧汉、肯尼思・奥伊、罗伯特・阿克塞尔罗德和海伦・米尔纳等。

罗伯特・基欧汉在 1984 年首先提出了国际合作理论，其主要观点包括：第一，利益问题是合作的重要出发点，在一定条件下，合作能在利益互补的基础上发展起来，而国家间的共同利益只有通过合作才能实现；合作是实现国家目标的手段，而不是目的；合作是相互依存的必要条件，而相互依存能带来合作的利益；权力是财力的必要条件，而财力是权力的主要手段，两者互补，为合作提供基础。第二，国际合作与国家行为密切相关，在单位层面上发生的国家行为是“由里往外”，在体系层面上发生的国家行为则相反，是“由外向里”。第三，国际制度及其实践对国家行为的影响：合作机制与霸权机制相辅相成。第四，合作可以促进和谐，但合作不等于和谐；合作并不表明不存在利益冲突，而是要通过政策调整积极处理冲突，最终实现合作。

国际合作理论的其他代表人物也提出了各自的观点。肯尼思・奥伊主要强调多层次的博弈，主张以“问题联系”的方式促进各方的联系，打下合作的基础。在策略上要通过“反霸权战争”来确保国际合作的重要途径，在机制上要使国际合作制度化，使之有助于加强国家间的交互作用。同时，必须抓好利益的一致性、预测的共同性和参与者数目的调整等 3 个环节，才有望实现无政府状态下的合作。罗伯特・阿克塞尔罗德认为，建立在互惠基础上的合作可能在友好者也可能在敌对者之间进行，应在对双方认定和追求共同利益的前提下启动合作，在互惠基础上制订相应的策略和措施，防止任何一方不合作带来的侵害，并使合作有利于双方未来关系的稳定。海伦・米尔纳指出，国家间进行合作是为了实现绝对收益，但在一定条件下也追求相对收益。国际机制所强调的准则、原则和规则对国家间合作具有重要作用。要实现合作，合作者必须形成一致的认知，特别是达成共同的利益和价值取向，对问题和解决方法认识一致。

国际合作理论对亚太区域经济一体化合作的启示在于：第一，在国家间相互依存日益密切的今天，只有通过合作才能避免冲突，才能达到相互间的利益最大化；第二，合作愿望的强弱对合作范围和合作水平影响较大；第三，合作必须遵守一定的规则，在规则形成过程中要处理好国内政策与超国家组织的制度安排；第四，为促进区域经济合作的顺利开展，应该有核心大国起主导作用；第五，区域经济一体化合作不但可以在发达国家之间开展，在发达国家和发展中国家、发展中国家之间同样可以取得成功。

三、相互依存理论

相互依存理论是以国家间关系、世界政治经济关系的相互影响和相互制约为研究对象，主要代表人物有理查德·库帕、斯坦利·霍夫曼、罗伯特·基欧汉和约瑟夫·奈等。

20 世纪后期，在市场经济的驱动下，世界各国之间的相互依存在广度和深度上都超过了历史上任何时期。在相互依存的广度上，过去那种局部的相互依存逐渐被全面的相互依存所代替，基本上垂直型相互依存被范围越来越广的水平型相互依存所代替。此外，相互依存不仅发生在发达国家和发展中国家之间，还发生在发达国家之间以及发展中国家之间。各国之间的相互依存不仅在经济领域得到全面发展，而且已经从经济领域扩展到政治、文化等领域。在相互依存的深度上，不断发展的生产和资本国际化已把世界上不同生产方式和发展水平国家的国民经济活动紧密地联系在一起，并置于全球范围的国际分工和合作体系之中。

相互依存理论正是在这种背景下应运而生的。国际政治中的相互依存是指以国家为基础的国际行为主体之间的一种互联互动、相互制约、相互影响的关系。换言之，一个国家的政策和行为既受到其他国家政策和行为的制约，同时又对其他国家的政策和行为产生影响。相互依存理论涉及的范围比较广泛，其基本内容可归纳为以下几个方面：

第一，强调国家的相互制约性和敏感性。相互依存理论认为，国家之间的相互制约性和敏感性是相互依存的属性，随着双方依存度的变化而变化。国家间的依存度越高，彼此间的相互制约性和对对方政策、行为的敏感性就越强。从另一个角度而言，相互制约性和敏感性的提高有利于国家之间依存关系的稳定发展。

第二，主张全球性问题应通过国际合作加以解决。相互依存理论指出，诸如能源、环境、人口、粮食这些过去基本属于各国职能范围内的问题已逐渐成为全球性公共问题，必须通过国际合作才能得到有效解决。

第三，主张加强经济合作和对外开放，反对闭关锁国。相互依存理论认为，对外开放既是一个国家经济发展的重要条件，又是经济全球化和各国相互依存的前提。因此，各国应该顺应经济全球化的发展趋势，扩大自由贸易，进一步开放市场。同时，支持相互依存理论者把经济合作视为建立和发展相互依存关系的基础和动力，主张各国利用人民关心物质生活，政府重视经济发展和国际政治经济化、经济政治化的趋势，通过多种途径加强彼此间的经济交流与合作。

第四，认为国际行为主体已形成多元结构。相互依存理论认为，具有国际行为能力的国际团体、组织和跨国公司的大量涌现及其活跃于国际社会的事实，改变了以往国际行为主体的单一结构，形成了包括国家、国际组织和跨国公司在内的国际关系行为主体的多元结构。

第五，主张在国际体系中以平等关系取代等级制。相互依存理论认为，建立平等关系是保持和发展相互依存关系的基础和前提。在相互依存的国际体系中，为减少相互矛盾和冲突，应摒弃传统的等级制度和丛林法则，建立依存各方都能从中受益的平等关系。

第六，强调相互依存趋势对国家主权和民族利益的溶解作用。相互依存理论认为，在相互依存的世界中，几乎没有一个国家的问题可以被视为纯粹的国内问题，国家内部的许多经济和社会问题越来越带有国际影响的痕迹，并在一定程度上影响国际社会。因此，相互依存理论强调一国在做出政策选择时，既要考虑自己的利益，也要照顾别国利益和国际共同利益。国际共同利益或全球公共利益的拓展和充实，将使各国的相互依存成为通向世界一体化的桥梁。

第七，重视科学技术对依存关系的积极作用。相互依存理论充分肯定现代科学技术，特别是现代交通和通信技术对密切各国相互依存关系的巨大作用，认为现代科学技术使相互依存的各国缩短了交往距离，扩大了交往范围，提高了交往频率，促进了共同发展。

相互依赖理论对亚太区域经济一体化合作的启示在于：第一，在世界经济一体化发展趋势日益增强的当下，各国、各地区的经济相互依赖程度将日益加深。因此，各国在参与区域经济合作和一体化进程中，既要维护和发展本国的利益，又要考虑其他国家的利益并做出适当的妥协安排，以达到互惠互利的目的。第二，实现区域经济一体化，需要各参与成员的共同努力，相互间应该平等互利，相互协调，先易后难，逐步推进，可在有利于推进一体化进程的某些行业部门首先进行合作。第三，相互依赖会给区域乃至世界经济发展带来许多好处，有助于促进国际贸易的发展和国际资本流动的自由化，促进生产要素更有效地配置。第四，世界是一个大市场，各国在经济方面的相互合作、相互依存和相互竞争将日益增强。因此，在开展区域经济合作的过程中，既要尊重各国主权、平等互利、和平共处，又要适应经济一体化的需要，转变传统的主权观念，让渡部分主权给超国家组织，以换取更大的国家利益，为建立公平、公正和合理的国际经济新秩序而努力。

四、国际机制理论

国际机制理论也被称作国际制度理论或国际规则理论，是指各国在国际合作和经济发展等领域所制订的需要共同遵守的规则和约束性制度，主要代表人物有罗伯特·基欧汉、斯蒂芬·克莱斯勒、奥兰·扬、约瑟夫·奈、恩斯特·汉斯、约翰·鲁杰以及斯坦利·霍夫曼等。

国际机制论在区域经济一体化方面的主要观点包括：第一，在国际合作中强调各国的共同责任和采取一致的行动，以合作互利的长远利益代替争夺权力的限制利益；第二，国际制度因时因地而变，并在不断地丰富和发展，要通过建立强有力的国际机制来组织和协调不同领域和等级的准则以及国家行为；第三，国际关系应该建立在劳动分工的基础上，旨在有效地提高所有成员的福利；第四，强调机制参与者利益认同过程的重要性；第五，强调维护和发展国家利益，视国家为统一机制的理性行为者。

国际机制理论自20世纪80年代以来发展迅速，成为国际关系理论领域的一个热门话题。该理论关于加强国际社会秩序和稳定、提高第三世界国家的国际地位、缓解南北矛盾，以及实施国际关系平等原则的主张，对实现区域经济一体化有着积极的意义。因此，作为发展中国家，在参与区域经济一体化规则制订时，既要维护本国利益，又要兼顾广大发展中国家的集体利益，以建立公平合理的区域合作新机制，共创区域经济的繁荣。

五、地缘经济学理论

地缘经济学理论是20世纪末、冷战结束后出现的一种西方国际关系理论，主要代表人物是爱德华·卢特沃克。

地缘经济学的主要内容和观点包括：第一，冷战结束后，全球面临的最大威胁是经济危机和生态破坏，主张以经济和生态的优势促使其他地区的演变。从某种程度上来说，谁掌握了国际经济和生态优势，谁就在国际事务中拥有最大发言权。第二，近年来世界正逐步发展成三个相互竞争又相互合作的经济集团，即环太平洋经济区、西半球经济区和欧洲经济区。在未来的竞赛中，三个经济集团中的任何一个都倾向于超过其他两个。无论哪一个实现这种超越，都会位居领先，主导21世纪的世界经济秩序。第三，冷战结束后，国家间的竞争关系以一种新的方式出现，即“超越国界的竞争与合作并存”。从根本上讲，国家将按地缘经济的方式行事。第四，国家利益是经济上的国家利益，所有较量都是由国家利益驱动的。在实现国家经济利益的资本投资、市场扩张、新产品的研发、贸易关税等的竞争中，必须由政府参与、支持和指导。

地缘经济学理论强调，冷战后的国家利益是经济上的国家利益，国家间的竞争是国家总体实力的竞争，竞争的层次已从企业一级上升到政府一级，抢占国际市场已不单单是企业的事情，而是政府和企业共同的事情。虽然地缘经济学就其本质来说是发达国家的国际关系理论，但在当今世界经济一体化蓬勃发展的时代，发展中国家采取国家主义制订地缘经济政策，维护和发展国家利益，积极参与区域经济一体化也成为理性的策略选择。

综上所述，随着国际经济合作形势的变化，有关区域经济一体化合作的理论也会不断发展和完善。准确把握这些理论的主要内容、观点、本质和特征，对于我们正确理解区域经济合作的动因、目标与模式、发展前景、路径选择以及对国际关系的影响，并采取相应的对策措施，具有重要的参考价值和指导意义。

第三章　主要成员参与亚太区域经济合作的策略选择

亚太区域经济合作机制的多元化发展和该地区成员在经济发展水平、政治制度和社会文化等方面的多样性有着密切的内在联系。在亚太区域经济合作格局的演变过程中，各成员会根据形势的变化，从自身利益出发，对其参与亚太区域经济合作的策略进行动态调整。因此，我们有必要对美国、日本、澳大利亚、加拿大等发达成员，以及东盟、越南、印度、智利等主要发展中成员参与亚太区域经济合作的策略进行多视角的分析和对比。

第一节　主要发达成员参与亚太区域经济合作的策略选择

一、美国

冷战结束后，尤其是20世纪80年代以来，美国对外经济政策在区域层面的投入越来越多，其国际区域经济战略的重心逐渐从北美大陆扩展到亚太地区。事实上，作为世界上唯一的超级大国，美国近年来参与国际区域经济合作的战略演进既是冷战后其全球总体战略发展演化的客观反映，也是其针对不同地区格局的新变化而做出的主动调整，是两者共同作用的结果。

（一）美国参与区域经济合作的战略演进

就全球战略而言，鉴于美国所处的独特地理位置（被两大洋与亚欧大陆分隔），地缘政治多年以来始终是美国政府和决策者观察国际事务、思考战略问题的一种基本价值取向。在马汉、斯皮克曼、布热津斯基等地缘政治理论家的思想影响下，美国逐渐形成了以追求海洋空间为重点、以遏制欧亚大陆主要陆权国家为目的、以维持欧亚大陆力量均衡为手段、以控制欧亚大陆边缘地带为核心，维护美国全球领导地位的地缘政治理念。同时，在实施过程中，美国非常重视政治、军事、经济等多种手段的综合运用。由此可见，区域经济合作是美国用来实现其地缘政治目标的方式和途径之一。

纵观 20 世纪 80 年代以来美国参与区域经济合作战略的演进，可以划分为 3 个主要阶段：

第一阶段是 20 世纪 80 年代至 20 世纪末，美国区域经济战略的重点在于巩固美洲“后院”，具体表现为美国试图通过组建统一的美洲自由贸易市场来制衡欧盟市场。从当时的国内背景来看，美国刚刚从滞胀的泥潭中摆脱出来，面临着财政赤字和贸易收支赤字的困境，急需更大的国外市场来带动国内经济回暖。从国际环境来看，美日欧三足鼎立日益成型，亚洲新兴力量不断突起，世界经济日益向多极化发展。但是，在欧洲经济一体化发展进入快车道后，美国主导的 WTO 多边贸易谈判却停滞不前，使得美欧利益分歧迟迟得不到解决。在这种情况下，美国开始以北美经济一体化为抓手推进构建美洲统一市场。1987 年，美国与加拿大签订了美加自由贸易协定。1992 年 12 月，美国、加拿大和墨西哥共同签署了 NAFTA。NAFTA 推动了自由贸易区内的经贸合作，为美国开拓了更加广阔的海外市场，缓解了欧盟市场对美国贸易的“吮吸效应”。在此基础上，美国积极推动美洲自由贸易区（FTAA）的建设。1994 年底，美国时任总统克林顿在首届美洲国家首脑会议上提出了构建 FTAA 的倡议，希望建立一个包括南北美洲在内的全球最大的自由贸易区，并将 2005 年作为达成协定的最后期限。然而，由于南北美国家之间的经济发展水平差距显著，难以在短期内处理好国家间的利益分歧，FTAA 相关谈判迟迟未能取得实质性进展。

第二阶段是 21 世纪初至 2008 年，在继续推进美洲区域经济合作的同时，中东和中亚地区开始成为美国区域经济合作战略的关注重点。就当时美国的国内环境而言，克林顿“新经济”时代的红利仍然在发挥作用，国内经济环境温和向好。从国际环境来看，2001年的9·11恐怖袭击事件后，反对国际恐怖主义成为美国对外政策的第一要务。在此背景下，美国小布什政府确立了“竞争性自由化”的贸易政策战略，希望通过多边和双边贸易谈判来增强美国在全球的领导地位。在此背景下，美国的区域经济合作战略沿两个方向同步实施：一方面，美国加大了与中东地区的经济联系，通过经济援助和建立多个双边自由贸易区协定，增强其在中东地区和世界石油市场上的影响力。石油供应波动与美国的经济和金融市场具有很强的关联性，保障美国能源供应的多元化和稳定性，可以大大降低美国经贸发展的外来风险。2003年，美国时任总统小布什提出了在10年内建成美国-中东自由贸易区的倡议。2004年，美国与中亚五国签署了贸易和投资框架协议，并推动中亚国家参与WTO谈判。2006年，美国开始筹划基于“大中亚计划”的多边投资计划。此外，美国还分别与约旦、摩洛哥、巴林、阿曼等国签订了双边自由贸易协定。另一方面，美国继续推进在美洲市场的扩张，通过双边谈判的方式来逐渐推进FTAA的建设。2003－2007年期间，美国分别与智利、中美洲五国、多米尼亚共和国、秘鲁、哥伦比亚以及巴拿马签署了5个自由贸易协定。在2006年发布的《美国国家安全战略》报告中，美国将“自由市场和自由贸易”作为其战略目标，并将自由贸易协定作为其重要的战略工具，力图通过双边和区域自由贸易协定来增强其在国际贸易体系中的领导地位[①]。

第三阶段是2008年至今，美国逐渐将亚太地区作为实施区域经济合作战略的重中之重。从国内环境来看，美国正处于2008年金融危机后的经济周期上行阶段，国内经济呈现向好之态。但是，贸易逆差、债务赤字、制造业衰退等问题持续恶化，产业结构失衡和收入分配差距已经成为美国无法回避的核心问题。为了使美国经济尽快走出困境，奥巴马政府将出口促进战略提升到了一个全新的高度，目标是促进美国经济由“消费驱动型”向“出口驱动型”转变，通过不断扩大的

① 2006年美国国家安全战略报告，https://georgewbush-whitehouse.archives.gov/nsc/nss/2006/.

出口拉动国内就业，为经济持续增长提供可靠动力，从而在未来的国际竞争中保持优势地位。从国际环境来看，以中国为代表的亚太经济体快速发展，在全球制造业生产中充当了重要角色。亚太地区拥有庞大的人口和市场，以及相对稳定的发展环境和巨大的经济增长潜力，很自然地成为美国实施“出口倍增”计划，实现纠正经济结构失衡目标的首选之地。为此，美国时任总统奥巴马在2008年执政后不久便提出了“重返亚太”的战略主张，试图恢复美国在亚太地区的领导力。在上述背景下，美国采取了三个方面的战略步骤：第一，积极参与亚洲事务，加强与亚洲传统盟国的联系，并发展其他新兴伙伴关系。2009年，美国与东盟国家外长签署了《东盟亚友好合作条约》。同年，美国宣布参与TPP谈判，以抢占亚太贸易规则制订的主导权，试图塑造一个地域广、规模大、标准高的亚太自由贸易安排。此外，美国进一步加强了与日本、韩国、澳大利亚等传统盟国的经贸关系，还拓展了与印度、印度尼西亚、越南、缅甸等新伙伴的经贸联系，启动了“美国-东盟贸易投资框架协议”的谈判。第二，强化NAFTA的紧密性和排外性。从2008年开始，美国就不断呼吁重新谈判NAFTA，要求建立更高水平的开放标准，否则就退出该协定[①]。第三，与欧盟市场强强联合。2013年，美国提出推动建立跨大西洋贸易与投资伙伴关系协定（TTIP），试图拓展双方在投资和服务贸易方面的合作，以平衡亚太新兴市场的力量。

综上所述，美国在实施国际区域经济合作战略的进程中，通过“开疆趋利”“权力制衡”和“规则领导”来推动核心目标的实现。“开疆趋利”是指为美国本土商品、服务和资本开辟最有利的国际市场，“权力制衡”是指对美国以外的其他经济体或区域经济合作组织的制衡，“规则领导”则是指保证美国在国际贸易规则的标准和议题设定中的主导权。在美国推进实施国际区域经济合作战略的不同阶段，以上三个目标相互交织，但各有侧重。

---

① Clinton, Obama threaten to withdraw from NAFTA，https://www.cbc.ca/news/world/clinton-obama-threaten-to-withdraw-from-nafta-1.696071.

（二）美国近期参与亚太区域经济合作的主要目标和战略举措

当前和今后一段时期，美国参与亚太区域经济合作的战略取向仍然基于其对国内问题和国际形势的认识和判断。在国内问题方面，美国的关注点集中在制造业就业缩减、贸易赤字和债务压力三个方面。美国贸易代表办公室发布的《2019年贸易政策议程及2018年年度报告》明确了美国的目标是“确保努力工作和创新得到回报，同时惩罚不公平贸易行为和非法政府补贴”，使“美国工人和企业有机会在更公平的世界竞争中获益”。这表明美国认为其国内问题是由不公平的贸易规则和非市场经济体制所导致的，而亚太地区正是问题的主要来源，这必然促使美国进一步加大对亚太区域经济合作的战略投入。

在国际层面，美国面临着新兴国家在经贸实力、前沿技术、地区经济辐射等多个维度的追赶。美国认为这不仅对其海外贸易市场造成挤压，还威胁到了其在科技领域的独占优势地位，触及其贸易核心竞争力，从长远来看会削弱美国在世界经济体系中的主导权。因此，美国将继续加强对新兴国家的制衡，采取针对性的举措对冲新兴国家的区域经济合作战略。

基于以上背景，当前美国将参与亚太区域经济合作视为重构全球贸易规则的重要平台。特朗普政府反复强调的“美国优先”和“公平贸易”等内容，是美国当前区域经济合作战略的中心要义。美国通过同时在多个区域采取双边谈判模式，由点及面地将美国主导的贸易规则布局全球，最终完成对WTO多边体制规则的彻底改革，以更好地满足美国自身的利益。

在亚太区域经济合作中，美国放弃了多边磋商机制，将重点放在建立高质量的双边经贸合作关系上。2018年，美国和韩国签署了一系列有关美-韩自由贸易协定的修正案。此外，美国还分别与文莱、缅甸、柬埔寨、印度尼西亚、老挝、马来西亚、新西兰、菲律宾、泰国和越南等亚太国家签署了双边贸易和投资框架协议。虽然特朗普政府在执政之初便退出了TPP，但美国此前在TPP谈判中提出的一系列标准，加之其推动与日本、韩国的新贸易规则标准，在一定程度上形成了对亚太贸易规则的示范作用。具体而言，美国在关注货物贸易、服务贸易、投资等传统议题的同时，在数字贸易、中小企业、环境、竞争政策、透明度和知识产权等领域都提出了更高的要求。美国试图将这套高质量的新型贸易规则通过区域自由贸易协定推向世界，从而掌握重构全球贸易规则的主导权。

美国在亚太地区主导重构贸易投资规则的另一重要举措是施压加拿大和墨西哥，以更高标准的“美墨加协定”（USMCA）取代了原有的 NAFTA。实际上，美国国内一直对 NAFTA 存在很大争议，认为 NAFTA 抢占了美国的就业机会。加上 NAFTA 签署实施已有 20 多年，一些条款的标准已经无法满足美国贸易发展的需要，也缺少对新兴贸易业态的考虑。特朗普政府为了缓和国内利益群体的不满情绪，开辟更广的贸易市场，加强美墨加三国经济的紧密联系，要求重新谈判 NAFTA。美国首先与墨西哥达成协议，再以此为筹码对加拿大施压。2018 年 11 月 30 日，美加墨三国签署了 USMCA，取代了已实施 24 年的 NAFTA。新签署的 USMCA 不仅降低了美国在北美区域内的贸易壁垒，还强化了 NAFTA 的排外性。通过 USMCA 的高标准，以及对非市场经济体的歧视条款，美国不仅进一步保护了其在北美市场的利益，还可以在全球范围内推广以 USMCA 为模板的新型贸易规则。

在通过上述措施增加其在亚太经贸合作中的影响力的同时，特朗普政府还积极推进“印太战略”，目的是加强亚太地区与印度洋地区的经贸联系，从而使美国的战略布局从太平洋沿岸扩展到印度洋地区。为推动“印太战略”的落实，美国在 2018 年 7 月宣布设立 1.13 亿美元的首批投资基金，用于发展数字经济、能源和基础设施建设。具体内容包括：在数字连通和网络安全合作层面投资 2500 万美元，以改善合作伙伴的数字连通，并增加美国技术出口的机会；通过“亚洲能源增进发展与增长计划”（EDGE）投资 5000 万美元，帮助印太合作伙伴进口、生产和储存能源资源；投资近 3000 万美元用于基础设施和援助网络建设。[①]此外，美国还与日本、澳大利亚就共同推进印太地区高水平基础设施建设达成了共识。2019

---

① Michael R Pompeo. America's Indo-Pacific Economic Vision. https://www.state.gov/remarks-on-americas-indo-pacific-economic-vision/.

年，美国公布了最新版的“印太战略报告”，将贸易、科技等经济因素引入其中①。

二、日本

作为在亚太经济中占举足轻重地位的国家，日本在亚太区域经济合作的“棋局”中曾长期实施防守型策略，尤其是在参与自由贸易区方面往往“落后手”。但是，随着近年来国际和地区政治格局的变化，日本政府在参与亚太区域经济合作方面明显采取了更为积极的政策，尝试下出一盘不破不立的新“棋局”。

（一）日本参与区域经济合作的背景和动因

自第二次世界大战以来，日本一直奉行“贸易立国”的战略，经济发展高度依赖对外贸易。从 20 世纪 90 年代初期开始，日本经济长期处于低迷之势，其出口在世界上所占的比重不断降低，国际竞争力排名日渐滑落。农业、流通业和中小服务业企业一直是日本经济效率最低的部门。这些部门由于受到各种规制和价格补贴、税收优惠和进口限制政策的保护，竞争力难以得到有效提升。在这种情况下，通过积极参与区域经济一体化合作，促使国内的商品市场和要素市场进一步对外开放，并最大限度地引进现代市场制度和市场竞争机制，就成为日本促进经济复苏和发展的重要途径之一。换言之，促使日本对亚太区域合作政策进行调整的根本动因之一是为长期不景气的日本经济注入新的活力和驱动力，为实施其“贸易立国”的基本国策提供更加有效的平台。

应对“雁型模式”的失效，争取东亚区域经济一体化进程发展的主动权，是日本调整其亚太区域合作政策的另一动因。从 20 世纪 80 年代开始，日本不仅把“雁型模式”视为东亚经济发展的一种现实，而且日益把这一模式作为一种刻意追求和精心维护的地区经济秩序，以维护日本在东亚经济中的长期主导地位。但是，20 世纪 90 年代中后期以来，东亚经济结构发生了显著的变化。在日本经济陷入衰退的同时，东亚各国却凭借劳动力资源和低工资的优势，积极引进发达国家的

① The Department of Defense: The 2019 US Indo-Pacific Strategy Report [R/OL]. Mar, 2019.

资金、技术和先进管理经验，使国际竞争力有了很大的提高，“雁型模式”的特征逐渐模糊。在这种情况下，通过区域经济一体化方式加强日本与亚太各国的经济关系，从战略高度构筑互利互惠的关系，就成为日本的理性选择。

竞争性自由化也是日本不得不考虑的重要因素。自 20 世纪 90 年代末以来，亚太地区各种类型的自由贸易区数量快速增长，越来越多的国家开始构建以本国为中心的自由贸易区网络。尤其是在出口方面与日本有很强竞争关系的韩国，已率先与美国和欧盟缔结了自由贸易协定，并且开始与亚太地区的多个国家签署双边自由贸易协定。在这种情况下，如果日本不采取应对措施，将在主要出口目标市场的竞争中面临非常不利的局面。

（二）日本近年参与区域经济合作的战略取向

自 2012 年安倍晋三担任日本首相以来，日本确立并实行了“对内推进经济结构性改革”和“对外积极推动构建新型国际经济秩序”的经济政策。日本希望通过区域经济合作和多边贸易自由化谈判的“双轮驱动”，为国内的结构性改革提供完善的外部经济环境。同时，日本力图依靠“安倍经济学”的结构性改革，力促农产品的市场开放，并在国际贸易协定谈判中增加电子商务、信息技术等新议题，为区域经济合作提供新的动力。具体而言，日本的目标是通过贸易、投资等对外合作，将贸易投资自由化与国家经济发展战略相结合，促进工业品、服务贸易的出口，扩大海外投资，同时有助于保障大宗商品，如石油、天然气等资源的进口，确保国内生产性需求。

需要强调的是，日美关系是日本外交的基轴，以对美关系为核心的外交政策决定了日本对外经济政策的对美跟随和倾斜。例如，美国在参与 FTA 方面的态度对日本就有着深刻的影响。2013 年 7 月，日本正式加入了由美国主导的 TPP 谈判，并将其作为实施区域经济合作战略的核心加以推进。日本承诺在农产品减税、大米等农产品市场准入方面让步，极力促成并签署了 TPP。但是，美国总统特朗普在 2017 年初做出了退出 TPP 的决定，对日本造成了比较大的打击。为了应对新变化和新形势，日本急需确定新的区域经济合作战略。

第一，日本需要采取更加积极的区域经济合作战略，以刺激国内经济增长，解决内忧。2018 年日本全年经济增长率为 0.7%，出口下降 3%，增长逐步放缓。2019 年之后，日本的经济形势依然不容乐观。2019 年 3 月，日本内阁府公布了经济景气动向指数，下调宏观形势被评估为“恶化”，表明日本经济陷入衰退的可能性进一步增大。这是日本政府自 2013 年初以来首次使用“恶化”来描述经济状况。“安倍经济学”已经实行了 6 年多的时间，货币宽松政策的可持续性和有效性饱受争议。因此，日本需要通过实施更加积极的区域合作和对外贸易政策，扩大净出口市场，拉动国内经济增长，加速世界贸易自由化，从而确保自由开放的外部市场环境。

第二，日本需要采取更加积极的区域合作战略来平衡美国压力，解决外患。特朗普政府“美国优先”的单边保护主义措施对日本造成了巨大的压力。2017 年 5 月，美国商务部发表了题为“对墨西哥和日本的贸易逆差已经达到难以忍受的水平”的声明。2018 年 3 月，美国以国家安全为由，宣布对进口钢铁和铝制品分别加征 25%和 10%的关税，涉及日本 4.09 亿美元的出口产品，对日本制造业形成了一定的冲击。2018 年 5 月，特朗普总统下令针对进口汽车展开涉及国家安全的调查。2019 年 2 月，由美国商务部起草的关于进口汽车关税的报告被呈交给特朗普。根据日本财务省预测，如果美国对日本的汽车及汽车零部件加征 25%的关税，将会给日本汽车行业带来超过 1 万亿日元（约合 88 亿美元）的额外支出。美国以加征汽车关税为筹码，极力施压美日双边的贸易谈判，农产品、汽车关税和汇率成为美日贸易谈判的焦点。日本-欧盟经济伙伴关系协定的签订、日本积极推进 WTO 改革等对外经济合作新动向，都体现了日本为缓解美国压力，与其他国家“抱团取暖”的战略目的。

第三，日本希望通过参与区域经济合作在制订国际贸易投资新规则的主导权之争中占得先机。在这方面，日本-欧盟经济伙伴关系协定是一个典型范例。2013 年，日本启动了与欧盟的经济伙伴关系协定（EPA）谈判。2017 年 12 月，日本-欧盟经济伙伴关系协定谈判全部结束，并在 2018 年 7 月 17 日正式签署协定。从规模上看，日本-欧盟经济伙伴关系协定是目前全球规模最大的双边贸易协定，市场规模覆盖 6.38 亿人，GDP 达约 21 万亿美元，占全球经济总量的近 1/3，影响范围非常广泛。日本-欧盟经济伙伴关系协定的贸易自由化水平接近 100%，其中日本的贸易自由化水平约为 94%（农产品约为 82%，工业制成品为 100%），欧盟的贸易自由化水平达 99%。同时，该协定内容全面，涵盖诸多领域，被视为引领新一代国际经贸规则的高标准自由贸易协定，证明了日本参与高水平区域经济一体化的决心和能力。

第四，日本需要更加积极的区域合作战略，以强化其在东亚和亚太区域内的引领者地位。近年来，东盟积极推进 RCEP、加强东盟共同体建设，中国实施“一带一路”倡议，韩国与美国签署新的双边自由贸易协定，使得日本在东亚和亚太区域经济合作中面临着来自周边国家越来越大的竞争压力。改变以美国为主的政策导向，逐步向东亚地区回归，提高亚太自由贸易框架下经济合作的政策优先性，被认为是日本下一步政策调整的重要方向。这一策略有利于保持日本在周边地区内占据自由贸易协定“轮轴-辐条”模式的“轮轴”地位，提高自由贸易区的覆盖比重，并充分发挥日本在参与高水平自由贸易协定方面的规则优势，确保日本的核心利益在区域经济合作进程中得以实现。

（三）日本参与亚太区域经济合作的新举措及其成效

TPP 谈判结束促使日本放开了农产品议题的诸多限制，突破了过去自由贸易协定谈判中的软肋束缚。从 2017 年开始，日本采取了更为灵活和积极的战略，在亚太区域经济合作中多面出击、齐头并进，取得了比较引人注目的进展。通过构建全方位、高水平的区域经济合作网络，日本在引领全球贸易和投资规则重建、应对亚太地区乃至全球范围内的“竞争性自由化”的挑战中占据了主动位置。

1．获得 CPTPP 的核心主导地位

美国在 2017 年初退出 TPP 后，作为其余 11 个成员中经济体量最大的日本，成为实质意义上的引领者。日本曾一度试图说服美国回归 TPP，发现无望后开始极力推进其余 11 个国家达成 CPTPP 协定，并顺利实现了目标。CPTPP 保留了原版 TPP 超过 95%的内容，且更关注成员发展的差异性和开放的渐进性。由此，日本实现了在亚太区域合作方面的“脱美”，向“跨地区主义多边化”的方向推进。CPTPP 是亚太地区目前已经签订的最高标准的 FTA 之一，代表了新一代贸易协定的发展方向，表明了日本在全球治理体系和国际规则创新中占据了一定程度的主动权。从日本参与区域经济一体化的整体格局上看，CPTPP 和日本-欧盟 EPA 共同形成了以日本为核心的“两洋自贸区”，使日本抢占了战略先机。

2．更为积极地推动 RCEP

在 CPTPP 和日本-欧盟 EPA 谈判结束后，日本对于推动 RCEP 的谈判更为积极。一方面，日本认为 CPTPP 和日本-欧盟 EPA 已经形成了高标准 FTA 的标杆，可以在 RCEP 的标准和开放程度方面给予更高的灵活度，与东盟、中国、印度等发展中国家的主张差异有所缩小，更容易达成最终共识。在 2018 年 3 月于新加坡召开的 RCEP 第四次部长级会议上，日本的谈判态度变得更为积极，强调致力于实现高水平自由化目标的同时，也准备展现灵活性。另一方面，从力量投入上看，日本在 2018 年之后为 RCEP 谈判投入了更多的人力资源和政策倾斜，尽快促成 RCEP 谈判的意愿更加强烈。

3．谋求中日韩合作的破冰与加速

决定中日韩合作的最关键因素不是经济考虑或技术因素，而是政治意愿，政治互信是三国自贸区建设的前提条件。中日两国间的政治关系在经历了连续多年的不稳定和低迷阶段之后，目前已明显升温。2018 年是中日和平友好条约缔结 40 周年，时任日本首相安倍晋三于 2018 年 10 月访问中国，这是 7 年以来日本领导人首次正式访问中国。双方时隔 8 年重启经济高层对话，并在第三方市场开展合作等方面达成了重要共识，间接表明了日本对“一带一路”倡议的支持态度，开启了中日经贸关系协调合作的新历程。

表 3-1　2017 年以来体现中日关系缓和的双边外交活动

时间	首脑外交	主要关注点
2017 年 1 月	中国政府首次发表《中国的亚太安全合作政策》白皮书	表明中日关系总体延续改善势头
2017 年 7 月 8 日	G20 汉堡峰会期间，习近平与安倍晋三会晤	
2017 年 11 月 12 日	APEC 越南岘港会议期间，习近平与安倍晋三会晤	安倍对“一带一路”的态度转向有条件的支持合作； 中日邦交正常化 45 周年
2017 年 11 月 20～26 日	250 人组成的日本高级经济代表团访问中国	积极的姿态
2018 年 1 月 22 日	安倍晋三国会讲话	对中国阐述改善关系、加强合作，把两国关系提升到新的高度
2018 年 5 月	李克强访日	对推动中日关系重回正常轨道、实现长期健康稳定发展达成共识
2018 年 8 月 12 日	李克强与安倍晋三互致贺电	庆祝《中日和平友好条约》缔结 40 周年
2018 年 8 月 31 日	日本副首相兼财务大臣麻生太郎带团访华	第七次中日财政对话
2018 年 9 月 12 日	符拉迪沃斯托克东方经济论坛期间，习近平与安倍晋三会晤	中方已向安倍晋三发出访华邀请
2018 年 9 月下旬	举行“一带一路”官民合作机制首次会议	商讨在泰国联合建设高铁的项目，启动“第三方市场合作”模式
2018 年 10 月 25 日	安倍晋三访华	双方时隔 8 年重启经济高层对话

资料来源：作者根据媒体公开报道内容整理。

地区政治关系的缓和为中日韩合作的回暖创造了有利条件。2018 年 7 月，三国领导人在第七次中日韩领导人会议上发表了联合宣言，达成了加快推进中日韩自由贸易区谈判的共识，力争达成“全面、高水平、互惠且具有自身价值”的自由贸易协定，成为三国共同的目标。

三、澳大利亚

从 20 世纪 80 年代开始，澳大利亚与亚太地区的经济融合及相互依赖程度日益加深，促使澳大利亚将重心逐渐由多边贸易体制转向了亚太区域合作，而这一战略转变的实施又进一步强化了澳大利亚与亚太经济的融合与依赖关系。

（一）澳大利亚参与国际经贸合作的战略演进

澳大利亚的国土面积位居世界第六，经济总量位居世界前二十。但是，受制于人口规模有限，国内市场狭小，澳大利亚无意谋求世界经济事务的主导权，而是努力维护其区域大国和中等强国的地位。同时，澳大利亚始终将本国视为自由贸易和经济全球化的受益者，深刻认识到外部市场对拉动本国经济的发展起着不可替代的作用。因此，在开展国际经贸合作的进程中，澳大利亚在总体上实行多边、区域和双边三管齐下的方式。在多边层面，澳大利亚反对贸易保护主义，希望通过不断巩固和完善多边贸易体制来促进全球多边贸易自由化。在 WTO 多边贸易体制发展遇阻的情况下，澳大利亚对参与区域经济一体化合作持开放态度，并注重与主要贸易伙伴加强双边经贸关系，以获得更多的市场准入机会，促进国内相关产业的发展。

在不同时期，澳大利亚政府采取的国际经济合作战略有所区别，工党政府倾向于通过采取多边途径，而自由党政府则侧重于通过发展双边关系推进区域经济一体化进程。

1．基廷政府时期（1991－1996 年）

基廷政府执政期间，不遗余力地倡导多边贸易体系，并在乌拉圭谈判中与欧盟和日本等农业保护主义国家进行博弈，从而促成了乌拉圭回合谈判的顺利结束和 WTO 的形成。此后，澳大利亚在 WTO《服务贸易总协定》谈判过程中也发挥了积极的作用。在倡导多边合作的同时，澳大利亚基廷政府也高度重视区域经济合作，并将亚太地区视为参与区域经济合作的战略重心。事实上，1989 年 APEC 的建立与澳大利亚的积极推动有着直接关系。基廷政府高度重视 APEC 的作用，认为这一组织不仅能够加强亚太国家之间的经贸合作，而且有助于提升澳大利亚在亚太区域经济合作中的话语权。

2．霍华德政府时期（1996－2007 年）

20 世纪 90 年代中期，霍华德政府上台后，澳大利亚的区域经济合作战略开始发生变化，逐渐向双边政策倾斜。基于政治性和战略性目标，霍华德政府通过签订自由贸易协定来加强区域经济合作，以获得更加广泛的战略利益。在此期间，澳大利亚分别与海湾阿拉伯国家合作委员会（GCC）、韩国、新加坡、东盟各国签订了自由贸易协定，并积极推进澳大利亚-美国自由贸易协定的谈判。总体而言，霍华德政府希望通过构建双边自由贸易区网络来推进区域经济一体化进程，并借此强化本国的外交政策，维护国家安全。

3．陆克文政府时期（2007—2010年）

2007年陆克文政府执政以后，调整了对外经贸合作的战略，将重心重新放在多边和区域层面。陆克文政府认为，相对于双边自由贸易协定而言，澳大利亚在多边贸易谈判中有更多筹码，能够带来更多的交换利益，同时在市场准入、贸易规则方面拥有更多话语权，从而提高澳大利亚在世界经济中的影响力。在致力于推进WTO多哈回合谈判的同时，陆克文政府还积极寻求与亚太地区的合作，希望通过主动加强与亚太国家之间的经贸合作，推进建立“亚太共同体”，创造稳定繁荣的区域经济发展环境。

（二）澳大利亚近年参与亚太区域经济合作的策略及其特点

在参与区域经济合作的进程中，澳大利亚始终以亚太地区作为重点，这不仅是出于地缘因素的考虑，更主要的是受经济利益的驱动。近年来，虽然澳大利亚经济持续增长，但是随着国内市场饱和以及国际大宗商品价格下降，澳大利亚的经济增长越来越依靠国际贸易。在澳大利亚的出口目标市场中，欧美地区主要国家的经济增速有所放缓，在一定程度上影响了澳大利亚对这些地区的出口。与此同时，亚太地区的经济实现了持续的强劲增长，对于拉动澳大利亚的出口和经济发展具有重要意义。一方面，随着城市化进程和可支配收入的增加，亚太地区对澳大利亚商品和服务的进口需求持续增加；另一方面，亚太地区经济的快速增长和基础设施建设的改善扩大了对澳大利亚资源性产品的需求，促进了澳大利亚的矿业繁荣。亚太地区逐渐替代欧美，成为澳大利亚主要贸易伙伴和投资来源国最为集中的地区。据估计，至2025年，澳大利亚对亚太地区的商品出口额将占其总出口额的80%。因此，融入亚太区域经济一体化进程可以给澳大利亚带来巨大的经济利益，并有效避免在世界经济格局和地缘政治调整中被边缘化。

总体而言，澳大利亚当前参与亚太区域合作的战略可以概括为“政经并重、东亚优先、多方平衡”。

一方面，澳大利亚既看重参与亚太区域合作的经济收益，又注重其政治收益。在经济收益方面，澳大利亚希望通过亚太区域合作，为国内资源类产品和初级产品的出口提供更广阔的市场，借助主要贸易伙伴或新兴市场国家经济的持续增长为澳大利亚经济提供外部驱动力。在政治收益方面，澳大利亚希望通过亚太区域合作维护稳定的地区环境，在各成员之间建立有效的多边协调和对话机制，共同应对各种地区性和国际性问题和挑战，从而在全球和地区地缘政治格局的调整过程中不断提升澳大利亚的地位。

另一方面，在亚太区域合作的整体格局中，澳大利亚对东亚区域合作最为重视。这不仅仅因为东亚在地理位置上距离澳大利亚更近，更重要的原因在于该地区在经济和政治上都被澳大利亚视为战略要冲。从经济层面考虑，东亚地区的中国和日本目前分别是澳大利亚的第一大和第二大贸易伙伴，而且澳大利亚认为未来的东亚经济将长期保持强劲增长，在全球经济格局中的战略地位将进一步提高。从政治层面考虑，澳大利亚认为东亚地区的中国、日本、韩国和东盟在推进构建国际和地区政治新秩序方面将发挥越来越重要的作用，因而必须和这些成员建立伙伴关系，以避免澳大利亚被新的国际政治和外交体系边缘化。

虽然澳大利亚高度重视东亚合作，但并没有因此弱化与美国的战略同盟关系。澳大利亚不仅支持美国更加深入地参与亚太地区经济合作，而且始终认为美国是该地区政治稳定的平衡力量。澳大利亚希望利用自己的特殊地理位置，在美国和东亚之间起到重要的桥梁和纽带作用。同时，澳大利亚力求与中国、日本和东盟保持良好的经贸和外交关系，通过“多方平衡”的策略凸显澳大利亚在亚太区域合作中的独特地位。

基于以上亚太区域经济合作战略，澳大利亚当前和今后一段时期的重点是积极参与 CPTPP 和 RCEP，并力促二者之间的互动发展。从自身利益考虑，澳大利亚不希望亚太地区出现相互对立的大型封闭贸易集团，也反对将区域贸易安排作为地缘政治的工具。在关注亚太经济合作的同时，澳大利亚仍然会继续推动建立“亚太共同体”的尝试，旨在利用这样一个多边经济、政治和安全合作机制，使澳大利亚进一步融入亚太区域一体化进程。

四、加拿大

第二次世界大战之后，加拿大一直以和平友好的外交方式来推进其国际经济多元化战略，以美洲市场为切入点，随后逐步扩大与欧洲、亚洲市场的经贸合作。加拿大的区域经济合作战略是由其国内经济特征、地缘位置和国际贸易环境共同决定的。从全球市场地位来看，加拿大与美洲市场息息相关，又是沟通欧亚大陆市场的枢纽。因此，参与亚太区域经济合作始终是加拿大国际经济发展战略的重要组成部分。

（一）加拿大参与区域经济合作的战略演进

20 世纪 60 年代，加拿大试图减少对美国市场的依赖，独立自主地发展同其他国家的经济往来。时任加拿大总理的特鲁多推行“第三种选择”的外交政策，提出“加快经济发展、维护主权、为和平和安全工作、促进社会公正、加强生活品德、保障自然环境和谐”六项原则。在这一时期，加拿大重视重修与欧洲传统贸易伙伴的经贸关系，同欧共体国家签订了一系列非特惠的贸易与经济合作协定，并积极扩大与拉丁美洲地区的贸易和投资。与此同时，加拿大不断加深与亚洲国家的经贸联系，在 1977 年成为东盟的对话伙伴国。

20 世纪 80 年代，加拿大将参与区域经济合作的重心放在美洲地区。从国内经济环境来看，1981－1983 年，加拿大陷入了严重的周期性经济危机。危机结束后，全球经济增长陷入低迷状态，能源需求市场紧缩，使得加拿大早先的能源经济发展模式受到冲击。从国际环境来看，全球其他地区掀起了区域经济一体化的浪潮，加拿大的对外贸易和投资面临“协定外壁垒”的风险。针对上述问题，加拿大重新恢复了与美国密切的经济联系，共同推进美洲自由贸易区的建立。1985年，加拿大政府正式向美国提出开展双边自由贸易区谈判。1989年，美国和加拿大签订了美加自由贸易协定。在此基础上，美国、加拿大和墨西哥三国于1992年签订了 NAFTA。受益于美加关系的升温以及马尔罗尼政府对自由贸易价值的坚定捍卫，加拿大加快推进了与拉美市场的经贸合作。加拿大于1990年加入了美洲国家组织，为进军南方共同市场开辟了通道，并随后分别与智利和哥斯达黎加签署了双边自由贸易协定。

进入21世纪以来，加拿大进一步强化了参与区域经济合作的多元化战略，同时推动与多个区域市场的经贸合作。2005年，加拿大发表了题为《在世界上扮演令人骄傲和有影响力角色》的“对外政策声明”，以彰显加拿大的主权独立性和国际影响力，主张采取友好合作的经济外交策略，发展与亚太地区、拉美地区和欧洲地区的经济关系。针对亚太地区，加拿大在2006年提出了“亚太门户走廊”计划，旨在加强亚洲和北美之间的交通基础设施建设，扩大与亚太地区的经济联系。2010年以来，加拿大分别启动了与印度、日本、韩国等国的自由贸易谈判。2013年，加拿大在其“全球市场行动计划”中将中国、中国香港、印度、印度尼西亚、马来西亚、菲律宾、新加坡、韩国、泰国和越南等亚洲国家和地区置于亚太经贸发展战略的优先地位[①]。为了进一步近与拉美市场的关系，2008年以来，加拿大分别与秘鲁、哥斯达黎加、巴拿马、洪都拉斯等国家签署了双边自由贸易协定。在欧洲地区，加拿大于2008年1月与包括瑞士、列支敦士登、挪威和冰岛四个成员的欧洲自由贸易联盟（EFTA）签订了自由贸易协定，并于2009年正式生效，这是加拿大与欧洲国家签署的首个自由贸易协定。在此基础上，加拿大又于2009年启动了与欧盟的自由贸易协定谈判，并于2016年10月签署了欧盟-加拿大综合经济与贸易协定（CETA）。

综上所述，尽管加拿大在不同阶段参与区域经济合作的侧重点有所不同，但

---

① https://www.international.gc.ca/global-markets-marches-mondiaux/assets/pdfs/plan-eng.pdf.

其基本特征之一是在总体上保持多元化的合作战略。究其原因，加拿大作为典型的中等强国，自身国力和国际影响力有限，只有多元化的国际合作框架，才能够帮助其以更加灵活、实用的方式争取国际经济话语权，谋求最大的经济利益。另外，加拿大对美国经济的长期依赖给其本国的经济稳定和安全带来一定的不确定性风险。因此，加拿大政府采取多元化战略的另一目的在于分散对美国经济的高度依赖。

（二）加拿大近期参与区域经济合作的主要目标和战略举措

2018 年以来，加拿大以更加务实的态度实施其多元化的国际区域经济合作战略，以本国经济利益为重心，实施更加独立的对外政策，不断加强与亚太地区、美洲地区和欧洲地区的经贸联系，具体表现在以下几个方面：第一，亚太地区是目前加拿大区域经济战略的重心。在加拿大的前六大出口国中，东北亚国家占了三个，东盟是其第七大贸易伙伴。2018 年，加拿大总理小特鲁多在新加坡发表的讲话中提出："加拿大希望在 2019 年与东盟签署自由贸易协定。"此外，尽管美国退出了 TPP，但是小特鲁多政府仍积极推进，并于 2018 年与亚太地区的其他十个国家共同签署了 CPTPP。第二，美洲地区仍然是加拿大对外经济战略的重要依托。2018 年 11 月，美国、加拿大和墨西哥正式签署了 USMCA，替代了原有的 NAFTA。此外，加拿大还在 2018 年 3 月启动了与南方共同体的自由贸易协定首轮谈判。第三，加拿大凭借 CETA 继续拓展和深化与欧盟的经贸关系。2018 年以来，加拿大总理多次访问欧盟国家，包括法国、英国、德国、葡萄牙等，就进一步密切加拿大和欧盟的经贸关系、加强人工智能和清洁技术等领域的合作进行了广泛协商，上述举措均表明了加拿大力图开拓多元国际市场的战略目标。

考虑到当前的国际经济环境，加拿大未来一段时期的国际区域经济合作战略仍将继续以亚太地区为中心，以欧洲和拉美地区为外围，推进"横跨两洋，纵深拉美"的战略。

第一，加强与亚太地区的合作有利于缓解加拿大经济增长的不稳定性。从当前加拿大国内经济的发展趋势来看，其对外贸易依存度不断攀升，贸易额占 GDP

比重超过 60%。其中，美国是加拿大对外贸易的主要对象，美国市场占据了加拿大出口的 70%左右。然而，近年来美国市场的不确定性因素不断显现，特朗普政府大力推行“公平贸易”，迫使加拿大在汽车、农产品等领域向美方让步，之后又对加拿大的钢、铝等产品加征关税。与此同时，美国的页岩油革命对加拿大的能源出口造成一定冲击。如果不改变对美国贸易的高度依赖，将会给加拿大未来经贸发展带来较大的隐患。因此，加拿大在亚太地区推行贸易多元化战略将有助于缓解来自主要贸易伙伴的不稳定性风险。

第二，亚太地区对加拿大具有长期深远的经济战略价值。加拿大于 2018 年签署 CPTPP，在这样一个高标准、宽领域、强监管和众多亚太国家参与的自由贸易协定内，加拿大有条件在亚太市场实现前所未有的贸易增长。此外，尽管 USMCA 中关于“非市场经济”的“毒丸条款”对加拿大与中国的贸易造成了掣肘，但加拿大总理特鲁多曾多次表示该条款并不能阻止中加之间的经贸合作。这表明，加拿大在追逐亚太经贸利益的态度上更加积极，强调以本国经济利益为核心的经济外交战略。

第三，欧盟和拉美地区依然是加拿大拓展国际区域经济合作的有力支撑。一方面，欧盟是加拿大第二大贸易和投资伙伴，两者在经贸关系中具有很深的历史渊源，加欧关系升温将有利于双方凝聚力量，共同应对经济全球化和区域经济一体化进程中的挑战。拉美地区则是加拿大长期以来重点投资的对象，未来加拿大必定不会舍弃在拉美市场的巨大利益。另一方面，作为北美国家，加拿大对东亚市场的深入理解和长期合作经验仍然有所欠缺，在深入参与亚太区域经济合作方面也面临一些不确定性因素。因此，同时加强与欧盟和拉美市场的合作，对加拿大来说不失为一种分散风险的战略选择。

第二节　主要发展中成员参与亚太区域经济合作的策略选择

一、东盟

东盟是东南亚地区最具代表性的区域合作组织，共包括印度尼西亚、马来西亚、泰国、菲律宾、新加坡、文莱、越南、老挝、缅甸和柬埔寨十个成员。此外，东盟还拥有十个对话伙伴国，分别为澳大利亚、加拿大、中国、欧盟、印度、日本、新西兰、俄罗斯、韩国和美国。作为亚太地区不可忽视的重要一极，东盟多年以来通过多层次的区域经济一体化策略的实施，在内部经济整合和外部经济一体化布局方面都取得了显著的成果。

（一）东盟参与区域经济合作的总体布局

20 世纪 70 年代以来，东盟一直是亚太地区乃至全球范围中经济增长最具活力的地区。尤其是 20 世纪 80 年代至 1997 年东亚金融危机爆发之前，东盟国家都维持了较高的经济增长速度。但是，东亚金融危机使得东盟国家的经济遭受重创，其推行的区域经济合作策略也受到一定程度的阻碍。进入 21 世纪之后，东盟各成员国逐渐走出了金融危机的阴影，重新积极投身于区域经济一体化合作中。

从总体格局来看，东盟的区域经济合作策略从以下三个层面布局：第一个层面是东盟区域内部的经济一体化进程，以东盟特惠贸易安排（APTA）为起点，到东盟自由贸易区（AFTA），再到东盟经济共同体（AEC），是联盟内部经济一体化的推动路径；第二个层面是东盟作为整体与非东盟国家或地区开展区域经济合作，推进构建以东盟为轴心的多个“10+1”FTA 体系；第三个层面是东盟成员国作为个体与非东盟成员国缔结双边自由贸易协定或开展次区域经济合作。

从参与区域经济合作的总体策略来看，东盟基于对全球经济一体化与区域经济一体化合作大趋势的把握、对东亚地区大国博弈形势的估量，以及对自身经济情况和政治地位的准确定位，采取了以下策略：使东盟成员紧密联合起来积极融入更大的区域经济一体化，但在大国博弈中不选边站队，能进能退，在将政治风险尽量降低的同时充分享受一体化带来的经济福利，并且以一个集体的姿态在国际社会中表达自己的诉求。这种战略思想延续到其经济战略的制订之中，不论是持续提升联盟自身的经济一体化速度，实现建成经济共同体的目标，还是与非东盟成员推进区域经济一体化合作，东盟都已经有了较深刻的理解和成功实践。

（二）以提高东盟成员的向心力和竞争力为切入点

东盟区域经济一体化策略的出发点是提高东盟成员的向心力和凝聚力，促进东盟成员在区域内和全球范围内竞争力的提升。东盟以实现经济的快速、可持续增长为目标，以贸易和投资自由化便利化为宗旨，通过促进同美国、日本、中国、澳大利亚等发展水平较高国家之间的经贸联系和技术合作为途径，顺应区域经济一体化的大趋势，在积极参与国际分工的同时，加快联盟成员的经济转型和产业结构升级。

随着自身经济一体化程度的不断提高，东盟在对外开展区域经济合作的进程中始终力争保持战略步调一致，共同发声，避免个体成员的“单打独斗”。东盟的集体行动使其与其他国家协商谈判的议价能力大大提高，参与国际交流的软实力显著增强，从而在区域乃至全世界的经济和政治舞台上扮演了不可忽视的角色。

（三）以“大国平衡”战略为基础

毋庸置疑，亚太地区的国际关系在冷战结束后产生了结构性变化，美、中、日、俄等大国在本地区逐渐形成的新战略格局中扮演了关键的角色。作为一个发展中国家联盟，东盟各国明确了仅靠自身实力无法维持区域政治经济稳定这一事实。因此，东盟在亚太区域经济合作中始终秉持“大国平衡”策略，力图规避亚太地区的政治经济整体格局出现“一家独大”的局面，以增强东盟在亚太区域的影响力，提高东盟在国际上的政治声望。

东盟高举“大国平衡”的大旗，利用大国间的利益分歧使它们互相牵制，同时又要力争使大国之间的冲突得到一定程度的缓和，避免其剑拔弩张地全面对抗，这样就可以使东盟在地区经济政治事务中获得更大的回旋余地，最大限度地获取增加自身政治、经济利益的空间。但是，这一策略在实施过程中有时也面临一定的困难和局限性。例如，东盟一方面同时推进五个“10+1”自由贸易区的建设，与中国、日本、韩国、印度、澳大利亚和新西兰等重要经济力量分别缔结了双边自由贸易协定，另一方面却对自身实力难以掌控的大型自由贸易区（例如，“10+3”自由贸易区、RCEP 等）的构建表现出谨慎的态度。

对于美、中、日三个地区大国，东盟也都有相应的平衡策略。东盟接受美国的力量对于存在动荡隐患的亚太地区的安全和稳定有重要作用的事实，当美国开始踏出“重返亚太”的脚步时，东盟认为可以借此机会进一步拓宽和深化与美国的合作，以保证区域经济平稳快速增长。日本是东盟成员国的主要贸易伙伴和首要的外国直接投资来源地，东盟急需在区域经济一体化的框架下强化同日本的经济联系，使“雁阵模式”中的“领头雁”——日本能继续发挥其先进技术的带动效应，助力东盟经济结构的优化和升级。近年来，中国的崛起也使得东盟越来越体会到深化与中国经济合作的必要性和迫切性。由于地缘上与中国毗邻，东盟深深感受到中国经济突飞猛进为本地区经济带来的强大拉动作用。因此，东盟非常希望通过深化与中国的经济合作，充分利用中国的广阔市场，借力中国强劲的经济增长，带动自身经济的繁荣。

（四）构建以“ASEAN+”模式为核心的自由贸易区网络

在全球化和区域经济一体化的大趋势下，为了防止因综合国力较弱而沦为大国的附庸，东盟的战略选择是采取以东盟为轴心、以“10＋1”自由贸易区为辐条的“ASEAN+轨道”模式来构建自由贸易区网络。随着东盟与中国、日本、韩国、印度、澳大利亚-新西兰之间的五个“10＋1”自由贸易协定相继付诸实施，标志着东盟的自由贸易区策略取得了显著成效。中、日、韩、印等国家之间短期内存在不同程度的政治互信缺失，各国在敏感领域的谈判上互不相让，东亚地区其他大型自由贸易区的构建也阻力重重，这些现实情况都成为东盟构建以自身为轴心的自由贸易区网络体系的有利条件。经过东盟的巧妙利用和准确把握，至少在形式上其已居于此网络体系中的中心地位。未来一段时期，这种“ASEAN+”模式仍将是东亚区域经济一体化进程的主要路径之一。

（五）以不断拓宽区域经济合作领域为着力点

东盟各成员经济发展水平的参差不齐，使得其在区域经济一体化浪潮中处于不利地位，但同时也意味着东盟在借助经济一体化合作实现经济增长方面有着巨大的潜力。基于这一认识，东盟积极寻求拓宽区域经济合作所覆盖的领域，力图最大限度地提升一体化带来的经济福利效应。东盟签署的自由贸易协定不仅涵盖传统的贸易投资自由化和便利化，还广泛涉及各种边界内措施领域的合作。例如，中国-东盟自由贸易协定除规定了商品贸易自由化的标准与实施进度外，还包括农业、金融、投资、交通、信息通信、人力资源开发、基础设施建设、旅游、次区域经济合作等议题。东盟和韩国不仅签订了双边自由贸易协定，还签署了《全面合作伙伴关系联合宣言》。东盟同印度签订的《全面经济合作框架协议》内容涵盖了服务贸易、早期收获、最惠国待遇、争端解决机制、谈判组织机构建设等领域。东盟同澳大利亚和新西兰签署的《紧密经济关系协定》涵盖了农业、市场开放、交通、海关等多领域的合作。上述情况说明，积极拓宽合作范围与领域是东盟构建高质量自由贸易区的核心要素之一，也是东盟投身区域经济一体化的部署重点。

（六）保持灵活性，支持个体成员国同非成员国签订双边自由贸易协定

东盟在推进区域经济一体化进程中充分保持了灵活性，对于其成员国以单独身份与非联盟成员签订双边自由贸易协定保持了最大限度的宽容与支持。在东盟以整体身份积极构建东亚地区的自由贸易区网络时，以新加坡、泰国为代表的成员也在积极地以个体身份投身于同非成员的双边自由贸易协定谈判之中。究其原因，一是东盟各国经济发展水平和对外开放程度差异较大，作为一个整体参与自由贸易协定的谈判，可能产生一些分歧且内部协调成本较高，这会拖累东盟作为整体参与区域经济一体化的步伐；二是东盟中的新兴自由经济体国家（如新加坡）本身的市场开放水平已经很高，在自由贸易谈判中具有较强的议价能力，而且对外贸的依存度很高，仅仅依托东盟整体推进区域经济合作不能充分满足其享受经

济一体化福利的需要。像新加坡这种外贸依存度较高的国家，本身就有很强的与非成员国缔结双边自由贸易协定的倾向与动机，东盟若加以制约，则会动摇自身的合作根基，破坏内部的团结。

新加坡、泰国、马来西亚等国积极同非联盟成员缔结双边自由贸易协定的行为一开始招致了来自东盟某些成员国的批评，其认为这种做法会在一定程度上削弱东盟的向心力，拖累东盟经济一体化进程。而新加坡、泰国、马来西亚等成员用事实证明，以个体身份深化同非成员的经贸合作，非但不会侵蚀联盟的合作根基，反而能够在东盟高举的“开放的地区主义”大旗下，与东盟经济一体化进程实现相互促进和互补。于是，东盟其他成员也纷纷跟随新加坡、马来西亚、泰国等国的步伐，积极与非联盟成员开展双边自由贸易协定谈判。可以预见的是，双边自由贸易协定凭借其灵活性强、谈判周期短的优势，将会成为东盟成员在参与区域经济一体化合作中重点运用的机制。

二、越南

越南从 1986 年开始实施改革开放，1995 年正式加入东盟，1998 年成为 APEC 成员，经济增长走上了快车道。近年来，越南在参与区域经济合作方面采取了多元化的措施，尤其是在构建高水平的自由贸易协定网络方面取得了引人注目的成绩。因此，在总结了东盟参与区域经济合作的整体情况后，我们有必要从个体成员的视角对越南的区域经济合作战略做进一步的分析。

（一）越南参与区域经济合作的背景和动因

越南积极参与区域经济合作有着多方面的驱动因素。首先，越南是一个传统的农业国家，工业化水平并不高。从 20 世纪 80 年代末起，越南的民族工业开始起步，以纺织、服装、初级产品加工等劳动密集型产业为主，其产品多数销往亚洲市场，对外依存度较高。但是，越南在当时尚未加入 GATT/WTO，在开展国际贸易方面存在一些不利因素。在这种情况下，越南迫切希望通过加强区域经济合作更快地融入全球经济体系，开辟更大的国际市场空间，使产品出口的流向更加多元化，减少对少数贸易伙伴的过度依赖，保持对外贸易的持续稳定增长。另一方面，国内工业的发展带来了越南对生产原料和高技术含量产品需求的快速增长，促使越南在双边、次区域和区域层面与更多的国家开展更加紧密和有序的经贸合作，以保障和增加进口，改善贸易结构，保持国际贸易的平衡。

其次，越南曾长期实行计划经济，在实施对外开放政策之后，需要加快国内经济的改革步伐。参与区域经济合作有助于为越南的改革提供外部动力，不断改善国内市场的营商环境，提高劳动生产率，增加对海外投资者的吸引力。尤其是通过签署自由贸易协定，可以更加有效地削减贸易、服务和技术领域的壁垒，促进越南与发达国家的产业合作，帮助越南引进资本、技术与先进管理经验，提高出口产品的质量和附加值，提升工业制造能力。

最后，参与区域经济合作也是越南加强与大国合作、维护自身利益的重大战略举措。冷战结束后，国际政治格局进入调整时期，呈现出力量结构多极化、力量对比均衡化的特点，东南亚地区的力量格局也随之发生了相应变化。“大国均衡”是冷战后越南区域战略的整体方针，该战略主要基于越南改革开放后对外经济战略调整、国内产业结构转换和经济体制改革的需要，以及政治、安全战略等非经济方面的考虑。因此，以区域经济合作为抓手，越南可以逐步和主要大国建立更加紧密的关系，并充分利用大国间错综复杂的战略关系，为自身争取更多的利益。

（二）越南参与自由贸易区的进展

在越南实施区域经济合作战略的进程中，始终把积极参与自由贸易区作为重点举措，并取得了比较显著的成效。总体来看，越南参与自由贸易区的进程可划分为以下三个阶段：第一阶段是 1995 年加入东盟后实施《共同有效关税优惠计划》（CEPT）进行降税，并于 1996 年加入东盟自由贸易区；第二阶段是 2004 年以后，以东盟成员的身份陆续加入东盟与中国、韩国、日本、印度、澳大利亚、新西兰等国签订的自由贸易协定；第三阶段是 2011 年以后，越南与智利、韩国、欧亚经济联盟等达成了双边自由贸易协定，并加入了 CPTPP。

截至 2021 年底，越南在东盟框架下或单独参加的自由贸易协定共有 14 个，均已生效（见表 3-2）。已签署但未生效的两项协定包括越南-欧盟自由贸易协定和越南-古巴自由贸易协定，正在谈判中的包括越南-以色列自由贸易协定、越南-欧盟自由贸易协定、越南-英国自由贸易协定和 RCEP。

表 3-2 越南已签署生效的自由贸易协定（截至 2021 年底）

已签署生效的自由贸易协定	签署日期	生效日期
东盟自由贸易协定（AFTA）	1992 年 1 月 28 日	1993 年 1 月 1 日
中国-东盟全面经济合作协议	2004 年 11 月 29 日	2005 年 7 月 1 日
东盟-韩国 FTA	2006 年 8 月 24 日	2007 年 6 月 1 日
东盟-日本全面经济伙伴关系协议	2008 年 4 月 14 日	2008 年 12 月 1 日
日本-越南经济伙伴协议	2008 年 12 月 25 日	2009 年 10 月 1 日
东盟-澳大利亚和新西兰 FTA	2009 年 2 月 27 日	2010 年 1 月 1 日
东盟-印度全面经济合作协议	2009 年 8 月 13 日	2010 年 1 月 1 日
越南-智利 FTA	2011 年 11 月 11 日	2014 年 1 月 1 日
越南-韩国 FTA	2015 年 5 月 5 日	2015 年 12 月 20 日
越南-欧亚经济联盟 FTA	2015 年 5 月 29 日	2016 年 10 月 5 日
东盟-中国香港 FTA	2017 年 12 月 12 日	2019 年 6 月 11 日
全面与进步跨太平洋伙伴关系协定	2018 年 3 月 8 日	2018 年 12 月 30 日
越南-欧盟 FTA	2019 年 6 月 30 日	2020 年 8 月 1 日
越南-英国 FTA	2020 年 12 月 29 日	2021 年 1 月 1 日

资料来源：根据越南贸易工业部网站公布的信息整理，www.vietrade.gov.vn。

从上述自由贸易协定的内容来看，越南早期参与的自由贸易协定主要涉及关税减免、原产地规则、海关手续、卫生和植物检疫措施、知识产权等领域，近年来与韩国、欧盟等签署的新一代自由贸易协定则增加了政府采购、电子商务、劳工标准、环境和可持续发展等章节。尤其是 2018 年 12 月正式生效的 CPTPP，成为越南加入的范围最广、标准最高的自由贸易协定，使越南参与区域经济一体化合作的水平迈上了新的台阶，初步完成了自由贸易区的全球布局。

构建高质量的自由贸易区网络对增强越南在亚太乃至全球市场的竞争优势起到显著的促进作用。自 2005 年以来，越南进出口贸易高速增长，贸易逆差逐年减少。越南出口产品在国际市场上的竞争力逐步提高，出口结构不断优化。同时，多个自由贸易协定的签署和实施促使越南加大对外开放力度，加快政府部门体制改革的步伐，放松市场管制，以优惠的关税待遇和廉价的劳动力优势吸引大量外国企业到越南投资。近年来，日、韩等国越来越多的企业将生产基地转移至越南，促使东南亚地区的产业链发生了结构性变化，越南在全球价值链中的地位也有所提升。

（三）越南近期参与亚太区域经济合作的主要目标和战略举措

面对当前亚太地区政治经济格局加速演变和大国博弈加剧的局面，越南在参与区域经济合作的进程中进一步强化了“大国平衡”策略，以多种方式和途径深化与主要大国的政治经济关系。自 21 世纪以来，越南已相继和中国、印度、美国、俄罗斯建立了战略合作伙伴关系，并进行了多次高层互访。根据 2017 年签订的《中越联合公报》，越南将积极参与“一带一路”和“两廊一圈”框架下的经贸合作。越南和美国通过 TPP 谈判加强了经贸政策和规则方面的协调，尽管此后美国退出了 TPP，仍为两国商签双边自由贸易协定奠定了基础。尤其是在 2019 年 6 月 30 日越南-欧盟自由贸易协定签署之后，越南与美国启动双边自由贸易协定谈判的意愿更加强烈。2013 年，越南和日本签订了“至 2020 年和面向 2030 年越日合作框架内的越南工业化战略”，双方将在电子产品、工程机械、汽车制造等领域进一步深化产业分工合作和技术转移。越南与俄罗斯深化经贸合作的重点是能源领域，两国于 2011 年签署了有关建设核能科技研究中心的协议，并将针对进一步完善越南的核基础设施进行磋商。

同时，越南也高度重视东盟的区域经济合作，致力于推进东南亚地区的内部团结和稳定发展。越南在 2014 年与泰国签订了《落实越泰战略伙伴关系行动计划（2014－2018）》，2017 年分别与柬埔寨和泰国签订了《关于加强越柬友好合作关系的联合声明》和《越泰贸易发展总体方案（2017－2026）》。近年来，越南加强了与缅甸、马来西亚和文莱等东盟成员的高层互访，与新加坡在教育、培训、旅游、金融、司法等方面的交流与合作也逐年深化。

三、智利

地处南美洲的智利自然资源丰富，政治环境长期保持稳定，经济的开放程度和对外贸易依存度都比较高，始终是自由贸易的坚定支持者。因此，当亚太区域经济一体化浪潮兴起时，智利敏锐地意识到了其蕴涵的重要意义，并根据自身特点制订了有针对性的战略，积极参与其中。

（一）智利参与区域经济合作的背景和动因

20 世纪 50 年代起，智利在拉美国家中最早启动了进口替代工业化进程，实行高额关税和设置大量非关税壁垒，以保护本国工业和国内市场。虽然上述措施最初取得了一定的成效，但由于智利国内市场相对狭小，消费需求有限，进口替代发展模式在 20 世纪 50 年代末期逐渐失去了内在驱动力，使得智利经济增长陷入了低迷。

从 20 世纪 70 年代初开始，智利经济发展模式向外向型转变，积极推行自由市场经济改革，主要措施包括降低关税、开放国内市场、减少国家对市场的干预、逐步实行国营企业私有化、鼓励外商投资等。1970 年，智利进出口总额在国内生产总值中的比重为 23.8%，到 1988 年已超过 50%，到 2005 年进一步提高到 75.9%，充分表明智利经济在实行市场化改革之后，其对外贸易依存度不断加大。与此同时，智利国民经济的产业结构也发生了相应的变化，第一产业和第二产业的比重不断下降，第三产业所占比重越来越高，从而进一步加大了智利对国际市场的依赖。

通过多年的改革，智利逐步建立起了比较健全和高度开放的市场经济体系，在对外战略上更具典型的开放性特征。但是，随着 20 世纪 90 年代新一轮区域经济一体化的发展，智利认识到作为一个中小经济体，仅仅依靠自己的力量不足以成功地进入国际市场，必须深刻融入区域经济一体化进程，强化自身与世界经济的密切关系。2002 年，智利外国投资委员会和生产促进委员会共同制订了“智利平台”战略，目标是使智利成为连接世界和拉美地区的平台，在吸引更多国家与拉美国家开展经贸合作的同时，助力智利更好地融入世界经济，从而为智利参与区域经济合作提供了明确的战略导向。

（二）智利参与区域经济合作的进展

智利参与区域经济合作的主要方式是结合本国的资源禀赋基础和经济发展状况，与其他经济体缔结自由贸易协定。由于智利国内市场和经济结构比较单一且交易成本高，在世界范围内构建多元化的自由贸易协定网络不仅可以降低贸易壁垒，有效促进商品、服务、人员的自由流动，而且可以实现进出口市场多元化，减少经济上对少数国家的依赖，加强国际贸易政策的灵活性和自主性，使智利在世界进出口市场中处于有利地位。

近年来，智利签订自由贸易协定的步伐越来越快，数量越来越多。1973－2001年期间，智利只签订了六个自由贸易协定，而2002－2019年签订的双边或诸边自由贸易协定则多达27个。除了2013年和2017年之外，智利在其他年份都有新签订的贸易协定，其中2002年、2006年、2007年、2010年、2012年、2014年每年签订两项自由贸易协定，2004年和2009年则每年签订三项自由贸易协定。根据WTO统计数据，截至2020年4月，智利共签订了33项自由贸易协定（见表3-3）。

从自由贸易协定涵盖的地区来看，智利在初期签订自由贸易协定的主要对象是拉美国家，如墨西哥、哥斯达黎加、巴拿马、古巴、萨尔瓦多等。从2003年起，智利开始全面展开与欧洲、北美洲和亚洲国家的区域经济合作，其中，在北美洲地区的自由贸易协定伙伴国主要是美国和加拿大，在亚洲地区的自由贸易协定伙伴国主要包括韩国、中国、日本、印度、越南和印度等。

表3-3　智利参与自由贸易协定概况

自由贸易协定	覆盖范围	生效日期
发展中国家间贸易谈判议定书（PTN）	商品	1973-02-11
拉丁美洲一体化协会（LAIA）	商品	1981-03-18
发展中国家之间的全球贸易优惠制度（GSTP）	商品	1989-04-19
加拿大-智利	商品与服务	1997-07-05
智利-墨西哥	商品与服务	1999-08-01

续表

自由贸易协定	覆盖范围	生效日期
LAIA（古巴加入）	商品	1999-08-26
智利-哥斯达黎加	商品与服务	2002-02-15
智利-萨尔瓦多	商品与服务	2002-06-01
欧盟-智利	商品	2003-02-01
美国-智利	商品与服务	2004-01-01
韩国-智利	商品与服务	2004-04-01
EFTA-智利	商品与服务	2004-12-01
欧盟-智利	服务	2005-03-01
跨太平洋战略经济伙伴关系（TPP）	商品与服务	2006-05-28
智利-中国	商品	2006-10-01
智利-印度	商品	2007-08-17
智利-日本	商品与服务	2007-09-03
巴拿马-智利	商品与服务	2008-03-07
智利-洪都拉斯	商品与服务	2008-07-19
秘鲁-智利	商品与服务	2009-03-01
澳大利亚-智利	商品与服务	2009-03-06
智利-哥伦比亚	商品与服务	2009-05-08
智利-危地马拉	商品与服务	2010-03-23
智利-中国	服务	2010-08-01
土耳其-智利	商品	2011-03-01
智利-马来西亚	商品	2012-02-25
智利-尼加拉瓜	商品与服务	2012-10-19
智利-越南	商品	2014-01-01
中国香港-智利	商品与服务	2014-10-09
智利-泰国	商品与服务	2015-11-05
太平洋联盟	商品与服务	2016-05-01
全面与进步跨太平洋伙伴关系协定（CPTPP）	商品与服务	2018-12-30
智利-印度尼西亚	商品	2019-08-10

资料来源：根据 WTO 区域贸易协定数据库公布的信息整理。

从自由贸易协定的类型来看，智利签订的绝大多数自由贸易协定是双边自由贸易协定。其原因在于，双边自由贸易协定的谈判周期相对较短、灵活性强，而且可以摆脱地理距离和经济发展水平差异等因素的制约，从而有助于智利在全球范围内构建以自身为中心的自由贸易协定网络。目前，智利的双边自由贸易协定网络已遍及世界五大洲，自由贸易协定伙伴中既有很多发达成员，又有大量的发展中成员和新型经济体。智利参与的多成员自由贸易协定主要包括拉丁美洲一体化协会（LAIA）、发展中国家之间的全球贸易优惠制度（GSTP）、太平洋联盟（PA），以及 TPP/CPTPP 等。

从自由贸易协定的内容来看，智利与发展中国家和发达国家签订的自由贸易协定表现出不同的特点。概括而言，智利与澳大利亚、美国、加拿大、日本和韩国之间的自由贸易协定在内容和结构上与 NAFTA 具有较多的相似性，与墨西哥、中国、土耳其、印度等发展中国家签订的自由贸易协定则根据伙伴国的不同体现出较大的差异性。还需要指出的是，智利参与的一些自由贸易协定遵循循序渐进的原则，首先以签订难度相对较低的货物贸易协定为突破口，后续待条件成熟时再签订服务、投资协定，或对原有的自由贸易协定进行升级谈判。

除了自由贸易协定之外，智利还是亚太地区多个经济合作论坛组织的积极参与者。1994 年，智利加入了 APEC，并在 2004 年和 2019 年两次成为 APEC 会议的东道主。1996 年，智利被南方共同市场接纳为联系国。近年来，智利致力于推进南方共同市场和太平洋联盟在取消非关税壁垒、促进交流便利化和监管协调等方面加强合作，并呼吁双方共同着手建设东西贯穿南美大陆的“两洋通道”，以实现更高水平的互联互通和区域经济一体化。

（三）智利参与区域经济合作的主要目标和策略

首先，智利在参与区域经济合作和缔结自由贸易协定的过程中，始终以经济利益为中心。从现实条件出发，智利既没有能力，又不奢望将自由贸易协定作为实现其政治抱负或地区战略的重要工具。因此，智利在选择自由贸易协定伙伴国时，不论是发达国家还是发展中国家，主要考虑双方经济的互补性及经贸合作的前景，不希望赋予区域经济合作更多的政治色彩。同时，智利也善于在大国地区战略与自身利益之间寻求结合点，将大国的政治利益转化为自己的经济利益。例如，利用大国急于通过双边自由贸易协定在南美地区实施区域战略的心理，智利往往可以在与大国缔结的双边自由贸易协定中享受非常优惠的条件。事实上，智利分别是美国和中国在南美地区缔结的首个双边自由贸易协定的伙伴国。此外，在南美国家中，智利率先与中国在2018年签署了关于共同推进“一带一路”倡议的谅解备忘录,从而为两国开展更高水平的区域经济合作提供了更为广阔的空间。

其次，智利将亚太地区作为实施区域经济合作战略的重中之重。考虑到亚太地区在全球贸易和投资格局中所处的地位日渐提升，智利进一步明确了将自身打造成为连接太平洋东西两岸的“门户”和“桥头堡”，并借此进一步融入亚太价值链。在国内层面，智利设立了伊基克保税区和麦哲伦保税区，区内的生产型外贸企业均可以获得一定程度的税收优惠，其中包括免缴企业所得税、增值税等。伊基克保税区是智利首个自由贸易园区，目前已成为智利乃至南美最大的商品集散地，为智利众多的自由贸易协定伙伴开拓南美市场提供了丰富商机。在国际层面，智利不仅在亚太地区构建了最为密集的双边自由贸易协定网络，还在TPP/CPTTP谈判中始终持积极立场，主张针对降低贸易壁垒、提高环境标准、加强知识产权保护和促进数字贸易等议题制订高标准，从而进一步提升了智利在亚太区域经济一体化进程中的影响力。

最后，智利希望通过参与区域经济合作，助推国内产业升级和经济增长。尽管近年来智利的经济保持了较快增长，明显高于南美地区的平均增长水平，但仍面临着深化结构改革和转变经济增长方式的挑战。因此，智利的策略是借助区域经济合作，为实现国内层面的增长与改革目标创造多方面的机遇。机遇之一是增加外来投资。多年来，消费（尤其是私人消费）始终是推动智利经济增长的主要因素，相对而言，投资对经济增长的拉动作用较弱。因此，利用区域经济合作平台积极吸引外资，始终是智利的优先目标之一。尤其是在国际金融危机爆发之后、欧美国家的对外投资势头明显有所减弱的情况下，智利明显加大了与新兴市场国家开展区域经济合作的力度。机遇之二是深化出口多元化战略，改善对外贸易结构，重塑智利的工业竞争力，提升智利在全球价值链中的地位。机遇之三是为广大中小企业和低收入人群创造商机和参与经济活动的机会，实现包容和平衡增长的长期目标。

四、印度

地处南亚的印度是世界主要的新兴经济体之一，近年来实现了经济的持续较快增长。印度在地缘上并未被视为传统的亚太国家，但随着美国主导的印太战略的出现，印度在亚太区域合作格局中的地位得到了有效提升，其战略动向值得高度关注。

20 世纪 90 年代之前，印度对区域经济一体化的态度并不积极，仅参加了《曼谷协定》[①]和南亚区域合作联盟这两个合作机制。随着新一轮区域经济一体化浪潮在全球范围内的兴起，印度基于对本国政治、经济和安全的综合考虑，对待区域经济合作的态度逐渐由“置身事外”转变成“积极参与”，签订了多个自由贸易协定，并逐步形成了比较系统的参与区域经济合作的战略思路。

（一）印度参与区域经济合作的战略演进和特点

1．通过参与区域经济合作带动国内产业发展

在参与区域经济合作的进程中，印度非常注重选择不同类型的国家和地区作为合作伙伴，以促进其国内特定产业的发展。具体来看，印度通过加入环孟加拉湾多领域经济技术合作倡议（BIMSTEC），在边境公路建设、旅游开发和能源合作方面获得伙伴国家的支持；通过与新加坡签订自由贸易协定，为本国发展注入外资；通过与斯里兰卡合作，加大教育、金融和医疗服务力度；通过与泰国合作，扩大本国电子产品的生产，为国内中小企业机械产品开拓市场；通过与东盟合作，进一步降低最惠国税率，并助推国内市场经济体制改革；通过与俄罗斯、澳大利亚和阿联酋等国合作，保障本国的能源安全。

2．参与区域经济合作的领域日益广泛

除了针对货物贸易签订自由贸易协定外，印度还积极探索投资、服务贸易和

---

① 《曼谷协定》是亚太区域中唯一由发展中国家组成的关税互惠组织，2005 年更名为《亚太贸易协定》，现有成员包括中国、孟加拉国、印度、老挝、韩国、斯里兰卡和蒙古国。

其他领域的全面经济合作。例如，南亚区域合作联盟（SAARC）不仅在自由贸易方面达成一致，而且签署了科学技术、农业发展、气象和运输、人口活动、环境与森林等方面的合作协定。BIMSTEC 在签署货物协定的基础上，还签署了服务和投资方面的合作协定，并就运输通信、能源科技、渔业和旅游等领域的合作达成一致。印度与新加坡签署的全面经济合作协定涵盖了服务和投资合作协定、航空服务协定和避免双重征税协定等。

3．侧重与发展中邻国开展区域经济合作

斯里兰卡、老挝、越南、泰国、孟加拉国等印度的邻国都属于发展中国家，印度非常重视与这些国家开展区域经济合作，并先后与其签订了自由贸易协定。首先，与这些发展中邻国相比，印度在技术上具有比较优势，而且成本低，为印度在这些国家开辟技术市场提供了条件。其次，印度经济发展迅速，并且在发展中国家中排名靠前，在南亚的区域合作过程中存在实力优势。最后，近年来发展中国家经济发展势头良好，进口需求增加，有利于印度开拓国际市场。因此，发展中国家巨大的市场潜力是印度选择自由贸易伙伴的重要标准。

在与上述发展中邻国开展区域经济合作的过程中，印度积极实施经济外交，采取了下列措施：一是适当考虑邻国诉求，促进互利共赢；二是增加对邻国的援助，以赢得邻国的支持，实现地缘政治崛起；三是增加对邻国投资，在邻国建立经济特区，扩大产能合作；四是推动南亚地区能源、金融、信息等领域的合作，扩大对邻国基础设施和产业贷款；五是积极与域外国家争夺邻国项目，要求邻国优先考虑印度。通过上述举措，印度进一步巩固了在南亚地区的主导权。

4．政治利益和经济利益并重

印度参与区域经济合作的战略始终围绕国家战略总目标而展开。20 世纪 80 年代以前，印度的区域经济合作主要以政治安全为导向。近年来，在信息产业的快速发展和全球化贸易浪潮背景下，印度由于能够提供充足的信息化技术人才和低成本制造业劳动力，取得了经济的快速增长，从而进一步强化了印度实现“政治大国与经济强国”的总目标。因此，印度在参与区域经济合作的进程中开始追求“政治利益与经济利益并重”，政治上致力于塑造大国形象，主导东南亚和南亚地区；经济上刺激贸易增长，引进外资和技术，提高本国企业竞争力。

（二）印度参与亚太区域经济合作的策略选择和新动向

作为地区大国，印度在政治、经济和安全方面对亚太地区国家影响深远。目前，印度在推进亚太区域经贸合作的过程中已经发挥了不可忽视的作用。从长远来看，由于印度经济具有很大的增长潜力，并且在地缘上位于太平洋和印度洋的枢纽位置，其参与亚太区域经济合作的战略动向和未来趋势非常值得关注。

1．积极推进“东向战略”

从地缘、领土面积和人口来看，印度是南亚唯一的大国。周边的孟加拉国、马尔代夫、斯里兰卡、不丹、尼泊尔等国在政治经济等各领域对印度形成依赖，与这些国家进行区域经济合作，积极建立双边或区域自由贸易协定，能够有效提升印度在南亚地区的影响力和发言权。因此，在 20 世纪 90 年代以前，印度始终将南亚和环孟加拉湾地区作为开展区域经济合作的重点。截至 2021 年底，在印度已签订的 17 个自由贸易协定中，有 7 个协定的主要合作伙伴是南亚国家。

20 世纪 90 年代以来，东亚地区成为世界范围内经济增长最具活力的地区。尤其是中国的快速崛起，改变了亚太经济的格局，也使得中印两国在东南亚地区的战略利益出现了越来越多的交叠。为了分享东亚和东南亚国家经济繁荣带来的技术和市场，印度制订了“东向政策”，开始在亚太区域经济合作方面加大战略投入。由于南亚各国比较优势差异不显著的问题在亚太地区不复存在，印度在推进“东向政策”的过程中可以寻求更多的合作空间。与此同时，印度国内经济的快速增长和改革的推进为其扩大“东向政策”的涵盖范围创造了必要的条件，也为印度与亚太各主要国家深化合作提供了更为广阔的战略空间。印度成为东亚峰会的正式成员，先后与日本、韩国、东盟等国家和地区签订全面经济伙伴协议，并积极投身 RCEP 谈判。

近年来，印度的“东向政策”呈现出超出亚太地区的趋势，逐渐向非洲、南美和欧洲等其他地区辐射，力图通过跨区域的自由贸易协定，实现区域经济一体化合作的全球布局。至此，印度打造的“主导南亚—进军东南亚和东亚—融入亚太—走向世界”的区域经济合作战略越来越清晰。

2．深化与发达国家的区域经济合作

从长远来看，在本国经济保持较快增长和加快经济转型的情况下，印度将更加积极地谋求与发达国家深化区域经济合作，并将其作为拉动印度国内需求和扩大印度政治影响力的重要措施。一方面，印度经济的持续发展和低成本劳动力能够吸引外资。外资通过建立具有竞争力的企业拉动印度国内市场，同时，印度改革力度的加大和基础设施的进一步完善能够使外资利用更有效率。另一方面，现阶段印度的能源、医疗、教育、卫生等产业比较落后，需要引进发达国家先进的技术和管理经验，与发达国家的区域经济合作能促进技术扩散和国内产业迅速发展。

第四章　亚太地区大型自由贸易区的发展进程和趋势分析

近年来，多个大型自由贸易区的衍生和扩张成为亚太区域经济合作机制发展进程中最为引人注目的趋势。以 TPP/CPTPP、RCEP 为代表，亚太地区大型自由贸易区的发展既是全球范围内新一轮区域经济一体化浪潮的组成部分，又充分体现出亚太地区经济的迅猛发展和各经济体之间贸易投资相互依赖程度的加深。目前，亚太地区的大型自由贸易区之间存在一种独特的相互激励与竞争的关系，其未来演进将对亚太区域经济一体化的总体格局产生重要影响。

第一节　TPP/CPTPP 的发展进程和趋势分析

一、TPP 的前身——P4 的形成

TPP 最初源于 21 世纪初美国所倡议的 P5（美国、澳大利亚、新西兰、智利和新加坡）自由贸易区，但随后美国开始将主要精力投向双边自由贸易协定，从而使 P5 陷入停顿。然而，智利、新西兰和新加坡等国签订跨太平洋自由贸易协定的热情并未因此而减退。2002 年 10 月，在墨西哥洛斯卡沃斯举行的第十次 APEC 领导人非正式会议期间，智利、新西兰和新加坡的首脑宣布“太平洋三国更紧密经济伙伴协定”（简称“P3”）谈判正式启动。2004 年，文莱成为 P3 的观察员，并于 2005 年 4 月成为正式谈判方。2005 年 7 月，四国签署了“跨太平洋战略经

济伙伴关系协定”（TPSEP，简称“P4”），该协定于 2006 年 5 月正式生效。

P4 是一个内容全面的区域自由贸易协定，不仅涉及货物贸易的市场准入，还包括海关程序、原产地规则、动植物检验检疫、贸易技术壁垒和贸易救济、知识产权、政府采购、竞争政策和争端解决机制等方面的条款。在货物贸易方面，该协定生效后，四国间 90%以上的贸易商品将免除关税，并最终在 2015 年前消除所有进口关税。投资和金融服务的谈判在协定生效两年后开始。此外，作为 P4 的重要补充内容，四国还签署了具有约束力的《环境合作协议》和《劳工合作备忘录》。

P4 的四个初始成员国经济规模不大，原有的市场开放程度较高，因此协定自身的福利效应和影响力并不显著。但是，与亚太地区乃至世界范围内其他自由贸易协定相比，P4 有着鲜明的特点：第一，P4 实行“弹性次序、多轨多速”的关税减让过程。所谓“弹性次序”是指减让项目无固定顺序，而“多轨多速”则是指对减让时间表及速度不做硬性规定，可分阶段完成减让，从而有效兼顾了协定成员的多样性，提升了关税减让安排的可行性。第二，为避免自由贸易协定通常具有的排他性，P4 专门设立了“开放条款”，明确表示欢迎亚太地区其他经济体的加入，从而为协定的扩张预留了广阔的空间。第三，P4 与缔约方之间原有的 FTA 具有包容性。例如，P4 与《新西兰与新加坡密切经济伙伴协议》（ANZSCEP）的原产地规则不同，但两国可以根据实际情况自主选择适用的规则，以最大限度地保护本国厂商的利益。

二、TPP 的启动和两次扩员

2008 年 2 月，曾作为 P5 发起者的美国重新将目光投向 P4，明确表态希望加入 P4 即将开始的关于投资和金融服务业的谈判。美国此举使 P4 的影响力显著提升，也引起了亚太地区其他经济体的广泛关注。以此为契机，P4 成员在 2008 年 6 月举行的 APEC 贸易部长会议期间宣布，将在 2009 年 3 月前广泛征询其他 APEC 成员的意愿，以吸引更多的亚太经济体加入 P4，并随后启动 P4 第二阶段的谈判。

2008 年 11 月，澳大利亚和秘鲁做出了加入 P4 谈判的决定。2009 年 3 月，P4 的四个初始缔约方同意接受越南以“联结成员”的身份加入 P4 谈判。2009 年 11 月，美国官方宣布加入 P4 谈判，P4 也随之更名为 TPP。

2010 年 3 月，由新西兰、新加坡、智利、文莱、美国、澳大利亚、秘鲁和越南八国参加的 TPP 首轮谈判在澳大利亚墨尔本举行，标志着 TPP 谈判进程的正式起步。从 2010 年 10 月举行的第三轮谈判开始，马来西亚被接纳为 TPP 谈判方。至此，TPP 完成了第一次扩员，参与谈判的成员达到了九个。

经过第一次扩员和十余轮谈判，TPP 框架逐渐成形，宣称要打造作为 21 世纪白金标准的自由贸易协定，从而进一步提升了其吸引力和受关注程度。2011 年底，加拿大、墨西哥和日本都表示了加入 TPP 谈判的意愿。作为北美自由贸易区的成员，加拿大和墨西哥两国加入 TPP 具有一定的基础和便利条件，并在 2012 年 12 月举行的 TPP 第 15 轮谈判中被接纳为正式成员。相比之下，日本在农业部门开放问题上面临较大的阻力，经历了复杂的国内协调过程之后，于 2013 年 7 月举行的第 18 轮谈判中正式成为 TPP 成员。在完成第二次扩员之后，TPP 的 12 个谈判方包括了世界第一和第三大经济体，GDP 总量约占世界的 40%，贸易总量约占世界的 25%，TPP 成为亚太地区经济一体化推进过程中的规模最大的自由贸易区之一。

三、TPP 谈判的完成

从正式启动谈判开始，TPP 各方以平均每两个月举行一轮谈判的速度推进，这样的高频率在大型自由贸易区的谈判史上也是比较少见的。同时，在 TPP 初期的多轮谈判中，多个重要领域的谈判是平行推进的，包括工业品、农产品、金融服务、电信服务、原产地规则、贸易便利化、政府采购、知识产权和竞争政策等，其目的也是尽量地加快谈判进程。

进入 2014 年之后，随着议题和成员的增多，TPP 谈判改为了按章节逐一谈判的方式，进度有所放缓。农产品和汽车市场准入、环境、知识产权、国有企业等成为谈判成员分歧较多的领域。

2015 年 6 月，美国政府获得了国会给予的总统贸易促进授权（trade promotion authority，TPA），进一步坚定了美国尽快促成 TPP 谈判的信心。最终，在美国做出一定程度的让步和各方的妥协之后，历经 5 年共 47 轮的 TPP 谈判于 2016 年 2 月正式结束，12 个谈判成员在新西兰奥克兰签署了 TPP，共包括 30 个章节及 100 余个相关附录。

签署协定后，TPP 各成员国逐步启动了国内的立法批准程序。根据各成员约定，TPP 将在满足以下条件后生效：全部缔约方完成各自适用法律程序并于通知 TPP 保管方（新西兰）之日起 60 天后生效；或在各缔约方政府签署协定文本后两年之内，至少 6 个创始缔约方书面通知保管方（新西兰）已完成各自适用法律程序之日起 60 天后生效，上述 6 个创始缔约方按 2013 年统计的 GDP 合计至少应占全部创始缔约方 GDP 总量的 85%。由于美国和日本的 GDP 分别占 12 个 TPP 缔约方 GDP 总量的 60.4%和 17.6%，意味着只要美国和日本二者之一不能完成国内程序，TPP 就无法生效。

四、美国退出 TPP 及 CPTPP 的达成

2016 年 11 月，日本国会通过了对 TPP 内容的审议，使日本成为首个批准 TPP 协定的缔约方。在这种情况下，美国能否完成国内审议和批准程序，就成为 TPP 能否生效的关键条件。

2017 年 1 月，唐纳德 • 特朗普就任美国新一届总统。特朗普政府对 TPP 持否定态度，认为该协定会损害美国经济，削弱美国对外贸易政策的独立性。美国政府未来将进一步寻求与其他贸易伙伴进行双边磋商，以实现“美国优先”的诉求。为此，特朗普在上任仅一周后，就于 2017 年 1 月 23 日签署总统行政备忘录，做出了美国退出 TPP 的决定。

在美国新政府宣布退出 TPP 谈判之后，日本、澳大利亚、新西兰等国开始了积极斡旋，希望寻求新的替代方案，以确保 TPP 不至于流产，并得到了墨西哥、

新加坡、越南、马来西亚等缔约方的响应和支持。经过一段时间的磋商，不包括美国在内的“TPP-1”方案逐渐成形。2017 年 5 月，除美国之外的 11 个 TPP 缔约方的贸易部长在越南召开的 APEC 贸易部长会议期间举行了特别会议，一致同意在日本、澳大利亚和新西兰等国协调下，加快推进“TPP-1”方案的细节谈判，同时也表示欢迎美国在任何时刻重返该谈判。

在 2017 年 11 月举行的 APEC 领导人非正式会议期间，除美国之外的 11 个 TPP 缔约方宣布将 TPP 协定正式更名为“全面与进步跨太平洋伙伴关系协定”（the Comprehensive and Progressive Agreement for Trans-Pacific Partnership，CPTPP），并就其基本内容达成一致。同时，CPTPP 的生效条件降低为 11 个谈判国中有六国完成国内立法审批手续即可。2018 年 3 月 8 日，11 国在智利共同签署了 CPTPP。2018 年 12 月 30 日，在日本、澳大利亚、加拿大、新加坡、墨西哥、新西兰六国已完成国内审批程序的情况下，CPTPP 首轮关税减免正式生效。

从内容来看，CPTPP 和 TPP 在协定文本的章节数量、名称和排序方面完全一致，保留了 TPP 的绝大多数条款，从而使 CPTPP 协定在总体上成为一个全面、高标准、平衡的自由贸易协定。但是，TPP 文本中的 22 项条款被 CPTPP 予以搁置。这 22 项条款大多是 TPP 谈判时由美国提出的，涵盖海关监管与贸易便利化、投资、服务贸易中的跨境交付、政府采购、知识产权、透明度与反腐败等一般条款，以及针对金融服务、电信服务、邮政服务和环境服务的特定部门条款，其中，超过半数是关于知识产权和投资的条款。

五、CPTPP 得以建成的动因

从 P4 到 TPP，再到 CPTPP 的形成，经历了 10 余年的曲折发展之路。在美国退出 TPP 之后，CPTPP 在面临较大挑战的情况下之所以能够在较短时间内建成，主要有以下几方面原因。

（一）CPTPP 较 TPP 的谈判压力有所降低

从自由贸易协定谈判的技术角度来讲，原有的 11 个 TPP 缔约方在 CPTPP 的谈判中所面临的压力与 TPP 比较明显降低。首先，这些经济体的自身市场开放水平都较高，国内重点产业的市场开放承受力较强，“守方压力”不大。其次，这些经济体都在某些特定产业拥有强悍的出口竞争力，“攻方利益”显著。最后，这些经济体都已经在有美国参加的 TPP 谈判过程中完成了广泛的国内产业压力测试，充分讨论和研究了 TPP 各条款可能带来的挑战与机遇，因此对于自由化水平有所降低和剔除部分敏感社会条款后的 CPTPP 具有更强的适应能力，不存在强烈的抵触心理。

此外，CPTPP 成员普遍认为致力于构建“下一代贸易与投资规则”将因其高标准和全面性带来较强的示范效应，有助于在亚太乃至全球范围内推进新的贸易投资规则的制订。如果这一目标能够实现，CPTPP 缔约成员未来与其他经济体开展自由贸易谈判时将具有更高的出价能力和要价资本，从而更为充分地享受贸易自由化的福利效果。

（二）全面对外开放是 CPTPP 成员经济发展战略的核心动力

在 CPTPP 的成员中，无论是日本、澳大利亚、新西兰等发达经济体，还是智利、越南等发展中经济体，都已经在经济发展的实践中将全面对外开放、积极融入国际经济体系视为实现经济增长目标的核心动力。这些经济体通过自由贸易的方式参与全球价值链的总方向不会轻易改变，进而对达成诸边或多边自由贸易协定的步伐也不会停止。对于这些经济体而言，只有借助巩固的经贸联盟和具有强约束力的自由贸易协定积极融入全球和区域经济一体化进程，分享贸易自由化、便利化带来的经济福利，才能确保自身的快速发展态势和在本地区内的政治经济地位。

近年来，亚太地区原有的垂直型雁行分工模式已经被复合网络型的新型国际分工模式所取代，表现为一种多边互补、垂直分工与水平分工交织的区域分工网络体系。参与 CPTPP 的经济体可以充分利用该协定构建起更为密切和动态的经济协调发展机制。在这种新型的国际分工体系下，即便没有美国参与，同样可以实现各成员的出口结构和产业结构优化，通过产业升级、增加技术和资本的密集度以及技术创新来推动国内的经济发展进程，促进就业增长。

（三）仍需借助较为广泛的合作平台实施“大国平衡”战略

在本地区的政治经济大国之间实施“大国平衡”战略是很多中小经济体参与亚太区域经济合作的基本原则和一贯立场，目的是避免任何一个大国或集团控制整个亚太地区的政治经济局势，并借此提高自身在地区的政治声望和影响力。

在美国退出TPP之后，亚太地区的很多中小经济体认为本地区的区域经济合作出现了“力量失衡”。这就使得一直实施“跟随美国”战略的日本、澳大利亚、新西兰、越南等经济体需要“抱团取暖”，继续联手实施“大国平衡”战略，扮演矛盾协调者或力量平衡砝码的角色，进而保障其自身权益。

此外，部分经济体仍认为美国在全球价值链中的地位不可或缺，短期内其他经济体难以替代，美国政府和利益集团也将很快重新认识这一点。因此，以日本、澳大利亚、新西兰等经济体为代表的部分成员仍寄希望于先行达成缩减版的TPP并预留新成员加入的“后门”，保持住“TPP轨道”的发展态势，并以此来敦促美国未来能再次融入和主导亚太经贸合作。

六、CPTPP的发展前景及其影响

即便没有了美国的参与，CPTPP 11个成员的总人口仍超过5亿，经济总量约占全球的13.2%，贸易总量约占全球的15%，CPTPP是目前亚太地区已生效的规模最大的自由贸易协定。此外，在2018年底CPTPP生效后，哥伦比亚、印度尼西亚、韩国、泰国等亚太国家，以及英国等域外国家都先后表达了加入意愿，CPTPP继续进行扩员的前景比较乐观。

值得关注的是，自2018年初以来，美国时任总统特朗普和多名政府官员在不同场合谈及了重返TPP的可能性，前提是对协定内容进行有利于美国产业部门的完善和改进。美国之所以释放这样的信号，其背后有多方面的政治经济动因。首先，在TPP谈判期间，美国国内各派政治力量和产业部门已经充分讨论并认可了TPP能够给美国带来可观的政治和经济收益，可以作为美国的有效抓手来引领国际经贸规则的制订。其次，特朗普政府在执政初期实施的内缩政策在某种程度上是一种应激反应，换言之，这是美国认为其参与国际经贸合作的成本与收益不平衡的一种自然反馈。但是，从中长期来看，作为世界第一大经济体，内缩式的封闭主义对于美国来说是没有前途的，尤其是在当前美国经济保持稳定增长的态势下，自由贸易导向更可能逐渐占据上风。最后，无论美国政府短期政策如何，美国企业不会主动退出全球价值链，不会放弃海外市场和原材料基地，否则将使美国企业失去全球竞争优势。因此，美国政府制订的对外贸易政策最终仍将会契合美国工商界的根本利益。

2021 年 1 月，美国民主党拜登政府上台执政。贸易逆差、债务赤字、制造业衰退、失业率高企，以及产业结构失衡和收入分配差距成为美国新政府无法回避的难题。为了使美国经济尽快走出困境，拜登政府加强了出口促进战略，力图通过不断扩大出口拉动国内就业，为经济持续增长提供可靠动力，从而在未来的国际竞争中保持美国的优势地位。亚太地区拥有庞大的人口和市场，以及相对稳定的发展环境和巨大的经济增长潜力，将成为美国扩大出口、实现纠正经济结构失衡目标的首选之地。当年的美国民主党奥巴马政府加入并主导 TPP 谈判，就是为了抢占亚太贸易规则制订的主导权，塑造一个地域广、规模大、标准高的亚太自由贸易安排。因此，拜登政府很可能会把目光再次投向 CPTPP，力图将高质量的新型贸易规则通过区域自由贸易协定推向世界，进而掌握重构全球贸易规则的主导权。

从前景来看，CPTPP 在具有强约束性的亚太区域经济一体化合作机制发展进程中已占有了先机，将成为亚太各经济体未来推进自由贸易区建设的重要参考。同时，CPTPP 的高标准将提升亚太各成员对贸易投资自由化水平的预期。不仅如此，CPTPP 还将在一定程度上影响未来多边贸易谈判的走向。目前，以 WTO 为核心的多边贸易体制进入了新贸易投资规则制订的瓶颈期。CPTPP 的条款覆盖范围已超越 WTO，多个领域是多边贸易体制尚未触及或触及深度有限的下一代贸易议题。因此，在 CPTPP 已经生效并很可能进一步扩大规模的情况下，其成员将形成一个利益共同体，从而有条件在未来的多边贸易体制下相关议题的谈判中施加更大的影响力。

第二节　RCEP 的发展进程和趋势分析

一、区域经济一体化合作背景下的 RCEP

RCEP 是由东盟十国发起的，以东盟与中国、日本、韩国、澳大利亚、新西兰、印度六国分别签订的“10+1”自由贸易协定为基础进行谈判的一揽子贸易与投资协议。RCEP 正式全面建成后，将成为亚太地区又一规模巨大的自由贸易区，形成和“TPP/CPTPP 轨道”并行发展的“东亚轨道”。

（一）RCEP 的提出和基本框架

近年来，东盟自身的经济一体化步伐不断加快，在东亚合作中始终发挥着主导作用。1993 年，东盟共同有效优惠关税（CEPT）实施。2010 年 5 月，东盟货物贸易协定（ATIGA）正式生效。2007 年 11 月，第十三届东盟首脑会议通过了东盟经济共同体蓝图，提出在 2015 年以前建成东盟经济共同体的目标。该蓝图由四个支柱构成，包括：创造一个单一市场与生产基地；形成一个竞争力强的经济区域；确保本区域经济平衡发展；推动本地区与国际经济体系的融合。作为这一蓝图的重要组成部分，东盟与其对话伙伴国的联系不断加强，相继签订了五个“10+1”自由贸易协定，即东盟-澳大利亚-新西兰自由贸易协定、东盟-中国自由贸易协定、东盟-印度自由贸易协定、东盟-日本全面经济伙伴关系协定，以及东盟-韩国自由贸易协定，从而为建立以东盟为核心的区域经济合作机制奠定了基础。

随着 2009 年起美国主导的 TPP 进程的加快，给此前以东亚国家为主体的渐进式一体化进程带来了竞争压力。面对 TPP 的冲击，东盟一方面希望维护自身在东亚区域经济一体化合作体系中的核心地位，另一方面也力图打造更加符合自身利益的亚太地区经济一体化新路径。

基于上述动因，2011 年 2 月在缅甸举行的第十八届东盟经济部长会议就如何与经济伙伴国达成一个综合的自由贸易协定进行了讨论，并初步确定了组建区域全面经济伙伴关系的草案。在同年 11 月举行的东盟峰会上，东盟国家领导人正式批准并公布了东盟区域全面经济伙伴关系框架，标志着 RCEP 倡议的正式出台。

2012 年 9 月，东盟第四十四次经贸部长会议制定了 RCEP 谈判的指导原则和目标，明确指出启动 RCEP 谈判的目的是在东盟成员国及其自由贸易协定伙伴国之间达成一个现代的、综合的、高质量的互惠贸易协定。谈判的主要原则包括：第一，确保与 WTO 的一致性，包括与关税及贸易总协定（GATT）第 24 条和服务贸易总协定（GATS）第 5 条保持一致。第二，大幅度拓展和深化现有的“10+1”自由贸易协定，同时考虑到各成员的特殊性与多样性。第三，促进贸易投资便利化，提高透明度。RCEP 将包括便利贸易与投资、提高贸易透明度及促进投资等条款，并将为参与全球和地区供应链提供便利。第四，灵活性原则。考虑到各成员发展水平的差异，RCEP 将采取适当的灵活机制，包括给予东盟发展水平最低的成员特殊、不同的待遇和额外的灵活性。第五，“10+1”自由贸易协定和成员之间的双边/诸边自由贸易协定将继续存在，RCEP 的任何条款都不会有损于这些协定。第六，协定的开放性。对于东盟自由贸易协定伙伴国及其他外部成员，RCEP 设立了开放的准入条款。第七，RCEP 将设立技术援助与能力建设的内容，以帮助发展中成员和最不发达成员，促进各方充分参与谈判，实施协定的各项义务并从中获益。第八，RCEP 将同时进行货物贸易、服务贸易、投资及其他领域问题的谈判，以确保达成全面的、平衡的结果。

此外，根据 RCEP 谈判的指导原则和目标，RCEP 的谈判领域主要包括货物贸易、服务贸易、投资、经济和技术合作、知识产权、竞争、争端解决，以及其他问题。其中，货物贸易自由化旨在逐步削减实质上所有贸易的关税与非关税壁垒。关税减让谈判在全面协商的基础上展开。同时，考虑到各成员经济发展水平的差异，RCEP 将对东盟最不发达成员给予早期关税减让的优惠待遇。在服务贸易自由化方面，其原则和义务将与GATS保持一致，目标是将所有服务部门和服务提供模式纳入谈判中。在投资领域，RCEP 的目标是在区域内创造一个自由、便利和竞争性的投资环境，谈判将包括投资促进、保护、便利化及自由化四个方面。RCEP 中的经济与技术合作内容旨在缩小各成员之间的差距，以保证各成员通过协定的实施获得最大收益。经济与技术合作条款将以现有的东盟与其自由贸易协定伙伴国之间的经济合作协议为基础，合作内容包括电子商务及各成员达成共识的其他领域。在知识产权领域，旨在通过知识产权使用、保护和执行合作，减少妨碍贸易和投资的有关知识产权方面的壁垒。在竞争方面，RCEP 在该领域的合作旨在为各方创造一个促进竞争、提高效率和消费者福利，以及减少反竞争行为的合作基础，同时也将正视RCEP各参与方在这一领域具备的能力，以及国家体制方面的重大差异。对于争端解决问题，RCEP 将为协商和争端解决提供一个高效的、透明的机制。对于自由贸易协定涵盖的其他问题及未来可能出现的新问题，RCEP将根据需要和各成员的共识予以考虑。

（二）RCEP的经济基础

1. RCEP谈判成员之间的贸易投资状况

自21世纪初以来，东盟与RCEP其他谈判成员之间的经贸关系日益密切，贸易和投资量总体上呈现出持续增长的态势。据统计，2011年，东盟出口前十位的贸易伙伴中，日本、中国、韩国、印度、澳大利亚分别位居第二、三、六、七、八位；而东盟进口前十位的贸易伙伴中，也有四个是自由贸易协定伙伴国，分别为中国、日本、韩国和印度。2011年，东盟十国之间及其对中国、日本、韩国和印度的进出口贸易总额分别达到5982.4亿美元、2804.1亿美元、2733.5亿美元、1244.7亿美元和68.24亿美元，在其对外贸易中占据了重要地位。2011年，中国、日本、韩国、印度、澳大利亚、新西兰对东盟的累积直接投资分别为106.716亿美元、259.61亿美元、76.96亿美元、21.19亿美元、49.15亿美元和1.15亿美元（2009－2011年数据），都是东盟比较重要的外国直接投资来源地（见表4-1）。

表 4-1　2011 年东盟进出口贸易前十位国家/地区

单位：10 亿美元

出口国家/地区	出口额	占出口总额比重（%）	进口来源国家/地区	进口额	占进口总额比重（%）
东盟	327.53	26.37	东盟	270.71	23.62
日本	145.20	11.69	中国	152.50	13.30
中国	127.91	10.30	日本	128.15	11.18
欧盟	126.59	10.19	欧盟	108.18	9.44
美国	106.31	8.56	美国	92.48	8.07
中国香港	81.31	6.55	韩国	70.00	6.11
韩国	54.47	4.38	中国台湾	47.21	4.12
印度	42.75	3.44	沙特阿拉伯	36.19	3.16
澳大利亚	37.25	3.00	阿联酋	31.36	2.74
中国台湾	33.65	2.71	印度	25.67	2.24

资料来源：IMF 数据库 Direction of Trade Statistics（DOTS）。

不仅东盟与其自由贸易协定伙伴国之间贸易投资增长迅速，就 RCEP 整体而言，其成员之间的经济联系也日趋紧密。在 2008 年金融危机导致全球经济增长乏力及欧债危机的影响下，亚太区域内部经济互为倚重显得尤为重要，并成为驱动未来各国经济增长的重要因素。数据显示，2012 年，中国、日本、韩国、澳大利亚、新西兰、印度与 RCEP 成员之间出口贸易在其总出口的比重分别为 25.96%、45.7%、49.83%、75.06%、57.53%和 21.05%（见表 4-2）。除了双边贸易以外，RCEP 成员之间的直接投资也有一定增长。数据显示，2009－2011 年间，日本对中国、印度、韩国的国际直接投资（FDI）额累计达到 1690.64 亿美元；韩国对中国、印度的 FDI 额为 501.36 亿美元；澳大利亚对中国、印度和韩国的 FDI 额累计为 85.73 亿美元，均有不同程度的增长。

表 4-2 2012 年 RECP 成员之间出口贸易情况

单位：10 亿美元

国家	中国	日本	韩国	东盟	澳大利亚	新西兰	印度
中国	—	144.23	134.32	127.91	76.00	5.59	14.86
日本	151.51	—	38.80	145.20	49.80	2.61	6.74
韩国	87.65	61.53	—	54.47	20.67	1.26	4.21
东盟	127.91	145.20	54.47	—	37.25	—	42.75
澳大利亚	37.76	18.41	9.25	37.25	—	7.86	2.69
新西兰	3.88	1.96	1.47		7.67	—	0.30
印度	47.75	10.58	11.92	42.75	12.69	0.64	—

资料来源：IMF 数据库 Direction of Trade Statistics（DOTS）。

注：表中第四列数据为 2011 年东盟 10 国对 RCEP 其他成员出口贸易额。

2．RCEP 内部已形成的自由贸易协定网络

整合已签订的自由贸易协定是东盟倡导 RCEP 的主要目标之一，因此，从这一角度出发，现有的五个“10+1”自由贸易协定为 RCEP 的建立奠定了一定基础。2005 年，东盟与中国签订的货物贸易协定正式生效。根据协定安排，到 2010 年，中国和东盟 六 个老成员将相互取消绝大多数产品的关税，东盟 四个新成员将在 2015 年基本取消关税。2007 年 1 月，双方签署服务贸易协议，东盟十国 12 个服务部门的 67 个分部门和中国 5 个服务部门的 26 个分部门相互做出进一步开放承诺。2011 年 11 月，双方签署了《关于实施中国-东盟自贸区〈服务贸易协议〉第二批具体承诺的议定书》。中国对商业服务、电信、建筑、分销、金融、旅游、交通等部门的承诺内容进行了更新和调整，并进一步开放了公路客运、职业培训、娱乐文化和体育服务等部门。东盟各国的第二批具体承诺涵盖的部门也明显增加。2009 年 8 月，双方签订了投资协定，相互给予投资者国民待遇、最惠国待遇和投资公平公正待遇，提高投资相关法律法规的透明度，为投资者创造一个自由、便利、透明及公平的投资环境，并提供充分的法律保护，进一步促进投资便利化和逐步自由化。此后，东盟进一步加快了缔结自由贸易协定的步伐，与日本、韩国、印度、澳大利亚和新西兰签订的自由贸易协定陆续生效，形成了东亚区域经

济一体化格局中的“轮轴-辐条”体系（见表 4-3）。在这一体系中，东盟处于“轮轴”的地位，其他六国处于“辐条”位置，从形式上赋予了东盟在 RCEP 谈判中重要的协调者和引领者地位。

表 4-3 东盟与 RCEP 伙伴国缔结自由贸易协定情况

自由贸易协定	范围	类型	通知日期	条款	生效日期
东盟-中国 FTA	货物和服务	FTA&EIA*	2005.09.21（货物） 2008.06.26（服务）	GATT 第 24 条和 GATS 第 5 条	2005.01.01（货物） 2007.07.01（服务）
东盟-日本 EPA	货物	FTA	2009.11.23	GATT 第 24 条	2008.12.01
东盟-韩国 FTA	货物和服务	FTA&EIA	—	—	2010.01.01（货物） 2009.05.01（服务）
东盟-澳大利亚-新西兰 FTA	货物和服务	FTA&EIA	2010.04.08	GATT 第 24 条和 GATS 第 5 条	2010.01.01
东盟-印度 FTA	货物	FTA	2010.08.19	授权条款	2010.01.01

资料来源：根据 WTO RTA Database 公布的相关信息整理。

注：*EIA 为经济一体化协定。

事实上，除了东盟作为整体一方签署的自由贸易协定以外，RCEP 其他谈判成员之间也存在已经生效或正在谈判中的多个自由贸易协定。如果再加上东盟个体成员单独与其他 RCEP 谈判方签署的双边自由贸易协定，这一地区已经形成了较为复杂的自由贸易协定网络。客观而言，这一状况虽然在一定程度上促成了“意大利面碗”效应，但如果各成员能够在 RCEP 框架下以较高的自由化水平进行统筹，该地区的多个中小型自由贸易协定也有条件成为 RCEP 的“垫脚石”。

二、RCEP 的谈判进程

RCEP 谈判自 2013 年 5 月启动，至协定签署，共进行了 28 轮正式谈判（见表 4-4），以及多次部长级会议、部长级会间会和贸易谈判委员会（TNC）中期会谈，形成了以部长级会议为指导，以常规谈判为主体，以 TNC 中期会谈为辅助的三位一体的谈判推进模式。根据谈判的内容和进度，我们可以大体上将 RCEP 的谈判进程分为三个阶段。

第一阶段为2013年5月的第1轮谈判至2014年6月的第五轮谈判，是RCEP谈判的起步阶段。各方同意成立货物贸易、服务贸易和投资三个工作组，并就三个工作组的工作规划和职责范围初步达成了一致意见。在此基础上，各方围绕RCEP谈判的指导原则和目标，针对货物、服务和投资等议题，就各议题的协议框架、章节结构及要素等进行了初步磋商。

第二阶段为2014年11月的第六轮谈判至2017年10月的第二十轮谈判，是RCEP谈判的全面铺开和攻坚阶段。这一阶段的谈判主要取得了以下三个方面的成果：一是各成员在货物、服务和投资三大关键领域取得实质性进展，均提交了出价及要价；二是相关章节的文本起草工作取得进展，一些意见一致领域的章节文本已基本确定；三是继贸易、服务和投资三个工作组之后，又成立了电子商务、金融和电信服务工作组，使相关领域的谈判有效提速。但是，这一阶段也暴露出各成员在货物市场准入、知识产权等领域存在较大分歧的问题。

第三阶段以2017年11月在菲律宾首都马尼拉举行的首次RCEP领导人会议为开端，进入了RCEP谈判的提速和冲刺阶段。此次会议发表了联合声明，各成员领导人重申了对于"达成一个现代、全面、高质量、互惠的"一揽子经济伙伴关系协定的承诺，努力在亚太区域营造开放的、促进贸易和投资的环境[①]。

2018年4月28日至5月8日在新加坡举行的第二十二轮谈判中，RCEP的16个参与国进一步明确了应对贸易保护主义和推进亚太地区经济一体化的重要性，并表达了尽早完成RCEP谈判的共同意愿。在这次谈判中，货物、服务、投资、原产地规则、海关程序与贸易便利化、卫生与植物卫生措施、技术法规与合格评定程序、贸易救济、金融、电信、知识产权、电子商务、法律机制、政府采购等领域都举行了工作组会议。各方按照2017年11月举行的首次RCEP领导人会议和2018年3月举行的部长会议的指示，继续就货物、服务、投资和规则领域议题展开深入磋商，并取得了积极进展，在货物贸易初始出价模式、原产地规则、

① 《驱动经济一体化 促进包容性发展——〈区域全面经济伙伴关系协定〉（RCEP）谈判领导人联合声明》，中国自由贸易区服务网，http://fta.mofcom.gov.cn/article/rcep/rcepnews/201711/36158_1.html，2017年11月15日。

海关程序与贸易便利化、市场准入减让模式、清单形式等方面基本达成一致。

按照各方达成的意见，RCEP 的协定文本将包括 18 章内容，除了传统的货物贸易内容以外，还包括投资、金融、人员流动、电信、电子商务、知识产权及服务贸易等相关章节。

随着 2018 年底 CPTPP 的生效，RCEP 各方加快谈判进度的意愿进一步加强。2019 年 2—7 月，RCEP 密集地进行了三轮谈判。2019 年 8 月 2—3 日，RCEP 部长级会议在北京举行。这次会议是在 RCEP 谈判的关键阶段举办的一次重要部长级会议，推动谈判取得重要进展。在市场准入方面，超过 2/3 的双边市场准入谈判已经结束，剩余谈判内容也在积极推进。在规则谈判方面，新完成金融服务、电信服务、专业服务三项内容，各方已就 80%以上的协定文本达成一致，余下规则谈判也接近尾声。与会各方表示，要保持积极谈判势头，务实地缩小和解决剩余分歧，争取实现在 2019 年年内结束谈判的目标。表 4-4 列举了 2017 年以来 RCEP 谈判的主要进展。

表 4-4　2017 年以来 RCEP 谈判的主要进展

轮次	谈判时间	谈判地点	谈判内容
第 17 轮	2017 年 2 月 27 日至 3 月 3 日	日本（神户）	讨论商品领域最终共同减让目标、后续减让具体标准以及服务领域开放事宜。继续对原产地、知识产权、货物通关、电子商务等 12 个领域进行谈判
第 18 轮	2017 年 5 月 8—12 日	菲律宾（马尼拉）	加快推动市场准入条款协商，并提出年内完成谈判的目标。继续讨论商品和服务领域后续减让方案
第 19 轮	2017 年 7 月 24—28 日	印度（海德拉巴）	为尽快完成 RCEP 谈判而继续讨论商品、服务和投资领域开放事宜
第 20 轮	2017 年 10 月 17—28 日	韩国（仁川）	按照 9 月部长会议通过的关键要素文件，继续就货物、服务、投资和规则领域展开深入磋商，讨论并形成了拟向领导人提交的联合评估报告草案
第 21 轮	2018 年 2 月 5—9 日	印度尼西亚（日惹）	按照 2017 年 11 月首次 RCEP 领导人会议的指示，继续就货物、服务、投资和部分规则领域议题展开深入磋商

续表

轮次	谈判时间	谈判地点	谈判内容
第 22 轮	2018 年 4 月 28 日至 5 月 8 日	新加坡	在货物、服务、投资、原产地规则、海关程序与贸易便利化、卫生与植物卫生措施、技术法规与合格评定程序、贸易救济、金融、电信、知识产权、电子商务、法律机制、政府采购等领域并行举行了工作组会议
第 23 轮	2018 年 7 月 22—27 日	泰国（曼谷）	就货物、服务、投资、原产地规则、海关程序与贸易便利化、卫生与植物卫生措施、技术法规与合格评定程序、贸易救济、金融、电信、知识产权、电子商务、法律机制、政府采购等领域进行了全面磋商。完成了海关程序与贸易便利化、政府采购章节，在技术法规与合格评定程序、卫生与植物卫生措施等章节的谈判也取得重要进展
第 24 轮	2018 年 10 月 22—27 日	新西兰（奥克兰）	各方重点针对货物贸易、服务贸易、投资、原产地规则、知识产权、电子商务等举行了磋商
第 25 轮	2019 年 2 月 19—28 日	印度尼西亚（巴厘岛）	各方就关税、知识产权、电子商务规则等进行了磋商
第 26 轮	2019 年 6 月 25 日至 7 月 3 日	澳大利亚（墨尔本）	各方举行了货物贸易、服务贸易、投资、原产地规则、贸易救济、金融、电信、知识产权、电子商务、法律与机制等相关工作组的会议，谈判取得了积极进展
第 27 轮	2019 年 7 月 22—31 日	中国（郑州）	各方举行了货物贸易、服务贸易、投资、原产地规则、贸易救济、知识产权、电子商务、法律和机制等各个工作组的会议，谈判在各个领域均取得积极进展
第 28 轮	2019 年 9 月 19—27 日	越南（岘港）	对电子商务、知识产权、电信及货物、服务贸易和投资领域尚未达成一致的内容进行最终磋商

资料来源：根据中国自由贸易区服务网（http://fta.mofcom.gov.cn）公布的信息整理。

2019 年 11 月 4 日在泰国曼谷举行的第三次 RCEP 领导人会议上，与会领导人在会后发表了联合声明，宣布除印度之外的 RCEP 15 个成员国结束全部文本谈判及实质上所有市场准入谈判，并将致力于确保 2020 年签署协议。

三、RCEP 各主要领域谈判的焦点和技术性问题

对于东盟而言，RCEP 对其顺利建成东盟经济共同体，强化在东亚区域经济

一体化格局中的主导地位，并抵消来自 CPTPP 等其他大型自由贸易区的不利影响等都有所助益。对于其他谈判方而言，参与 RCEP 有助于它们巩固和拓展在亚太区域经济一体化网络中的地位和空间，获得稳定的、更加广泛的经济利益。因此，各成员在总体上有着推进 RCEP 早日建成的共同意愿。

但是，抛开政治、外交等方面的问题，仅从经济层面来看，作为一个规模巨大、成员众多的自由贸易安排，RCEP 的建成绝非易事。如前所述，东盟已经与中国、日本、韩国、澳大利亚和新西兰，以及印度等国家签订了五个不同的双边"10+1"自由贸易协定。RCEP 谈判既要协调现有的各个自由贸易协定，又要在未签署协定的成员之间开展谈判；既要保留已有的协定，又希望签署一个新的一揽子协议，以解决错综复杂的"意大利面碗"问题。考虑到 16 个国家之间的巨大差异，RCEP 在启动伊始就秉持务实的态度，并未设定过高的目标和统一的标准，而是强调要达成一个全面的、平衡的协定。即便如此，RCEP 在各主要谈判领域仍面临着很多复杂的技术性问题。

（一）货物贸易

1．关税削减

在货物贸易领域，五个"10+1"自由贸易协定的关税减让幅度有所不同。不仅是东盟内部的 10 个国家，6 个伙伴国之间也存在差异。根据海关编码（HS）6 位税号的统计，在五个"10+1"自由贸易协定的过渡期结束后，只有少数国家能够实现全面的关税削减。在东盟内部，除了新加坡外，多数成员在五个"10+1"自由贸易协定框架下实现的关税减让范围低于 95%，印度尼西亚、老挝、缅甸和越南甚至低于 90%，平均关税减让的程度分别只达到全部产品的 83.4%、89.3%、87.3%和 89.5%，存在较多的例外产品。中国、日本、韩国和印度在"10+1"自由贸易协定中的关税减让分别涵盖了 94.1、91.9%、90.5%和 78.8%的产品，若以 95%作为 RCEP 的目标，这些国家仍需要进一步扩大关税减让范围（见表 4-5）。澳大利亚与新西兰则坚持最高比例的贸易自由化，在与东盟签订的"10+1"自由贸易协定中，两国关税减让的比例均达到 100%。此外，五个"10+1"自由贸易协定减让的过渡期也不同，如柬埔寨、老挝、缅甸和越南 四 个东盟新成员在东盟-澳大利亚-新西兰自由贸易协定（AANZFTA）、东盟-中国自由贸易协定（ACFTA）、东盟-印度自由贸易协定（AIFTA）、东盟-日本全面经济伙伴关系协定（AJCEP）和东盟-韩国自由贸易协定（AKFTA）中的关税减让分别于 2025 年、2018 年、2022 年、2026 年和 2024 年最终完成。如果 RCEP 设立更长的过渡期，近期其从自由贸易协定中获得的收益就会受到影响。

表 4-5　五个“10+1”自由贸易协定的关税减让范围

分类	AANZFTA	ACFTA	AIFTA	AJCEP	AKFTA	平均
文莱	99.2	98.3	85.3	97.7	99.2	95.9
柬埔寨	89.1	89.9	88.4	85.7	97.1	90.0
印度尼西亚	93.1	92.3	48.7	91.2	91.2	83.4
老挝	91.9	97.6	80.1	86.9	90.0	89.3
马来西亚	97.4	93.4	79.8	94.1	95.5	92.0
缅甸	88.1	94.5	76.6	85.2	92.2	87.3
菲律宾	95.1	93.0	80.9	97.4	99.0	93.1
新加坡	100	100.0	100.0	100.0	100.0	100.0
泰国	98.9	93.5	78.1	96.8	95.6	92.6
越南	94.8	—	79.5	94.4	89.4	89.5
澳大利亚、新西兰	100					
中国		94.1				
印度			78.8			
日本				91.9		
韩国					90.5	

资料来源：Yoshifumi Fukunaga and Ikumo Isono. Taking ASEAN+1 FTA towards the RCEP: A Mapping Study, ERIA Discussion Paper Series, 2013: 8.

注：1）商品按照 HS 6 位税号进行分类。2）ACFTA 中，越南数据因空缺未计入计算；另外，缅甸的 HS01-HS08 数据因空缺未计入计算。

此外，在原有的五个“10+1”自由贸易协定中，东盟成员统一进行关税减让的商品类目平均只有 73.3%是重叠的，25.8%的商品类目采取了不同程度的关税减让方法（见表 4-6）。要想让所有东盟成员采取相同的关税减让办法，显然还面临较大的困难。但是，如果允许 RCEP 各成员采取不同的关税减让办法，则会导致

RCEP 内部关税表过于复杂，加上原产地规则等其他条款，必然会降低关税减让的效果。

表 4-6　五个“10+1”自由贸易协定关税减让的商品分布情况

国家	“10+1” FTA 中关税减让的商品类目	各 FTA 中，采取不同关税减让的商品类目	“10+1” FTA 中均未列入关税减让的商品类目
文莱	84.1	15.9	0
柬埔寨	64.3	35.3	0.4
印度尼西亚	46	52.8	1.2
老挝	68	31.6	0.4
马来西亚	76	22.9	1.1
缅甸	66.6	31.8	1.6
菲律宾	74.6	24.4	1
新加坡	100	0	0
泰国	75.6	24.3	0.1
越南	78.1	19.1	2.8
平均	73.3	25.8	0.9

资料来源：Yoshifumi Fukunaga and Ikumo Isono. Taking ASEAN+1 FTA towards the RCEP: A Mapping Study, ERIA Discussion Paper Series, 2013: 8.

注：商品按照 HS 6-digit 进行分类。

从具体行业来看，中国在毛皮、纺织、鞋靴及机械制品方面有比较优势；澳大利亚在动植物制品及矿产品方面有比较优势；新西兰在动植物制品和木制品上优势明显；东盟的鞋靴、塑料橡胶和机械制品方面有比较优势。在 RCEP 关税完全削减的情况下，东盟在纺织服装、机械电子及运输设备方面均可享受一定的收益。但是，由于缅甸、柬埔寨和老挝等国经济发展程度较低，国内多个行业竞争力较低，且开放后的收益不明显，导致其开放的意愿并不强烈。韩国的出口可以得到大幅提高，特别是农产品出口收益明显提高。日本的农产品市场将会受到较大冲击，因此其在 RCEP 谈判中仍会坚持对国内农产品加以保护。印度大多数商品类别下的出口预期均会有所提高，但在食品、塑料橡胶及机械设备与交通运输商品方面的竞争力较弱。澳大利亚和新西兰的货物贸易开放程度已经较高，在

RCEP 中不需要做出较大让步。

2．原产地规则

目前，在五个“10+1”自由贸易协定对原产地产品的认定标准方面，东盟-中国自由贸易协定中有 4668 个税号的产品采取了“当地价值含量”标准，占所有产品的 89.4%；东盟-印度自由贸易协定中共 5224 个税号的产品全部采取了“当地价值含量+税号改变”标准；在东盟-澳大利亚-新西兰自由贸易协定、东盟-韩国自由贸易协定和东盟-日本全面经济伙伴关系协定中，分别有 67%、79.2%和 59.2%的产品实行了“当地价值含量”标准、“税号改变”标准及其他相关规则。即使采取同一个标准，如“当地价值含量”标准，其产品比例也有差异，分别为大于 35%、40%及大于 40%等。

在原产地规则领域，RCEP 谈判的难点在于如何把握区域内纷繁复杂的原产地规则的整合度。整合程度过高将在一定程度上构成非关税壁垒，不利于成员之间的贸易增长，造成贸易约束效应；限制程度过低则容易出现非成员的“搭便车”行为，对成员利用区域贸易协定的优惠获取经济利益带来负面影响。由于 RCEP 整合域内原产地规则的难度较大，目前大多数成员都希望延续各自“10+1”自由贸易协定中的规则。中国与越南、柬埔寨均希望对纺织与服装章节采用较为简便的认定规则，以提高国内相关企业的利用率；而澳大利亚、新西兰、日本和韩国等发达国家则希望采用相对严格的认定规则，以减少可能出现的“搭便车”行为。

3．贸易便利化

RCEP 货物贸易便利化主要包括海关程序、卫生和植物检疫标准（SPS）、技术性贸易壁垒（TBT）与贸易救济和保护措施。

在海关程序方面，RCEP 成员对海关程序便利化均持积极态度且争议较小。在 SPS 与 TBT 措施方面，由于 RCEP 成员目前的非贸易壁垒措施以 SPS 和 TBT 措施为主，因此在 RCEP 谈判中，各成员在该章节下矛盾较多。发达成员希望以更为严格的 SPS 和 TBT 措施提高进口商品质量，发展中成员则希望设置较为合理的 SPS 和 TBT 标准，既可以在一定程度上保护本国出口，又有助于促进国内产品质量升级。RCEP 成员中的发展中国家对贸易救济和保护措施较为重视，希望发达国家能够在此领域做出一定让步，以减少开放市场过程中发展中国家相关行业可能遭到的冲击。

（二）服务贸易

服务贸易自由化是 RCEP 的重要领域，服务部门的开放方式、范围及程度等都是谈判中的关键问题。在服务部门的开放方式方面，现有“10+1”自由贸易协定采取“正面清单”方式，澳大利亚、日本和新西兰则倾向于在 RCEP 中采用“负面清单”，并将服务贸易与投资的保留措施负面清单合并。澳大利亚、日本和新西兰认为，具有“棘轮条款”的负面清单方式更有利于服务贸易自由化，通过提高现存措施的透明度和确保法律的可预见性更多地激励商业部门在伙伴国进行投资。东盟则认为，缅甸、老挝和柬埔寨等欠发达成员在经济结构、发展阶段和服务贸易管理体制等方面不具备采用负面清单模式的基础。印度也表示了同样的隐忧，认为负面清单模式会对本国服务业开放及政府管制措施的透明度等造成较大压力。

在服务部门的开放程度方面，各国利益诉求依然存在较大分歧。RCEP 16 个成员国的服务业发展水平也参差不齐。根据赫克曼（Hoekman，1995）的方法对东盟内部服务贸易协定、东盟-澳大利亚-新西兰自由贸易协定、东盟-中国自由贸易协定和东盟-韩国自由贸易协定的衡量表明，RCEP 要达成较为全面的服务贸易自由化协定还存在一定压力①。另外，东盟-印度自由贸易协定和东盟-日本全面经济伙伴关系协定中并未纳入服务贸易的内容，未签署 FTA 的成员之间谈判服务贸易协定也并非易事。表 4-7 列举了《东盟服务贸易框架协定》（AFAS）及“10+1”自由贸易协定服务部门开放度情况。

① Hoekman 以各成员国在 GATS 中的承诺减让表为基础对各国的服务贸易壁垒进行了衡量。在 GATS 中，各国列出了对外国服务者以跨境服务、境外消费、商业存在和自然人流动 4 种方式提供的市场准入和国民待遇限制。每一种模式根据限制程度列出“没有限制”“部分限制”和“不做承诺”三种类型。Hoekman 将这三种形式分别赋值为“1”“0.5”“0”，数值越小表明限制程度越高。

表 4-7 《东盟服务贸易框架协定》（AFAS）及“10+1”自由贸易协定服务部门开放度

国家/组织	AFAS（5）	AFAS（7）	AANZFTA	ACFTA	AKFTA
文莱	0.17	0.23	0.18	0.05	0.08
柬埔寨	0.40	0.41	0.51	0.38	0.38
印度尼西亚	0.18	0.36	0.29	0.09	0.18
老挝	0.09	0.34	0.24	0.02	0.07
马来西亚	0.22	0.34	0.31	0.11	0.20
缅甸	0.20	0.36	0.26	0.04	0.06
菲律宾	0.22	0.33	0.26	0.11	0.17
新加坡	0.28	0.39	0.44	0.30	0.33
泰国	0.30	0.50	0.36	0.25	—
越南	0.31	0.38	0.46	0.34	0.32
东盟（平均）	0.24	0.36	0.33	0.17	0.20
澳大利亚	—	—	0.52	—	—
新西兰	—	—	0.51	—	—
中国	—	—	—	0.28	—
韩国	—	—	—	—	0.31

资料来源：Yoshifumi Fukunaga & Ikumo Isono. Taking ASEAN+1 FTAs towards RCEP: A Mapping Study, ERIA-DP, 2013-02.

从各成员的立场来看，澳大利亚、日本和新西兰凭借自身在域内金融服务业的竞争优势，希望对电信和金融服务单独设章，以期实现更大程度的市场准入和国民待遇。但东盟及印度的相关行业发展尚不成熟，过快的开放将使其国内市场短期内风险增加，特别是金融电信等行业的风险增加。对于其他竞争力较为薄弱的服务部门，加快服务贸易自由化对其形成的冲击可能会引起短期的失业。因此，东盟及中国、印度在服务贸易自由化方面注重减少限制性措施的实施，例如，中国、印度均希望将自然人移动单独成章并做出实质性承诺，以促进自然人和服务提供者的自由流动。

（三）投资

投资是一个敏感度较高的领域。从目前的五个“10+1”自由贸易协定来看，在国民待遇、业绩要求、透明度、争端解决等主要条款方面都存在不少差异。

在国民待遇方面，东盟-韩国自由贸易协定、东盟-澳大利亚-新西兰自由贸易协定、东盟-印度自由贸易协定及东盟-日本全面经济伙伴关系协定既包含了准入后国民待遇，也包含了准入前国民待遇，东盟-中国自由贸易协定仅限于准入后国民待遇。在 RCEP 谈判中，澳大利亚、新西兰、日本均提出要在投资市场准入方面使用“负面清单”模式，主张外资企业在所在国享受准入前国民待遇。中国虽未对“负面清单”模式持反对意见，但目前尚未全面实施准入前国民待遇。而印度及部分东盟成员则认为其在“负面清单”模式下会遭到较大冲击。

在业绩要求方面，东盟-澳大利亚-新西兰自由贸易协定专门设置“业绩要求禁止”条款；东盟-韩国自由贸易协定则正面提出了“业绩要求”条款；日本与新加坡、马来西亚、菲律宾、文莱和印度尼西亚签订的双边全面经济伙伴关系协定中均设置了“业绩要求禁止”条款，在与泰国签订的全面经济伙伴关系协定中则设置了“业绩要求”条款；东盟-中国自由贸易协定和东盟-印度自由贸易协定中则没有设置这一条款。

在透明度方面，五个“10+1”自由贸易协定分为三个层次。第一个层次是东盟-印度自由贸易协定，仅要求提供获得信息的渠道。第二个层次是东盟-中国自由贸易协定、东盟-韩国自由贸易协定和东盟-日本全面经济伙伴关系协定。前两个自由贸易协定规定应及时发布相关信息和公布有关法律等内容，并建立获取所有信息的咨询点；而东盟-日本全面经济伙伴关系协定虽然在投资部分没有提及透明度，但在协定的总则中做出了类似的规定。第三个层次是东盟-澳大利亚-新西兰自由贸易协定，该协定针对透明度提出了详尽的要求，如规定法律法规在生效之前必须公布等。

在争端解决机制方面，澳大利亚、新西兰和日本都倾向于将 CPTPP 中的投资者-国家争端解决机制引入 RCEP。在该机制下，发达国家的大型跨国企业有权直接对所在国提起诉讼。对此，印度及东盟均表示反对。

在“审慎措施”的引入方面，东盟提出要在 RCEP 服务及投资自由化中加入对银行、证券和保险活动的“审慎措施”，以减少因开放这些行业而有可能带来的经济波动。这一诉求得到中国及印度的响应，而澳大利亚、新西兰和日本则认为此举需进一步讨论。

（四）其他主要领域

RCEP 谈判的其他领域主要包括知识产权、政府采购、竞争政策和电子商务等。

在知识产权方面，在现有的五个“10+1”自由贸易协定中，东盟-中国自由贸易协定、东盟-韩国自由贸易协定和东盟-印度自由贸易协定均未在协议中单独提及知识产权条款，但中国与东盟于 2009 年 10 月签署了知识产权领域合作谅解备忘录，韩国仅在框架协议的附件“经济合作”中列出将知识产权作为合作的重点领域。东盟-澳大利亚-新西兰自由贸易协定则单独列出了知识产权条款，条款中规定了国民待遇、知识产权、法律透明度等相关承诺。日本与东盟七国签订的双边全面经济伙伴关系协定也均单独列出了知识产权条款，甚至比东盟-澳大利亚-新西兰自由贸易协定的规定更为严格，超出了 WTO《与贸易有关的知识产权协定》（TRIPs）的承诺。

知识产权谈判作为目前 RCEP 谈判中的主要障碍之一，各成员的利益诉求主要有以下两点区别：第一，知识产权覆盖范围不同。澳大利亚、日本和新西兰都倾向于将 TPP 中有关知识产权的内容引入 RCEP，中国与东盟则认为目前成员的经济发展情况尚不允许。第二，知识产权保护年限不同。澳大利亚、新西兰等发达国家提出了“数据专有权”条款，该条款对药品临床试验数据给予 5～8 年保护，不允许其他制药公司利用相关数据证实其相似药品的临床安全性及有效性。发达成员认为，临床试验是药品上市前付出成本最大的一环，因此有必要对其数据进行保护，并通过限制数据获得激励研究。而东盟、印度等国则担心相关条款会推高药品的上市价格，进而对国内群众健康和相关制药业带来不利影响。

在政府采购、竞争政策与电子商务方面，日本和澳大利亚均希望将 CPTPP 的相关内容引入 RCEP，而其他成员则对此持谨慎态度。例如，东盟在政府采购及电子商务方面尚不具备完善的国内机制和完备的基础设施，相关产业也无力与发达国家展开竞争，希望在竞争条款下加入对本国产业开放后的保护性条款内容。

四、RCEP 的签署和实施前景

2020 年 11 月 15 日，在第三十七届东盟峰会及东亚合作领导人系列会议期间举行的第四次 RCEP 领导人会议上，东盟十国及中国、日本、韩国、澳大利亚、新西兰等 15 个国家正式签署了 RCEP。虽然印度此前于 11 月 4 日宣布退出了 RCEP 谈判，但仍不妨碍 RCEP 成为迄今为止全球范围内达成的规模最大的自由贸易协定。

（一）RCEP 的主要内容

RCEP 由序言、20 个章节、四部分承诺表，共 56 个附件组成，包括初始条款和一般定义、货物贸易、原产地规则、海关程序和贸易便利化、卫生和植物卫生措施、标准、技术法规和合格评定程序、贸易救济、服务贸易、自然人临时流动、投资、知识产权、电子商务、竞争、中小企业、经济技术合作、政府采购、一般条款和例外、机构条款、争端解决、最终条款等章节。

1．货物贸易

在货物贸易方面，RCEP 的 15 个成员之间采用双边两两出价的方式对货物贸易自由化做出安排，协定生效后，区域内 90%以上的货物贸易将最终实现零关税，主要是立刻降税到零和 10 年内降税到零，使 RCEP 可以在较短时间兑现货物贸易自由化承诺。中国承诺对 86%～90%的产品完全开放，其中对东盟十国、澳大利亚、新西兰承诺的最终零关税税目比例均为 90%左右。除老挝、柬埔寨、缅甸三个最不发达国家之外，澳大利亚、新西兰和其余东盟成员对中方承诺的相应比例较中方承诺水平略高或大体持平。

2．原产地规则

在原产地规则方面，RCEP 使用区域累积原则，使得产品原产地价值成分可以在 15 个成员构成的区域内进行累积，来自 RCEP 任何一方的价值成分都会被考虑在内，这将显著提高协定优惠税率的利用率。例如，根据此前成员间双边自由贸易协定原产地规则不能算作某国原产的某一产品，经过区域价值累积后，将可能被认定为 RCEP 区域原产，享受 RCEP 优惠关税。这将有助于跨国公司更加灵活地进行产业布局，建立更精细、更完善的产业链分工体系，降低最终产品的生产成本，不仅有助于扩大 RCEP 成员之间的贸易，还将极大地促进区域供应链、价值链的深度融合和发展。同时，RCEP 还进一步丰富了原产地证书的类型，在传统原产地证书之外，允许经核准的出口商声明以及出口商的自主声明。这标志着原产地声明制度将由官方授权的签证机构签发模式转变为企业信用担保的自主声明模式，从而大大节省政府的行政管理成本和企业的经营成本，进一步提高货物的通关效率。

需要强调的是，RCEP 和区域内已有的其他自由贸易协定之间存在如下相互补充、相互促进的关系：一是 RCEP 涵盖了区域内其他自贸区中未纳入降税的产品；二是区域内其他自由贸易协定也可能涵盖 RCEP 中未纳入降税的产品，这时企业依然可以选择使用其他自由贸易协定下的降税优惠；三是对于 RCEP 和区域内自由贸易协定中某些相互重叠的降税产品，短期内由于此前双边自由贸易协定已经降税，企业仍然可以在双边自贸区下享受优惠。此后，由于 RCEP 实行区域内原产地累计规则，企业可以待未来 RCEP 逐步降税到位，在同样的关税水平下享受 RCEP 更加优惠的原产地政策。

3．服务贸易

在服务贸易领域，各国在 RCEP 项下的开放水平都显著高于各自的“10＋1”自由贸易协定。其中，日本、韩国、澳大利亚、印度尼西亚、马来西亚、新加坡和文莱七国采用负面清单方式承诺，中国等其余八个成员采用正面清单承诺，并承诺将于协定生效后六年内转为负面清单，老挝、柬埔寨、缅甸三国在 15 年内转为负面清单。

RCEP 将金融、电信等领域纳入开放条款之中，实质性提高了区域内服务贸易的开放水平。在金融领域，RCEP 一方面通过加强金融服务供应规则的方式促进区域内投资活动，另一方面又赋予成员方政府足够的金融监管政策灵活性，确保东道国金融体系的稳定性。在电信领域，RCEP 采用高标准的市场开放规则，制订了区域内电信服务接入和使用的规则框架，在监管方法、网络元素非捆绑、移动电话号码的便携性、国际移动电话漫游费、技术选择的灵活性等方面均做出了开放性规定。这将推动区域内信息通信产业的协调发展，带动区域投资和发展重心向技术前沿领域转移，促进区域内产业创新融合，带动产业链和价值链的提升和重构。

RCEP 设置了专业服务附件，主要内容包括：加强有关承认专业资格机构之间的对话；鼓励各方就共同关心的专业服务的资质、许可或注册进行磋商；鼓励各方在教育、考试、行为和道德规范、专业发展及再认证、执业范围、消费者保护等领域制订互相接受的标准和准则等。

中国在 RCEP 服务贸易领域所做出的承诺达到了已有自由贸易协定的最高水平，在中国入世承诺约 100 个部门的基础上，新增开放 22 个部门，并提高了 37 个部门的承诺水平。

4．投资

在投资方面，RCEP 的 15 个缔约方均将通过负面清单方式提高农、林、渔、采矿和制造业五个非服务业的投资开放水平。RCEP 投资条款主要涉及投资促进、投资保护、投资便利化与自由化等议题，要求成员方不得歧视外国投资者，并向 RCEP 成员方投资提供最惠国待遇。RCEP 还专门对核心投资资产的保护、投资设施征用赔偿、公平和公正待遇、冲突与内乱造成的损失赔偿，以及投资资产自由转移等投资活动相关议题进行了规定，旨在为本地区创造一个更加自由、便捷和公平竞争的投资环境，以显著提升投资政策的透明度和信心，进一步吸引区域内外的投资。同时，RCEP 在投资领域还适用了“棘轮机制”，即一旦一国在负面清单中取消了某些限制，达到了更高的开放水平，则未来的自由化水平不可倒退。

5．海关程序和贸易便利化

在海关程序和贸易便利化方面，RCEP 简化了海关通关手续，采取预裁定、抵达前处理、信息技术运用等促进海关程序的高效管理手段，尽可能在货物抵达后 48 小时内放行。对于快运货物、易腐货物等，争取在货物抵达后 6 小时内放行，还将推动果蔬和肉、蛋、奶制品等生鲜产品的快速通关和贸易增长，整体水平超过了 WTO 的贸易便利化协定。

6．卫生和植物卫生措施

在卫生和植物卫生措施方面，RCEP 在 WTO《卫生与植物卫生措施协定》的基础上，加强了风险分析、审核、认证、进口检查，以及紧急措施等规则的执行，并确保这些措施不对贸易造成限制。

7．标准、技术法规和合格评定程序

在标准、技术法规和合格评定程序方面，RCEP 推动各方在标准的认可、技术法规和合格评定程序中减少不必要的技术性贸易壁垒，并鼓励各方的标准化机构加强标准、技术法规以及合格评定程序方面的交流与合作。这些举措将提高域内货物贸易便利化水平，降低贸易成本，促进区域一体化市场形成。

8．自然人临时流动

RCEP 还设立了自然人临时流动章节。承诺区域内各国的投资者、公司内部流动人员、合同服务提供者、随行配偶及家属等各类商业人员，在符合条件的情况下，可获入境许可，获得居留期限，享受签证便利，以开展各种贸易投资活动。

9．知识产权

RCEP 的知识产权章节共包含 83 个条款和 2 个附件，是 RCEP 内容最多、篇幅最长的章节，内容涵盖了著作权、商标、地理标志、专利、外观设计、遗传资源、传统知识和民间文艺、反不正当竞争、知识产权执法、合作、透明度、技术援助等广泛领域。

10．电子商务

RCEP 框架下达成了亚太区域首份范围全面、水平较高的诸边电子商务规则成果，涵盖了丰富的促进电子商务使用和合作的相关内容，主要包括促进无纸化贸易、推广电子认证和电子签名、保护电子商务用户个人信息、保护在线消费者权益等规则。

11．协定的其他内容

RCEP 还在贸易救济、竞争政策、政府采购、中小企业、经济技术合作等领域达成了较高水平的规则。

贸易救济章节包括“保障措施”和“反倾销和反补贴税”两部分内容。在保障措施方面，RCEP 在重申 WTO 规则的同时，还设立了过渡性保障措施制度，对各方因履行协议降税而遭受损害的情况提供救济。在反倾销和反补贴调查方面，RCEP 规范了书面信息、磋商机会、裁定公告和说明等实践做法，旨在提升贸易救济调查的透明度和正当程序。

在竞争政策方面，RCEP 对竞争立法、竞争执法合作及消费者权益保护等重点内容做出了翔实的规定，对执法规范化提出了明确、有约束力的要求。

RCEP 的政府采购章节不仅包含了信息交流合作、提供技术援助、加强能力建设等内容，还增加了审议条款，为各方未来升级谈判预留了空间。

在中小企业方面，RCEP 各缔约方同意开展旨在提高中小企业利用协定，并在该协定所创造的机会中受益的经济合作项目和活动，将中小企业纳入区域供应链的主流之中。

在经济技术合作章节，各缔约方承诺将实施技术援助和能力建设项目，促进 RCEP 协定在各领域包括货物贸易、服务贸易、投资、知识产权、竞争、中小企业和电子商务等包容、高效地实施，同时将优先考虑最不发达国家的需求，从而使 RCEP 的实施为缩小各缔约方的发展差距做出贡献。

（二）RCEP 的重要意义

RCEP 于 2020 年 11 月 15 日正式签署之后，各成员分别履行国内法律审批程序。根据协定文本规定，RCEP 生效需 15 个成员中至少 9 个成员批准，其中要至少包括 6 个东盟成员，以及中国、日本、韩国、澳大利亚和新西兰中的至少 3 个国家。经过为期一年的努力，RCEP 先后获得文莱、柬埔寨、老挝、新加坡、泰国、越南等 6 个东盟成员和中国、日本、新西兰、澳大利亚的批准，于 2021 年 11 月达到生效门槛，并从 2022 年 1 月 1 日起在上述 10 国生效。

RCEP 规模巨大，即使印度暂不加入，其余 15 个谈判成员的总人口也达到 22.7 亿人，按 2020 年计算的 GDP 总额约为 26 万亿美元，出口总额达 5.2 万亿美元，吸引的外商投资流量达 3700 亿美元。上述数据约占全球总量的 30%，足以使建成后的 RCEP 成为世界上最大的自由贸易区。

RCEP 成员均是中国重要的经贸伙伴，中国与 RCEP 其他成员的贸易总额约占中国对外贸易总额的三分之一。因此，RCEP 的建成对中国发展健康、可持续、平稳的对外贸易和投资关系意义重大，将为构建新发展格局提供有力支撑，成为中国连接国内国际双循环的纽带和桥梁。

作为一个成员众多的大型自由贸易安排，RCEP 将在整合现有多个“10+1”FTA 的基础上进一步升级，在区域内形成更加统一的贸易投资规则，从而有助于降低交易成本，减少经营的不确定风险，给 RCEP 各成员的工商界和进出口企业带来极大便利。同时，RCEP 将有助于进一步加强各成员之间的经济贸易联系，消除贸易与投资壁垒，形成规模更大的地区市场，使亚太地区的供应链和价值链连接更为紧密，促进区域内的商品、技术、服务、资本和人员更加自由、高效且便利地跨境流动，形成显著的贸易创造效应，扩大亚太区域内的贸易和投资。

RCEP 对于促进亚太区域经济一体化进程也具有重要意义。RCEP 与 CPTPP 是并行发展的两条不同路径，二者之间既有竞争性，又存在互补性。就规模而言，RCEP 的经济影响力甚至超过了 CPTPP。CPTPP 的核心目标是促进 21 世纪新型贸易规则的不断发展与完善，催化成员在现有基础上进一步开放本国的服务贸易与投资市场，并对“边界后”措施进行规制融合。而 RCEP 中发展中成员占多数，其谈判的重点在于推动各国“边界上”措施的改革，促使各国开放现有的国内市场准入，提升自由化程度与改革空间，使更多的发展中国家能够更进一步融入亚太区域经济一体化进程，促进区域内价值链的整合与结构转型升级。

RCEP 的建成也将在全球范围内带来积极影响。当前，单边主义和贸易保护主义呈上升趋势，全球经济下行压力大，贸易增长速度显著下降。在此背景下，RCEP 作为区域经济一体化的重要成果，可以对外发出致力于构建开放型世界经济、支持多边贸易体制、推进贸易投资自由化和便利化进程的信息，无疑将提振世界经济信心。需要指出的是，RCEP 谈判成员中既有发达国家，又有欠发达国家，各国在文化和政治体制方面具有显著多样性，基于这一背景建立的 RCEP 对于未来全球经贸规则的制订也可以起到示范作用。

第三节　美墨加协定的发展进程和趋势分析

一、美墨加协定的发起背景和进程

美墨加协定的前身是北美自由贸易协定（NAFTA）。20 世纪 90 年代初，为了适应时代的要求，同时与其他区域展开竞争，美国、加拿大和墨西哥三国开始就建立某种形式的区域经济合作展开了谈判。1992 年 8 月，三国政府就建立 NAFTA 达成了一致意见。同年 12 月，三国政府首脑正式签署了该协定，并分别提交各自国会或议会并得到通过。1994 年 1 月 1 日，NAFTA 正式生效。

NAFTA 是第一个发展中国家（墨西哥）与两个发达国家（美国和加拿大）所组成的自由贸易区，为南北经济合作开创了典范。NAFTA 的主要宗旨是通过区域内国家间的合作，消除关税与非关税壁垒，促进贸易流动和投资增长，增加就业机会，有效保护知识产权，有序解决贸易争端。NAFTA 生效后，美加墨三国经济一体化程度加深，北美地区的贸易额从 1993 年的 2900 亿美元增长至 2016 年的 1.1 万亿美元，成为全球最为重要的自由贸易安排之一。

但是，随着 NAFTA 的实施不断深入，美国、墨西哥、加拿大三国之间也逐渐暴露出一些矛盾和问题。首先，在国家间的相对收益与部门利益的分配问题上，美国认为 NATFA 导致美国与两个北美邻国之间的贸易逆差持续扩大，美国国内就业岗位持续流失，工人工资水平降低。墨西哥则认为美国原本就是墨西哥最大的贸易伙伴和投资来源，NAFTA 进一步加深了墨西哥经济对美国的依赖性。同时，美墨交易使得墨西哥本国民族工业的发展受到了抑制，NATFA 也未能有效改善墨西哥的就业问题。相比美、墨两国，尽管加拿大国内争议较少，但其对于美国在 NAFTA 中所处的绝对主导地位颇有微词。其次，发达国家与发展中国家之间的相互融合需要付出较大代价。例如，墨西哥国内的司法体系及诸多规章条例与 NAFTA 的条款精神不兼容，缺乏作为发达市场经济的法律和条款框架，难以被美加两国所接受。最后，从国际经贸规则的角度而言，随着时间的推移，NAFTA 原有的一些条款逐渐过时，需要补充关于透明度问题、贸易救济新问题、数字贸易等规则和标准，以适应时代的需要。

按照 NAFTA 最初的约定，协定到 2008 年 12 月 31 日满 15 年时可根据需要进行修订。这一年正值 2008 年金融危机爆发，美国国内反全球化情绪高涨，重新进行 NAFTA 谈判的呼声越来越高。奥巴马在竞选总统期间一直在抨击 NAFTA，当选之后由于种种原因并没有强力推进 NAFTA 的修订。2015 年 5 月 18 日，美国贸易代表向国会提交通知，为了建立更加“自由、公平”的市场，准备对 NAFTA 进行更新升级，内容涉及货物贸易、卫生及植物检疫措施、清关贸易便利化与原产地原则、技术壁垒、监管良治、服务贸易、数字贸易及跨境数据流动、投资、知识产权、政策公开、国有企业、劳工、环境、反腐败、贸易救济、政府采购、中小企业、能源、货币以及一般规定等 22 个大项。

2017 年，时任美国总统特朗普在执政后制订了一系列新的贸易政策，重点目标包括：严格执行美国贸易法；利用可用杠杆打开国外市场；重开贸易协定谈判，更好地维护美国利益等。为此，美国宣布退出 TPP，搁置与欧盟的跨大西洋贸易与投资伙伴协定谈判。同时，特朗普政府认为 NAFTA 已过时，导致了美国的巨额贸易逆差，主张大幅修改、调整对自己不利的条款，振兴国内制造业和消除长期存在的贸易逆差，以达到重塑区域价值链、带动制造业回归美国与北美的目的。在美国的强力推进下，NAFTA 的重新谈判于 2017 年 8 月正式开始。

从 NAFTA 重新谈判的进程来看，升级轨道的谈判比较顺利，而针对重修协议的谈判则进展缓慢。所谓升级轨道，是指对原有 NAFTA 中未能涵盖、不符合当前经贸发展新趋势的内容进行补充升级，主要包括数字贸易、竞争政策、国有企业、反腐败以及中小企业等领域。美墨加三方很快就在上述领域达成共识，并完成了相关章节的谈判。但是，美国在针对 NAFTA 中原有的原产地原则、政府采购以及争端解决机制等章节的重修谈判中提出了较高的要价。例如，明确要求加拿大、墨西哥两国减少同美国的贸易逆差；汽车产品必须使用不少于 85%的北美原产零部件才能享受原产地原则免税优惠，其中美国原产零部件占比不得低于50%；加拿大、墨西哥两国政府采购向美国公司进一步开放市场；废除NAFTA第19章的反倾销、反补贴和贸易争端解决机制以及第11章的投资者-国家争端解决机制等。美国的上述要价在加、墨两国遇到了较大的阻力，使得原计划于2017年底完成谈判的目标未能实现。

进入2018年之后，由于时任墨西哥总统涅托即将执政期满，美国也将迎来总统中期选举，两国均希望NAFTA的重新谈判能够尽快取得突破，从而在政治层面为谈判的加速提供了驱动力。2018年9月30日，三国对外公布了重新谈判的NAFTA的新文本。2018年11月30日，美、墨、加三国领导人在参加二十国集团（G20）峰会期间，在阿根廷首都布宜诺斯艾利斯签署了美墨加协定，取代了原有的NAFTA。此后，墨西哥议会首先于2019年6月批准了美墨加协定，美国众议院和参议院分别于2019年12月和2020年1月通过了美墨加协定，该协定只待加拿大议会的批准即可正式生效。

二、美墨加协定的内容和条款分析

从条款上来看，美墨加协定保留了NAFTA中的大量条款，是NAFTA与TPP合集的翻版，其中大部分异于NAFTA的新规则都源于TPP文本。美墨加协定、NAFTA和TPP都包括了序言和若干章节，从章节数目来看，NAFTA为22章，TPP为30章，美墨加协定为34章。

（一）美墨加协定与NAFTA的比较分析

与NAFTA相比，在美国主导下达成的美墨加协定主要体现了“美国优先”的原则。第一，美墨加协定在NAFTA基础上进一步改变了对汽车和纺织品的原产地要求。汽车和纺织品是美、墨、加三国重要的传统产品和贸易商品，也是长期以来三国重点关注和保护的对象。美墨加协定对汽车原产地要求的提高主要体现在以下四个方面：汽车原产地净成本价值含量从62.5%提高到75%；70%的汽车生产所需的钢铁、铝和玻璃原产于成员国；40%的汽车和45%的轻量卡车必须由时薪至少 16 美元的工人生产。此外，美墨加协定附件中也对汽车和纺织品的原产地施加了更多的限制。

相反，美墨加协定对纺织品的原产地要求有所降低。例如，在原产地含量要求上，美墨加协定在商品名称和编码协调制度 HS 中第 50～60 章和 96.16 品目下的纺织品或服装，非原产材料重量不得超过商品总重量的 10%，弹性纱线的种类不得超过 7%，否则视为非原产商品；而在 NAFTA 下，非原产材料重量不得超过商品总重量的 7%，否则视为非原产商品，并要求纺织品所包含的弹性纱线必须来源于成员国。

第二，相较于 NAFTA，美墨加协定在农业领域的开放是该协议的重点之一。加拿大政府同意向美国开放当地 160 亿美元奶类制品市场的大约 3.5%，美国能占到的市场总值约为 7000 万美元。另外，加拿大同意在美墨加协定实施后 6 个月内，废除第六类及第七类针对脱脂奶类制品的价格定义。美国一直指责有关政策令美国产品无法打入加拿大市场，加拿大做出的开放承诺使得美国牛奶生产商可以获得较为显著的市场准入机会。

第三，美墨加协定规则涉及领域广且标准高。从美墨加协定规则涉及的领域来看，“汇率条款”和“日落条款”（sunset clause）首次出现。“汇率条款”规定，成员国应当实现并维持市场汇率制度，避免通过干预外汇市场等手段实行货币的竞争性贬值。而“日落条款”则指美墨加协定将在生效 16 年后终止，除非各方确认延长协议的有效期。这些条款对缔约国提出了更高的要求，包括对协议承诺的履行。从美墨加协定规则在各领域设置的标准来看，美墨加协定的标准比 NAFTA 更高，并在贸易新规则领域加大力度，诸多标准与 TPP 看齐。在数字贸易方面，美墨加协定要求成员国应当保护算法和源代码，成员国不得要求计算设施在其境内作为开展业务的条件。此外，美墨加协定延长了知识产权保护期限，并加强了对专利、版权、商标和商业机密的保护。在竞争政策和国有企业方面，美墨加协定更详细地明确了成员国遏制反竞争行为的义务，确保地方法院程序公平，保护消费者，并要求成员国政策规则保持透明。同时，美墨加协定对国有企业和垄断企业制订了更详细的标准，促进其运营符合商业规范，并要求提高国有企业和垄断企业信息的透明度。

第四，美墨加协定引入了以往在贸易协定中罕见的歧视性条款，即所谓的“毒丸条款”，用于对其界定的非市场经济体进行限制。美墨加协定从两方面加强了对非市场经济国家的歧视性约束，一方面，美墨加协定在一定程度上约束了成员国与非市场经济国家自由贸易协定的达成。在 32 章“例外情况和一般情况”的规定中指出，若成员国与非市场经济国家进行自由贸易谈判，则必须在开始谈判前至少 3 个月通知其他成员国；在发布与非市场经济国家双边协议文本之前的 30 天内，美墨加协定的其他成员国可以在通知后的 6 个月后终止美墨加协定，以双边协议代替美墨加协定。另一方面，美墨加协定限定投资者-国家争端解决机制的使用。美国与加拿大之间，以及加拿大与墨西哥之间取消了投资者-国家争端解决机制，美国和墨西哥之间的投资者-国家争端解决机制虽然仍存在，但其适用范围大大受限。美墨加协定的投资者-国家争端解决机制呈现出碎片化的特征，这预示着美国不再将自由贸易协议视为帮助美国企业打造全球供应链的主要途径，而是以更严格的标准审查流入美国的商品，旨在迫使制造业回归美国。NAFTA 被美墨加协定所替代，是一种从开放的小多边主义向封闭的小多边主义的转变。

（二）美墨加协定与 TPP 的比较分析

尽管美国退出了 TPP，但仍将其定位为 21 世纪白金标准的自由贸易协定，并希望将其作为今后对外贸易谈判的标杆。因此，将美墨加协定与 TPP 进行比较分析，有助于更好地从引领规则制订的角度理解美墨加协定。

从缔结贸易协定的目标来看，美墨加协定充分肯定了“国家优先”的原则，并没有强调深化三国之间的经济一体化水平。TPP 则明确将推进区域经济一体化作为各缔约方的首要目标，以实现贸易和投资自由化、谋求经济增长和社会福利、创造新的就业和商业机会、提高生活水平、惠及消费者、减少贫困，以及经济的可持续增长。

从协定文本的结构来看，美墨加协定在结构上与 TPP 契合度较高，题目重合的章节多达 25 个。就不同之处而言，美墨加协定将“原产地规则与程序”分列为两章，加列了“出版与行政”一章，规定了透明度内容和国内行政程序，而 TPP 中的“透明度与反腐败”一章在美墨加协定中被列为“反腐败”章节。此外，美墨加协定单列出“农业”“墨西哥碳氢化合物主权”“宏观政策与汇率”等章节，并将“部门附件”单列为一章。TPP 中的“合作与能力建设”“发展”两个章节在美墨加协定中被取消，显示出美国对发展议题不感兴趣。此外，一些章节的名称稍有调整，如 TPP 中的“电子商务”在美墨加协定中改为了“数字贸易”。

美墨加协定延续了 TPP 对公平竞争原则的重视，进一步提高了公平竞争标准，并细化了具体条款要求。一方面，美墨加协定增加了良好监管实践、宏观经济政策协调、外汇汇率管理等方面的内容。另一方面，美墨加协定不仅完全保有 TPP 关于透明度、反倾销和反补贴、国内竞争政策协调、反贪污与反腐败的权利和义务，还对部分条款进行了细化（包括提高要求与标准）。例如，关于反倾销与反补贴，美墨加协定要求缔约方加强反规避合作，防止当事人规避已经做出的反倾销和反补贴裁决，这是 TPP 中没有的规定。关于国内竞争政策的协调，美墨加协定对 TPP 确立的竞争政策执行非歧视原则、程序公平原则进一步具体化，如要求缔约方执法机构开展执法调查之前提供所依据的法律、规章和程序规则。

关于贸易与劳工关系的约定，美墨加协定较 TPP 更为严格、具体。美墨加协定除像 TPP 一样要求缔约方作为国际劳工组织（ILO）成员履行相关义务之外，还特别强调劳工保护相对于贸易促进的优先权。美墨加协定将保护人类、动植物生命体健康作为缔约方共同努力的目标，并致力于发展基于科学决策的贸易，而 TPP 仅涉及维护人类健康系统方面的内容。美墨加协定第 14 款要求缔约方促进劳工权利保护、劳动条件改善，并加强在劳动问题上的合作，第 18 款要求缔约方保障妇女机会均等。相比之下，TPP 序言虽强调促进劳工权利保护、劳动条件改善和生活水平提高，但未提及劳工问题的国际合作。

与 TPP 相同，美墨加协定强调贸易促进与环境保护之间的平衡，承认健康的环境是可持续发展的内在要求。同时，美墨加协定也针对臭氧层保护、生物多样性与贸易、海洋资源保护进行了约定，并增加了空气质量保护和森林资源保护方面的条款。但是，在美国的坚持下，美墨加协定删除了 TPP 中关于减少碳排放以应对气候变化的相关条款。

三、美墨加协定的实施前景及影响

2019 年 4 月，美国国际贸易委员会发表的研究报告指出，与保留 NAFTA 的基准情形相比，预计美墨加协定生效 6 年后，美国国内生产总值将增加 682 亿美元（增幅 0.35%），整体就业增加 17.6 万个（增幅 0.12%）。美国对加拿大和墨西哥出口将分别增加 191 亿美元（增幅 5.9%）和 142 亿美元（增幅 6.7%），进口将分别增加 191 亿美元（增幅 4.8%）和 124 亿美元（增幅 3.8%）。此外，预计美国从加拿大和墨西哥的进口将合计增加 315 亿美元。

该报告还预测美墨加协定将增加美国农业、制造业和服务业三大部门的出口和进口，并认为美国制造业将获得最为显著的增长。对于美国而言，这有利于重建以美国为中心的北美区域价值链，推动关键制造业部门向美国逐步回归。但该报告同时指出，美墨加协定的汽车原产地规则要求北美汽车厂商从本地采购更高比例的零部件才能享受零关税优惠，这虽有利于增加美国汽车零部件生产及就业，但会导致汽车价格上升和销售量下降，从而对美国消费者造成不利影响。

在投资方面，美墨加协定将吸引更多投资流入美国，使美国继续保持对全球投资的吸引力。美国的服务业部门不仅对国内经济发展产生了强劲的拉动力，在金融、电信和跨境数字贸易等领域也形成了很强的国际竞争力。美墨加协定中关于金融、服务贸易和数字贸易的新规则将吸引更多的外国资本投资于美国服务业，以充分利用美国在信息技术和电子商务领域的全球领先定位，扩张在北美三国服务贸易市场的份额。得益于 NAFTA 的推动，北美是全球外国投资者最有信心投资的区域之一，美墨加协定将有利于进一步增强北美地区在全球直接投资市场上的竞争力。

对加拿大而言，美墨加协定将对其国内主要产业部门造成不同的影响。对于汽车行业，美墨加协定实施后，加拿大汽车产业通过配额方式可获得免税待遇，配额的数量也高于目前的产量，有利于降低加拿大汽车产业的生产成本，增强行业信心。对于乳制品行业，美墨加协定使加拿大本土奶农出口美国的能力受到了更多的限制，却为美国的竞争对手进入加拿大市场提供了更多的便利。加拿大乳业加工协会估计，美墨加协议将导致加拿大的奶产品市场损失超过20亿美元。尽管加拿大政府承诺将对奶农进行补贴，但奶业组织对于政府的补偿要求不仅基于现有的市场份额损失，还包括未来的潜在损失，实施难度较大。对于制药行业，在美墨加协定中加拿大同意将生物制药的专利保护期限从8年延长至10年，意味着价格低廉的仿制药需要等待更长的时间才能进入市场，药价上涨带来的压力将会日益突出。

对于墨西哥而言，美墨加协定的实施将同时带来机遇和挑战。例如，在汽车制造行业，美国和加拿大生产的大多数车辆符合新规则的要求，而墨西哥汽车产量中的32%（约78万辆汽车）不符合美墨加协定的原产地规则。因此，美国和加拿大的企业出于合规性考虑，可能会减少或取消对墨西哥汽车整车及零部件制造业的投资，使墨西哥面临不利影响。与之相反，美墨加协定将为墨西哥的能源部门，尤其是油气产业吸引外国投资提供更多机遇。墨西哥境内蕴含着丰富的石油和天然气资源，油气产业也因此成为墨西哥重要的基础经济部门。美墨加协定中的相关条款和规则将进一步增强国际能源投资者的投资信心，不仅有利于墨西哥油气产业中外国直接投资的稳定增长，也有助于进一步推动北美能源市场的一体化进程。

第四节　太平洋联盟的发展进程和趋势分析

一、太平洋联盟的前身——“拉美太平洋沿岸国家论坛”

太平洋联盟的前身是秘鲁前总统阿兰·加西亚在2006年8月倡议建立的“拉

美太平洋沿岸国家论坛”，又称为“拉美太平洋弧论坛”，成员为包括智利、秘鲁、墨西哥和哥伦比亚在内的 11 个太平洋沿岸拉美国家。根据 2008 年 11 国领导人在萨尔瓦多首都圣萨尔瓦多发布的宣言，“拉美太平洋沿岸国家论坛”的主要宗旨包括：加强成员之间机制化的经济融合和政治协调，促进本区域的一体化；利用论坛成员地处亚太的战略优势，推进成员国与亚太国家的贸易谈判，提升经济竞争力和促进发展。为实现上述目标，“拉美太平洋沿岸国家论坛”建立了部长级会议和相关工作组，每半年举行一次会议，主要讨论贸易自由化、投资促进、基础设施和物流合作、经济技术合作等相关议题。

但是，随着时间的推移，“拉美太平洋沿岸国家论坛”自身存在的一系列问题逐渐暴露，导致其设定的目标难以实现。一方面，从机制设计看，该论坛本质上是一个非正式的政策对话协调机制，形成的对话成果不具有国际法意义上的约束力，成员国无义务执行相关规定。另一方面，从重视程度来看，成员国并未将“拉美太平洋沿岸国家论坛”视为推进区域一体化的优先选项。自 2006 年该论坛建立至 2011 年太平洋联盟成立，仅在 2008 年举行过一次峰会，相关工作无法得到足够的政治推动力。此外，从成员构成来看，“拉美太平洋沿岸国家论坛”成员众多，政治和经济政策取向差异较大，难以形成合力。例如，该论坛成员厄瓜多尔和尼加拉瓜自 2006 年后均是左翼政党执政，对以自由贸易为特征的全球化持抵制态度。萨尔瓦多等中美洲成员由于经济总量微小，对于推进本国经济国际化、发展与区外国家的自由贸易关系缺乏强烈的兴趣。因此，对于奉行新自由主义的智利、墨西哥、秘鲁和哥伦比亚等国来说，“拉美太平洋沿岸国家论坛”存在的缺陷和问题赋予了它们重新建立区域一体化组织的动力。为了摆脱“拉美太平洋沿岸国家论坛”运作的困境，绕开论坛的内部矛盾，秘鲁前总统阿兰·加西亚另辟蹊径，试图以该论坛中经济政策立场相近的核心成员为基础，推进区域内的经济一体化进程，加强与亚太国家的经贸联系，从而发起了建立太平洋联盟的倡议。

二、太平洋联盟的成立及发展进程

2010年8月13日，秘鲁前总统阿兰·加西亚提出在“拉美太平洋沿岸国家论坛”内建立一个“深度一体化区”的合作机制，使一些有政治意愿的国家能够率先实施商品、服务、资本和人员的自由流动。同年10月，加西亚与巴拿马、哥伦比亚、厄瓜多尔和智利等国的领导人通信，邀请他们作为这项倡议的发起方。此项倡议得到了智利总统皮涅拉的积极回应。2010年11月25日，智利总统皮涅拉访问秘鲁，正式就这一倡议与秘鲁进行深入讨论。2010年12月4日，在阿根廷马德普拉塔举行的伊比利亚美洲国家首脑会议期间，智利总统皮涅拉召集秘鲁、哥伦比亚和墨西哥总统举行了会谈，讨论如何推动建立“深度一体化区域”的问题。此次四国首脑会议之后，各层级的谈判和合作进程不断推进。2011年1月，四国举行了第一次部长级会议，就建立新的一体化组织制订了路线图，并成立了贸易和一体化、服务和资本、合作、人员流动4个工作组。

2011年4月28日，秘鲁、智利、墨西哥和哥伦比亚在秘鲁利马举行首脑会议，会议通过了《利马宣言》，决定组建太平洋联盟。2011年12月，第二届太平洋联盟首脑会议在墨西哥梅里达举行，墨西哥、智利、哥伦比亚总统和秘鲁外长出席，巴拿马总统应邀出席。会议上发表了《梅里达宣言》，承诺将加快一体化建设步伐，要求各成员国共同努力尽快制订联盟宪章条约，欢迎更多拉美国家入盟。在2012年3月举行的第三届太平洋联盟首脑会议上，各方在促进人员、服务和资本流通，以及推进贸易及一体化等方面取得重要进展，并就联盟框架协议达成一致。巴拿马和哥斯达黎加总统应邀与会，巴方表示将加快同联盟成员国签订自由贸易协定，以尽快入盟。2012年6月6—7日，太平洋联盟第四届首脑会议在智利安托法加斯塔举行，联盟各成员的总统、巴拿马外长及哥斯达黎加外长与会，西班牙国王受邀出席。会议上签署了“太平洋联盟框架协定”，即《帕拉纳尔宣言》。

自成立伊始，太平洋联盟就以“开放的地区主义”思想为指导，确立了三大目标：第一，加强区域深度一体化，促进商品、服务、资本和人员在区域内的自由流动；第二，推动成员国快速发展经济，克服社会经济不平等现象和促进社会包容，以使各国民众获得更多福利；第三，将联盟打造为面向世界尤其是亚太地区的合作平台，推进各成员国经贸一体化。2013 年 5 月举行的第七届太平洋联盟首脑会议宣布，自 2013 年 6 月 30 日起，联盟内 90%的货物贸易实现零关税，并决定简化四国公民出入境手续，宣布设立共同使馆及联合贸易办事处。2014 年 2 月 10 日，秘鲁、智利、墨西哥和哥伦比亚四国领导人在第八届太平洋联盟首脑会议上签署了《太平洋联盟框架协议之贸易附加协议》，就区域内免除 92%的商品和服务关税达成一致，决定进一步开放市场，逐步实现成员国间的自由贸易。

2016 年 5 月，太平洋联盟成员国之间 92%的货物及服务贸易零关税的目标正式实现，联盟成员国公民互免签证、相互承认从业资格，人员自由流动也基本实现。2016 年 7 月，第十一届太平洋联盟首脑会议上通过《巴拉斯港声明》，对联盟成立以来所取得的成绩和进展给予肯定，并指出《太平洋联盟框架协议之贸易附加协议》的实施令联盟自贸区得以建立，从根本上实现了区域商品、服务、资本和人员的自由流动。

2019 年 7 月 6 日，第十四届太平洋联盟首脑会议在秘鲁首都利马举行。会议上通过了《利马声明》，承诺继续深化区域经济一体化和维护多边贸易体制。《利马声明》指出，太平洋联盟将进一步扩大成员国之间的贸易，继续推进自由贸易，推动地区经济增长和可持续发展。同时，太平洋联盟作为拉美地区新兴的经济一体化组织，将与 APEC 建立协商机制，并与其他区域组织加强经贸合作。

三、太平洋联盟成立的动因分析

（一）拉美一体化的分化和重组

20 世纪 50～60 年代，在拉丁美洲的民族独立与解放运动之后，拉美地区的发展中国家争取经济自立和发展的呼声日益强烈，安第斯集团、加勒比共同体等区域经济合作组织不断涌现。20 世纪 80 年代，债务危机使得拉美地区的经济一体化进程陷入困境。到 20 世纪 90 年代，拉美债务危机问题逐步得到解决，经济开始复苏，拉美地区希望通过区域贸易自由化来扩大市场规模和提高经济效率，最终融入全球经济。在以出口为导向的经济战略下，南方共同市场、安第斯共同体等区域经济一体化组织开始出现。

进入21世纪，南美洲国家联盟、美洲玻利瓦尔联盟和拉美加勒比共同体相继成立。这些一体化组织在合作领域、目标和方式上各有侧重，呈现出不同的特点。随着拉丁美洲一批左翼政权的出现，左翼当选的国家反对新自由主义，纷纷组建政治偏好相近的联盟。在这一时期，拉美地区的区域化不再集中于经济自由化，而是更多地偏重构建政治认同、提高地区独立性和非贸易领域合作等方面，南美洲国家联盟、美洲玻利瓦尔联盟和拉美加勒比共同体逐渐演变为对抗经济全球化的工具。同时，南方共同市场也出现贸易保护主义抬头，逐步走向封闭而僵化的道路，在拓展区外经贸关系方面进展极其缓慢。但与其他拉美国家不同，太平洋联盟的四个成员国对外进出口依存度高，奉行自由开放的外向型经济发展模式与出口导向型贸易政策。共同的利益诉求使四国能够在各领域的谈判协调中以较低的成本获得相对一致的利益共识。在拉美一体化不断分化和重组的背景下，四国有动力形成一个专注于经济发展和贸易自由的深度一体化组织。

（二）2008年全球金融危机的影响

对智利、墨西哥、秘鲁和哥伦比亚这四个西太平洋沿岸的拉美国家而言，其地理位置、传统经济联系和经济发展程度决定了北美一直是它们的主要外部需求市场。但是，2008年由美国次贷危机所引发的全球金融危机导致太平洋联盟国家的外部需求市场发生了重大变化。全球金融危机使得美国经济衰退、欧盟债务危机发酵，特别是美国的负债消费模式变得不可持续，对太平洋联盟四国的消费需求减少不可避免。

相比金融危机下发达经济体的经济衰退和市场需求减少，新兴经济体尤其是亚太地区的中国、印度、印度尼西亚等国在危机期间和危机后的经济恢复中均有不俗表现，被世界银行称为增长性的新兴经济体。全球金融危机使亚洲经济在全球经济中的份额从20世纪80年代初不足20%加速上升到2010年的35%，从而改变了过去两个世纪由美欧主导全球经济的格局。在这一背景下，密切同东亚国家的经济联系并扩大出口市场份额成为太平洋联盟国家的迫切要求，而维系并进一步获取与亚太新兴国家经贸关系的收益，也成为推动太平洋联盟在 2011 年成立的重要因素。

（三）太平洋联盟成员加强内部一体化的战略考虑

一方面，成立太平洋联盟是四国对巴西所主导的南美一体化的一种战略应对。对墨西哥而言，参与太平洋联盟的重要目标之一是与巴西争夺拉美地区的领导地位。1994 年墨西哥加入 NAFTA，巴西组建南方共同市场，拉美地区出现了“通往全球化的两种道路”。然而，墨西哥以新自由主义为指导的一体化道路受到了 2001 年“9·11”事件的影响，“美洲繁荣伙伴”战略陷入困境。此后，墨西哥希望重新融入拉美地区，但进展并不顺利。为了寻找重新融入拉美地区的平台，太平洋联盟成为墨西哥的新选择。对秘鲁、智利和哥伦比亚这几个中小经济体而言，推动太平洋联盟是政治上的一种平衡战略。由于近年来巴西在拉美地区及世界的地位不断提升，为避免巴西成为主导本地区政治经济发展的“单极”，秘鲁、智利和哥伦比亚都希望引入墨西哥和美国等外部力量来平衡巴西在本地区的影响力。

另一方面，在拉美区域经济一体化发展趋于保守的情况下，奉行新自由经济政策的智利、墨西哥、秘鲁和哥伦比亚有被排除在拉美一体化之外的风险，促使四国要建立自己的区域一体化组织，以避免被边缘化。从更广泛的区域视角来看，上述四国面临着来自欧盟和亚太区域集团两方面的压力，如果想加入其中，不仅谈判成本较高，四国讨价还价的能力也相对较弱。这种情况下，四国建立一个区域经济一体化组织是理性的选择，既可以分摊谈判成本，又可以从整体上提高在贸易谈判中的要价能力。

四、太平洋联盟的发展前景及其影响

目前太平洋联盟的四个成员国均属于经济增长势头较好的拉美经济体。2018 年，太平洋联盟国内生产总值（GDP）总量为 2.18 万亿美元，总人口为 2.27 亿，

分别占整个拉美地区的 36.9%和 35.3%。近年来，拉美地区和加勒比地区整体经济增长缓慢，2018 年 GDP 增速仅为 0.5%，而在 2015 年和 2016 年甚至为负增长。与此同时，太平洋联盟的经济增长率虽然也呈现出下降的趋势，但增长率始终保持在 1.9%以上，远高于同时期拉美地区和加勒比地区的总体水平。在贸易方面，2018 年太平洋联盟商品服务出口总额近 7 千亿美元，占拉美地区和加勒比地区的 47.9%。

太平洋联盟国家是贸易投资自由化的先锋力量。四国的国内市场条件相近，普遍实行新自由主义经济政策，以融入国际经济体系为目标，内部趋同性较高。同时，四国领导层均有良好的政治意愿推进区域内部的深度一体化。太平洋联盟成员国间相互签有自由贸易协定，90%的产品已经在双边基础上得以免税，为联盟推进深度一体化打下了良好的基础。

近年来，关注太平洋联盟的国家不断增多，促使该组织在贸易投资自由化领域的影响力逐渐扩大。该组织除了四个正式成员国外，哥斯达黎加和巴拿马为候选成员国，澳大利亚、新西兰、加拿大、乌拉圭、西班牙、日本、危地马拉、厄瓜多尔、萨尔瓦多、洪都拉斯、巴拉圭、多米尼加、法国、葡萄牙、中国、美国、韩国、土耳其、英国、德国、瑞士、荷兰、意大利、芬兰、印度、以色列、摩洛哥和新加坡为观察国。从前景来看，随着更多新成员的加入，太平洋联盟的一体化程度和范围还将不断扩大。

需要指出的是，虽然太平洋联盟的进展引人注目，但是从长远来看，离深度一体化目标的实现还有一定距离。首先，深度一体化建立在产业相互融合、价值链分工合作和资源有效配置的基础上。太平洋联盟成员不仅产业基础相对薄弱，产业体系有待完善，而且相互间的产业合作相对较少，从产业融合到制度变化的推动力仍显不足。其次，联盟成员在财政、金融等宏观政策领域的合作与协调尚处于较低水平。加强政策对话，相互借鉴经验，寻求联动发展，应是联盟下一阶段的合作重点。最后，监管协调、制度建设等都属于边界内议题，与一国的历史传统、初始条件、发展路径、政治格局、战略重心等存在密切关系，欧盟内部对如何推进这些领域的合作仍存在不同的认识。因此，太平洋联盟要真正实现吸引外资、促进产业发展、提高国际竞争力的目标，仍然需要经过长期和艰苦的努力。

第五节　中日韩自由贸易区的发展进程和趋势分析

一、中日韩自由贸易区的背景和发起过程

中日韩自由贸易区的设想由来已久。早在20世纪90年代中期，日本和韩国的一些学者相继提出创建中日韩共同体的主张。日本学者认为，推进以中日韩三国为核心的亚太合作是日本今后的优先选择。韩国学者认为，东北亚地区合作应由经济具有互补关系并具备文化同质性的中日韩为轴。中国学者也开始深入探讨推进中日韩经济一体化的现实性和重要性。

1999年11月末，在菲律宾首都马尼拉举行的“10+3”领导人会议期间，韩国时任总统金大中向中国总理和日本首相提出了建立“东北亚经济合作体”的设想，从而将中日韩三国的经济一体化正式提上议事日程。2000年11月，中日韩三国首脑借在新加坡参加“10+3”领导人会议之机再次举行会晤，金大中总统建议将正在研究中的日韩自由贸易区扩展到中日韩三国。但是，由于中国当时正在为加入WTO进行最后冲刺，日本也从本国的实际利益出发而有所保留，因此两国都没有对该提议做出积极的响应。最终，三国仅就在贸易和投资领域进一步加强合作达成了一致意见。

进入21世纪以来，东亚地区日益密切的政治经济联系以及全球范围内区域经济合作浪潮的兴起促使中日韩经济一体化的呼声不断提高。2002年11月4日，在柬埔寨首都金边举行的中日韩领导人会晤中，中国向日韩两国提出了建立中日韩自由贸易区的构想，并建议先行开展民间联合研究，得到了日韩两国领导人的积极回应和支持。此后，三国的研究机构对建立中日韩自由贸易区的可行性进行了大量的分析和研究。

2003 年 10 月，在印度尼西亚巴厘岛举行的中日韩领导人会晤期间，中日韩三国首脑共同签署了《中日韩推进三方合作联合宣言》。该宣言强调中日韩合作是东亚合作的重要组成部分，三国政府是促进合作的主导力量，同时也鼓励工商界、学术界和民间团体的共同参与，从而为三国之间进一步加强经济一体化合作指明了方向。该宣言还对三国学术机构对中日韩自由贸易区的经济影响所取得的研究成果给予了充分肯定，但并没有就何时启动官方研究和正式会谈做出明确安排。因此，在此后的几年中，中日韩自由贸易区仍然仅限于民间研究，没有取得突破性的进展。

2007 年 1 月，中国、日本和韩国决定启动三国投资协定的正式谈判，以进一步促进三国之间的相互投资和经贸关系，并于同年 3 月举行了首轮谈判。在未来的中日韩自由贸易区框架下，投资将是一个非常重要的领域，尤其受到日韩两国的高度关注。因此，三国投资协定谈判的启动为沉寂了几年的中日韩自由贸易区进程注入了新的活力。

2008 年 12 月 13 日，在日本福冈举行的首次中日韩领导人峰会上，三国领导人共同签署了《中日韩合作行动计划》，明确了三国进一步开展合作的领域和优先措施。2009 年 10 月 10 日，在北京举行的第二次中日韩领导人峰会上，三国领导人一致同意尽快启动中日韩自由贸易区官产学联合研究，并就成立中日韩自由贸易区联合可行性研究委员会做出了指示。2009 年 10 月 25 日，第六次中日韩经贸部长会议在泰国举行，会后发表了第六次中日韩经贸部长会议联合声明，决定尽快落实三国领导人的指示，在 2010 年上半年启动中日韩自由贸易区的官产学联合研究。

2010 年 5 月 6～7 日，中日韩自由贸易区官产学联合研究第一次会议在韩国首尔举行。三国代表团通过了联合研究职责范围文件，决定每 3 个月举行一次会议，由三国轮流主办，并努力在 2012 年三国领导人峰会之前结束全部研究工作，为进一步深化三国经济利益，实现未来本地区经济一体化的目标做出贡献。至此，中日韩自由贸易区可行性研究从民间正式升级为政府参与和主导的形式，进展速度显著加快，自由贸易区的构想也开始由概念逐步走向现实。2010 年 9 月和 12 月，中日韩自由贸易区官产学联合研究第二次和第三次会议分别在日本东京和中国威海市举行，三国分别就关税、非关税措施、原产地规则、贸易救济、卫生与植物卫生措施、技术性贸易壁垒等涉及货物贸易的问题，以及服务贸易、投资和经济合作领域的有关议题充分交换了意见。

2011 年 3 月 11 日，日本发生了严重的地震和海啸灾害，但中日韩自由贸易区官产学联合研究并没有因此而停滞。2011 年 4 月，中日韩自由贸易区官产学联合研究第四次会议如期在韩国济州岛举行。三 国代表团开始针对研究报告各章节的案文进行实质性的磋商。

2011 年 5 月 22 日，第四次中日韩领导人峰会在日本东京召开，三国宣布将加快中日韩自由贸易区官产学联合研究的进度，定于年内完成全部可行性研究工作，并力争在 2012 年正式启动 FTA 谈判。此后，中日韩自由贸易区官产学联合研究第五次、第六次会议分别于 2011 年 6 月和 9 月在日本北九州市和中国长春市举行，三国代表团就研究报告中的货物贸易、服务贸易、投资和经济合作等各主要章节的案文基本达成了一致意见。

2011 年 12 月，中日韩自由贸易区官产学联合研究第七次会议在韩国江原道平昌郡举行。三国代表团对联合研究报告的具体细节进行了讨论和最后修订，并最终通过了联合研究报告。会后，三方签署联合声明，宣布从 2010 年 5 月开始的中日韩自由贸易区官产学联合研究正式结束，最终的研究报告将经过三国经济通商部长会议讨论后，于 2012 年 5 月在中国北京市举行的三国领导人会议上提交。此外，联合声明还为未来的中日韩自由贸易区谈判提出了四点具体建议：第一，应努力建设成为涵盖广泛领域的高水平自由贸易区；第二，应与 WTO 相关规则保持一致；第三，应本着互惠、均衡的原则，追求三方共赢；第四，应考虑各国的敏感产业和领域，并以建设性和积极的方式进行谈判。

自中日韩自由贸易区的设想被提出后，经历了理论研讨、民间研究和官方主导的复杂推进过程。官产学联合研究的结束标志着中日韩自由贸易区漫长的酝酿阶段正式告一段落，为三国展开实质性的自由贸易区谈判铺平了道路。

2012 年 5 月 13 日，第五次中日韩领导人会议在中国北京市举行。在会议上发表的联合宣言中，三国领导人对中日韩自由贸易区官产学联合研究的结论和建议表示欢迎，并支持三国经贸部长提出的年内启动中日韩自由贸易区谈判的建议。为此，三国将立即开始准备工作，包括启动国内程序和工作层磋商。

二、中日韩自由贸易区谈判的进展和面临的主要问题

2013 年 3 月，中日韩自由贸易区的首轮谈判在韩国首尔正式启动，三国对自由贸易区的机制安排、谈判领域及谈判方式等问题进行了广泛讨论，并决定后续轮次的谈判在三国轮流举行。此后，三国在纳入 FTA 框架的货物贸易、服务贸易、投资、竞争政策、电子商务、知识产权、政府采购、原产地规则、电信、金融、自然人移动、环境、合作等领域分别建立了工作组，在每轮谈判中分别开展磋商。此外，在各轮谈判期间，三国还举行了首席谈判代表会议和经贸部长会议，不断为谈判助力。表 4-8 列明了中日韩自由贸易区谈判的历程。

表 4-8　中日韩自由贸易区谈判历程

阶段	日期	地点	谈判内容
第一轮	2013 年 3 月	首尔	讨论了自贸区的机制安排、谈判领域及谈判方式等议题
第二轮	2013 年 8 月	上海	围绕货物贸易、服务贸易、原产地规则、竞争政策、知识产权、电子商务等议题进行磋商和交流
第三轮	2013 年 11 月	东京	围绕货物贸易、服务贸易、投资、竞争政策、知识产权等议题举行磋商
第四轮	2014 年 3 月	东京	就货物贸易的降税模式、服务贸易和投资的开放方式、协定的范围和领域等议题展开磋商
第五轮	2014 年 9 月	东京	就货物贸易的降税模式、服务贸易和投资的开放方式等议题进行了磋商，同意将电子商务、环境、合作纳入协定，并成立相应的工作组
第六轮	2015 年 1 月	东京	就货物贸易降税模式、服务贸易和投资开放方式及协定范围领域等议题进行磋商
第七轮	2015 年 4 月	首尔	就货物贸易、服务贸易、投资、协定范围领域等议题深入交换意见

续表

阶段	日期	地点	谈判内容
第八轮	2016 年 7 月	北京	就货物贸易、服务贸易、投资、协定领域范围等议题深入交换意见
第九轮	2016 年 1 月	东京	就货物贸易、服务贸易、投资、协定领域范围等议题深入交换意见
第十轮	2016 年 3 月	首尔	就货物贸易、服务贸易、投资、协定领域范围等议题深入交换意见
第十一轮	2017 年 1 月	北京	就货物贸易、服务贸易、投资等重要议题深入交换意见
第十二轮	2017 年 4 月	东京	先期举行了服务贸易、电信、金融服务、自然人移动、投资、竞争政策、知识产权、电子商务等工作组会议，就服务贸易管理措施进行了全面细致的政策交流，并就如何推动货物贸易、服务贸易、投资等重要议题取得更大进展深入交换意见
第十三轮	2018 年 3 月	首尔	举行了服务贸易、电信、金融服务等工作组会议，并就如何推动货物贸易、服务贸易、投资等重要议题取得更大进展深入交换意见
第十四轮	2018 年 12 月	北京	三方均认为随着 RCEP 谈判取得实质性进展，中日韩自由贸易区谈判提速基础已经具备，三方将在 RCEP 已取得的成果基础上探讨如何通过中日韩自由贸易区进一步提高贸易投资自由化水平
第十五轮	2019 年 4 月	东京	举行了首席谈判代表会议、司局级磋商和 13 个具体议题的分组会议，并就货物贸易、服务贸易、投资、规则等重要议题深入交换意见
第十六轮	2019 年 11 月	首尔	举行了司局级磋商，以及货物贸易、服务贸易、投资、竞争、电子商务、知识产权、政府采购和原产地规则等 11 个工作组会议，并就货物贸易、服务贸易、投资和规则等重要议题深入交换了意见

资料来源：根据中国自由贸易区服务网公布的相关信息整理，http://fta.mofcom.gov.cn/。

自 2013 年初起，中日韩自由贸易区谈判已历时 7 年，远远超过了原定的时间表，但是尚未取得根本性的突破。究其原因，中日韩自由贸易区的建立仍然面临着一些比较大的分歧和干扰因素。

从经济层面来看，中国、日本、韩国之间存在较高程度的垂直专业化分工，即日本生产核心元器件和关键材料，韩国生产高附加值零部件，中国生产中低附加值零部件和最终产品，主要目标市场是欧美发达国家。在这一分工方式和贸易格局之下，中日韩三国只要与欧美最终市场之间的贸易自由化程度加深，即便三国之间存在一定的关税壁垒，也可以将相关成本转嫁给欧美发达国家的最终消费者，企业仍然可从中获利。同时，目前中日韩三国均采取了中间产品关税税率低于最终产品的“阶梯型”税率结构，零部件贸易的壁垒并不高。三国还设立了综合保税区、自由贸易园区等海关特殊监管区域，大力发展加工贸易，进一步抵消了关税成本。上述因素将在一定程度上弱化中日韩自由贸易区贸易投资自由化的效应。

如何处理三国各自的敏感产业也是中日韩自由贸易区谈判中的主要难题之一。对日本和韩国而言，农业是谈判中最为敏感的领域。2013 年谈判启动时，中国农产品平均关税水平为 15.6%，日本为 19%（最高为 753%），韩国为 52.7%（最高为 887%）。长期以来，日本和韩国的农业保护程度较高，而且国内都有强大的利益集团，因此开放难度较大。中国是农业大国，农产品出口贸易额占外贸出口总额的比重较大，同日、韩相比具有优势。在中日韩自由贸易区谈判中，若日、韩两国不愿向中国开放其农产品市场，中国农产品的比较优势将无法进一步发挥，这将会使谈判难度大大增加。对中国而言，化工、汽车等资本技术密集型产业是谈判中的敏感产业，同日、韩相比，中国在这些产业的竞争力明显处于劣势。在自由贸易区谈判过程中，日、韩两国必然要求中国加快这些产业的市场开放步伐。上述敏感产业由于直接涉及相关利益团体的经济利益，往往容易引起较为激烈的反对，各方谈判团队灵活处理的空间相对较小。因此，如何应对国内利益团体的压力，合理安排中日韩自由贸易区相关敏感领域的关税减让、降税时间表和敏感产品过渡期，将是一个巨大的挑战。

此外，中国、日本、韩国在外资市场准入以及部分“边境后”议题上的立场仍存在分歧。当前，新一代自由贸易协定相关规则谈判的重点已经由商品贸易逐步转向服务贸易、投资，以及知识产权、环境、劳工标准等“边境后”议题。由于各方经济发展阶段和公共政策目标存在差异，各国在服务贸易和投资领域的负面清单差异仍然较大。“边境后”议题涉及诸多国内政策范畴，各方立场差异更大。日本作为 CPTPP 的主要引领国家，主张制订更为简化的服务贸易和投资负面清单，并倾向于将 CPTPP 框架下的“边境后”规则向中日韩自由贸易区“移植”。韩国和中国虽然也对在服务贸易和投资领域采取负面清单，以及在中日韩自由贸易区中引入部分“边境后”条款持开放态度，但很难全盘接受 CPTPP 的相关条款，和日本的利益诉求存在较大差异。

除了经济因素之外，中日韩自由贸易区谈判进程也不可避免地受到了政治、外交等因素的影响。众所周知，中国、日本、韩国之间存在多方面的历史遗留问题和领土争议。近年来，新的政治波折在三国之间时有发生，在客观上拖慢了中日韩自由贸易区的谈判进程。2019 年，日、韩两国爆发了贸易战，导火索仍是劳工赔偿这一历史遗留问题。此外，个别域外国家的地缘战略也对中日韩自由贸易区的谈判进程形成了干扰和掣肘。因此，三国必须进一步凝聚共识，使中日韩自由贸易区克服各种非经济因素的影响。

三、新形势下推进中日韩自由贸易区的重要意义

中国、日本、韩国经济综合实力强，相互之间的贸易投资联系紧密。中、日、韩三国分别是世界第二、第三、第十一大经济体，GDP 总量占全球 20%以上，占亚洲 70%以上。中国是日、韩两国最大的贸易伙伴，日、韩分别是中国第二、第三大贸易伙伴。三国的贸易合作空间大，产业互补性强。同时，中、日、韩三国在东亚的贸易投资整体格局中占据主导地位。2018 年，三国对外出口之和约占东亚地区总出口的 70%，进口占 67%，三国在东亚区内贸易占比接近 60%以上。在投资方面，中、日、韩三国吸引外来直接投资总额约占东亚整体的 40%，对外直接投资之和占东亚对外直接投资的 68%。显然，中日韩自由贸易区的建立对三国、亚太地区乃至世界的贸易投资自由化进程都将产生积极的推动作用。与此同时，随着国际和地区经济环境的演变，中日韩自由贸易区的重要意义将在新的层面得以体现。

从区域层面来看，东亚地区多年来凭借自身在高端零部件制造、加工组装能力等方面的综合优势，成为全球大三角循环的重要一极。需要指出的是，传统的东亚生产网络主要基于欧美发达国家市场开展内部分工，只需要依托各国在全球价值链不同环节上的比较优势就可以实现，客观上对区域内市场整合并不存在太多需求。然而，随着技术的迅速进步和东亚地区要素禀赋的变化，东亚地区必将成为全球最具潜力的市场，在未来的全球分工合作中将逐渐由供给方向需求方延伸。因此，中日韩自由贸易区的建立将成为促进东亚经济健康发展，提升发展质量的有效路径。进一步削减内部贸易投资壁垒，逐步构建商品、服务和要素自由流动的统一大市场，对于从需求侧为东亚地区经济增长注入中长期动力，实现东亚地区向高层次供需平衡，特别是区域内供需平衡跃升，适度减少东亚地区对外部经济的依赖，均具有十分重要的意义①。

从全球层面来看，近年来，贸易保护主义在全球范围内有所抬头，少数国家滥用关税、投资安全审查等工具，导致世界贸易和 FDI 发展明显放缓。根据 WTO 发布的数据，2018 年全球贸易量增速仅为 3.7%，较 2017 年（4.7%）显著下降。另据联合国贸易和发展会议于 2019 年 6 月发布的《2019 年世界投资报告》显示，2018 年全球 FDI 规模仅为 1.3 万亿美元，较 2017 年下降 13%，连续三年下滑，是国际金融危机爆发以来的最低水平。面对上述挑战，中、日、韩三国作为东亚经济总量排名前三的经济体，有必要通过中日韩自由贸易区的建立共同降低贸易投资壁垒，从而有效提升全球生产函数的可能性边界，为亚太区域经济一体化和多边贸易投资自由化进程注入新的驱动力。

此外，随着全球经济发展进入新阶段，WTO、国际货币基金组织（IMF）、世界银行三大传统治理机制已经不能完全适应当前的新形势，迫切需要进行变革。其中，WTO 现行机制难以有效协调发达国家和发展中国家的立场差异，在提升争端解决机制的有效性、进行更为合理的优惠安排，以及采取新型经贸合作方式等

① 李大伟，崔琳. 推进中日韩自贸区建设的具体思路[J]. 中国经贸导刊，2019（10）.

领域存在诸多不足，其改革的迫切性尤为突出。中、日、韩三国之间的经贸合作方式复杂多样，既包括水平型产业间分工、垂直型产业间分工及垂直专门化分工等传统方式，又包括协同创新、跨境电子商务、平台共享等新型合作方式，在很大程度上代表了全球经贸合作的未来发展方向。在未来的中日韩自由贸易区框架下，如果能够就商品贸易、服务贸易等传统议题，以及知识产权、环境、数字贸易、中小企业、价值链合作等新议题达成公平、透明、规范的新规则，将为相关领域的全球经贸规则谈判以及 WTO 改革提供良好的“样板”，也有助于构建良好的全球经济治理秩序。

第六节　中国在亚太地区推进实施自由贸易区战略的前景

实施自由贸易区战略是中国适应经济全球化和区域经济一体化新趋势的客观要求，也是积极参与国际经贸规则制订和全球经济治理的重要机遇。截至 2020 年 12 月，中国已先后签署了 16 个自由贸易协定，其中大多数位于亚太地区。这充分表明，亚太区域经济合作进程和中国实施自由贸易区战略之间具有紧密的内在联系，意义重大。因此，面对亚太地区多个大型自由贸易区的发展和影响，中国应该及时采取有针对性的策略和措施。

一、中国在亚太地区实施自由贸易区战略的意义

中国在参与自由贸易区方面起步较晚，但进展很快。2004 年以来，中国陆续与十余个地区和国家签订了自由贸易协定，其中新西兰、澳大利亚、韩国、智利、秘鲁、东盟等均是亚太地区的经济体。中国的自由贸易区伙伴之所以如此显著地集中在亚太地区，与中国多年来参与各个层次的亚太区域经济合作所打下的基础是密不可分的。

随着中国参与的自由贸易区数量不断增长，其涵盖的领域不断扩展，自由化

水平和经济效应也在逐步提升。为配合高质量的自由贸易区建设，中国自 2013 年起便在国内建立了自由贸易试验区，旨在深化国内经济改革，在服务贸易及投资等领域开展先行先试。自由贸易试验区的建设和经验推广对于中国加快自由贸易区战略的实施具有重要意义。中国在自由贸易协定谈判中的出价水平及贸易投资自由化承诺水平是与国内政策法规环境及改革开放深度密切相关的。随着国际贸易规则体系日趋全面和复杂化，贸易伙伴在自由贸易协定谈判中对中国的市场管理机制、贸易投资自由化和便利化水准也将提出更高的要求。因此，通过开展国内自由贸易试验区建设，在风险可控的前提下深化改革开放进程，并积累可供推广的经验，将有利于推进实施中国的自由贸易区战略。

近年来，伴随着中国宏观经济增长速度的逐步放缓，以及经济结构和增长方式的深化调整，中国经济步入发展的新常态阶段。在此阶段，中国的对外贸易、投资及区域经济合作都呈现出了不同以往的新特征，挑战与机遇并存。在这一背景下，加快实施自由贸易区战略有助于中国开拓稳定的国际市场，促进对外贸易结构及国内产业的转型升级，为投资的“走出去”和“引进来”提供更加公平、透明和便利的条件。

为此，中国国务院于 2015 年 12 月颁布了《关于加快实施自由贸易区战略的若干意见》（下文简称《意见》），就如何在经济新常态条件下加快实施自由贸易区战略做出了具体规划安排，其主要内容包括总体要求、战略布局、加快建设高水平自由贸易区、健全保障体系、完善支持机制以及加强组织实施等。

《意见》明确了中国在下一阶段加快实施自由贸易区战略的指导思想，即坚持使市场在资源配置中起决定性作用和更好发挥政府作用，坚持统筹考虑和综合运用国际国内两个市场、两种资源，坚持与推进共建“一带一路”和国家对外战略紧密衔接，坚持把握开放主动和维护国家安全，逐步构筑起立足周边、辐射“一带一路”、面向全球的高标准自由贸易区网络。根据这一指导思想，未来中国的自由贸易区体系的建设布局将分为以下三个层次：

第一，加快在周边地区构建自由贸易区。力争与所有毗邻国家和地区建立自由贸易区，不断深化经贸关系，构建合作共赢的周边大市场。

第二，积极推进构建“一带一路”沿线的自由贸易区。结合周边自由贸易区建设和推进国际产能合作，积极同“一带一路”沿线国家商建自由贸易区，形成“一带一路”大市场，将“一带一路”打造成畅通之路、商贸之路、开放之路。

第三，逐步形成全球自由贸易区网络。争取同大部分新兴经济体、发展中大国、主要区域经济集团和部分发达国家建立自由贸易区，构建金砖国家大市场、新兴经济体大市场和发展中国家大市场等。

同时，《意见》就加快实施自由贸易区战略提出了八项主要措施，具体包括：第一，提高货物贸易开放水平；第二，扩大服务业对外开放；第三，放宽投资准入；第四，推进规则谈判；第五，提升贸易便利化水平；第六，推进规制合作；第七，推动自然人移动便利化；第八，加强经济技术合作。从中国已签署自由贸易协定的具体承诺来看，上述八个领域的内容不仅是中国开展自由贸易协定谈判所必然涉及的重点领域，也是目前国际及地区贸易规则体系的主要内容。

显然，《意见》是针对中国在新时期全方位加快实施自由贸易区战略所做出的新的顶层设计，具有丰富的政策内涵，其目标导向更加明确，实施路径更加清晰，可以为中国推进高水平自由贸易区建设提供全新的指导。需要强调的是，《意见》的实施与中国参与亚太区域经济一体化进程有着密切的内在联系。

一方面，亚太区域经济一体化进程有助于实现中国自由贸易区战略的区位布局目标。从《意见》确立的区位布局来看，中国近期将加快正在进行的自由贸易区谈判进程，积极推动与周边大部分国家和地区建立自由贸易区，使中国与自由贸易伙伴的贸易额占中国对外贸易总额的比重达到或超过多数发达国家和新兴经济体的水平，中长期的目标是形成包括邻近国家和地区、涵盖“一带一路”沿线国家以及辐射五大洲重要国家的全球自由贸易区网络，使中国大部分对外贸易、双向投资实现自由化和便利化。依据上述区域布局，亚太地区显然是中国实施自由贸易区战略的重点区域。近期，中国-新西兰自由贸易区的升级谈判顺利完成，中日韩自由贸易区、中国-巴拿马自由贸易区的谈判将加快推进，中国-秘鲁自由贸易区、中国-智利自由贸易区的升级谈判也将全面提速。从中长期来看，亚太地区将是中国在南亚、中亚、东欧、南美和东非推进“一带一路”倡议和构建全球自由贸易区网络的必经之地和战略枢纽，亚太区域经济一体化水平的不断提高对中国实现自由贸易区战略的布局显然是有利的。

另一方面，亚太区域经济一体化进程有助于中国实现构建高水平自由贸易区的目标。从内容来看，关于加快建设高水平自由贸易区的表述在《意见》中所占篇幅最长，相关指导意见也最为具体，充分表明“高水平”已成为中国实施自由贸易区战略的“主旋律”。《意见》不仅在市场准入方面明确提出有序推进以准入前国民待遇和负面清单模式开展谈判，而且还针对如何在知识产权、环境、电子商务、竞争政策、政府采购等领域推进规则谈判做出了明确指示。由此可见，中国将以更加积极的姿态参与高水平自由贸易区建设，并使其成为中国在全球经济治理和国际经贸规则制订中提升话语权的重要平台。在亚太地区，以 CPTPP、RCEP 为代表的自由贸易协定涉及领域广泛，自由化水平高，并且将对国际贸易投资规则体系的重构产生重要影响。中国在未来的亚太区域经济一体化合作进程中能发挥怎样的引导力和建设性作用，不仅仅取决于中国参与区域政治经济战略博弈的能力，也在很大程度上取决于中国推进高水平自由贸易区建设的意愿和实际能力。因此，中国应该以《意见》的出台为契机，力争使参与高水平的自由贸易区和亚太区域经济一体化进程形成相辅相成、相互促进的效果，并在未来的自由贸易谈判中以更富前瞻性的眼光主动适应高水平的经贸规则。

二、中国在亚太地区推进自由贸易区战略的策略和建议

1. 积极推进实施升级版中国-东盟自由贸易区

建设升级版中国-东盟自由贸易区是推动中国与东盟关系发展的重要助力，对于更好地实施 RCEP 也具有重要意义。因此，中国应该通过加快落实升级版中国-东盟自由贸易区深化与东盟之间的合作，增强双方的战略互信，降低产品和服务的关税与非关税壁垒，为区域内的人流、物流、资金流和信息流的流通提供便

利条件，形成货物、服务、资本、劳动和技术自由流通的统一市场。同时，应该在中国-东盟自由贸易区框架下加快基础设施建设和全方位互联互通，尽快形成较高水平的区域经济一体化新格局。

2．通过中日韩自由贸易区建设深化东北亚区域经济一体化

中、日、韩三国深化合作，对于维护地区和平稳定、推动东亚和亚太区域经济一体化进程、构建开放型世界经济具有重要意义。2018 年是中日韩领导人会议在“10+3”框架外举行十周年，2019 年则是中日韩合作二十周年。虽然目前中、日、韩之间在政治和外交层面存在一些问题，但三国对于维护以规则为基础的多边自由贸易体系、反对保护主义有着较高程度的共识。因此，中国应推动三国从大局出发，加强政治互信，充分利用三国在经济中的互补性，深化贸易合作，在促进东亚区域经济一体化方面形成合力。

尤其需要强调的是，在当前全球和区域经济格局大调整的背景下，中日韩自由贸易区的推进是三国利益的契合点所在，不仅能够为三国带来巨大的经济利益，也向国际社会传递其坚定维护开放型世界经济、反对贸易保护主义的共同立场。因此，加速推进中日韩自由贸易区谈判，充分发挥三国的经贸合作这一“稳定器”作用，对三国而言都是明智的策略选择。从前景来看，中、日、韩三国应在 RCEP 现有成果的基础上，进一步提高规则标准，提升域内的贸易自由化水平，最终将中日韩自由贸易区打造成一个“RCEP+”的全面、高水平、互惠的自由贸易协定。

3．加快推进已生效双边自由贸易协定的升级和实施

中国已先后与新西兰、新加坡、澳大利亚、韩国签署了双边自由贸易协定。推动上述双边自由贸易协定的升级谈判，不仅有助于中国进一步密切与自由贸易区伙伴国的经贸关系，也可以使多个双边自由贸易协定机制和 RCEP 实现不同层次战略目标的统筹，通过各个机制之间的良性竞争，起到相辅相成和相互促进的作用。

中国-新西兰自由贸易协定于 2008 年生效，于 2016 年 11 月启动自由贸易协定升级谈判。2019 年 11 月 4 日，中国和新西兰宣布正式结束两国之间的自由贸

易协定升级谈判。新的协定对原有的海关程序与合作、原产地规则和技术性贸易壁垒等章节进行了进一步升级，新增了电子商务、环境与贸易、竞争政策和政府采购等章节。双方还在服务贸易和货物贸易市场准入、自然人移动和投资等方面做出了新的承诺。中国-新西兰自由贸易协定是中国与发达国家签订的第一个自由贸易协定，也是与发达国家完成升级谈判的第一个自由贸易协定。下一阶段，中国应该积极推进实施升级后的中国-新西兰自由贸易协定，为其他双边自由贸易协定升级谈判起到良好的示范作用。

中国-新加坡自由贸易协定于 2009 年 1 月生效，升级谈判于 2015 年 11 月启动。2018 年 11 月，中国和新加坡宣布结束双边自由贸易协定的升级谈判，升级版的中国-新加坡自由贸易协定于 2019 年 10 月 16 日生效[①]。新的协定对原产地规则、海关程序与贸易便利化、贸易救济、服务贸易、投资、经济合作六个领域进行了升级，并新增了电子商务、竞争政策和环境三个章节。新加坡是第一个与中国签订双边自由贸易协定并完成升级谈判的东盟成员，中国应以此为范例，在自由贸易协定框架下进一步深化与其他东盟成员的经济一体化合作。

中国-韩国自由贸易协定于 2015 年 12 月正式生效。2017 年 12 月，两国签署了谅解备忘录，正式启动中韩自由贸易协定第二阶段谈判。值得注意的是，中国在自由贸易协定第二阶段谈判中首次使用了负面清单方式进行服务贸易和投资谈判。今后中国应加快推进谈判，使负面清单制度进一步与国际衔接，为中国参与高水平自由贸易区建设奠定更为坚实的基础。

4．积极推动对外开放领域的供给侧结构性改革，提升中国的“硬实力”

面对不断加深的区域一体化合作趋势，中国需要不断扩大开放领域，提高开放水平，为参与高质量的自由贸易区创造良好的国内条件。为此，中国应推动对外开放领域供给侧结构性改革，进一步加快产业结构调整，培育有国际竞争力的新产业，提升科技对经济发展的驱动力，不断提升中国在国际合作与分工格局中

① 中国和新加坡双方商定，“升级议定书”涉及的原产地规则调整将于 2020 年 1 月 1 日起实施。

的地位。具体而言，中国应采取如下措施：一是要走以创新驱动的外贸发展之路，加快国内产业结构调整优化升级，从而更好地应对国内商品及服务市场开放后面临的冲击；二是要创新跨境电子商务、发展数字贸易等新型生产性服务贸易，利用“互联网+”改善国内货物贸易及服务贸易营商环境，促进贸易便利化；三是要营造公平、透明的投资环境，扩大高端制造业的投资开放，鼓励外资企业设立研发平台，以投资开放促进国内企业融入全球价值链；四是要积极实施“走出去”战略，淘汰落后产能，实现对外投资从以能源资源为主转变为以制造业、服务业为主；五是以推进自贸试验区为突破口，深化“放、管、服”改革，推动相关体制规则与国际通行或国际高标准规则接轨。

第五章　亚太自由贸易区的发展进程和趋势分析

亚太自由贸易区（Free Trade Area of the Asia-Pacific, FTAAP）是在 APEC 框架下提出的宏伟构想，其目标是建立涵盖整个亚太地区的大型自由贸易安排。如果 FTAAP 最终得以建成，将成为世界范围内经济规模最大的自由贸易区，从而对亚太区域经济一体化进程乃至世界贸易格局产生重要的影响。目前，FTAAP 仍处于推进过程之中，其发展前景值得高度关注。

第一节　亚太自由贸易区设想的提出和早期发展

APEC 自 1989 年成立伊始，尤其是 1994 年确立茂物目标之后，始终致力于推进亚太地区的贸易投资自由化进程。随着各成员的关税和非关税水平逐步降低，较为容易实现自由化的部门和领域都已经逐渐达到开放的要求，其他敏感度较高的部门和领域在市场开放方面则面临着较大的困难。但是，APEC 作为一个论坛性质的区域经济合作组织，其非约束机制很难推动成员在敏感领域做出更多的承诺。而且，在确定茂物目标时，考虑到各成员的多样性，APEC 未对贸易投资自由化的概念做出明确的界定。例如，就关税而言，究竟是“零”关税还是东盟国家所理解的 0～5%关税，APEC 并没有做出明确的回答。涉及非关税壁垒、服务贸易和投资自由化等领域的目标则更难以量化。各成员的单边行动计划普遍缺乏细化，不能有效引导贸易投资自由化中长期目标的实施，其结果是 APEC 贸易投资自由化总体进程放缓。

由于自身存在机制方面的限制，APEC 要想在贸易投资自由化方面有更大进展，促成茂物目标的实现，借助 WTO 框架下的多边贸易谈判进程仍是最为可行和有效的途径。但是，WTO 多哈回合谈判在 2001 年正式启动之后不久，就因谈判各方在农业和非农产品市场准入问题上存在严重分歧而陷入了进退维谷的困境，使得 APEC 的贸易投资自由化进程失去了外部的驱动力。在这种情况下，越来越多的 APEC 成员将参与区域自由贸易安排视为有效促进对外贸易和投资的次优选择。

面对 APEC 贸易投资自由化进程所面临的挑战，学术界提出了三条改革路径。第一条路径是对“APEC 方式”进行循序渐进的改革，并适当加强对 APEC 的监督和评估机制，目的是对各成员的单边行动计划施加一定的压力，逐步提升 APEC 贸易投资自由化合作的实效性。第二条路径是逐步用“约束性的 APEC”取代“自愿性的 APEC”，即通过谈判的方式在成员间就贸易投资自由化问题达成法律协议，利用法律约束力来推进亚太地区的自由化进程。第三条路径是在亚太地区各种自由贸易安排不断衍生的背景下，充分发挥 APEC 的“孵化器”作用，制订出一个全新的、更加稳定和有效的制度性框架。这不仅有助于维护 APEC 在亚太区域经济一体化进程中的引领地位，也可以保持各成员在贸易投资自由化和便利化合作领域的凝聚力。正是基于第三条路径的思路，建立 FTAAP 的设想应运而生。

建立 FTAAP 的构想最先由 APEC 学术界于 2003 年提出，并得到了以 APEC 工商咨询理事会为代表的工商界的积极响应和支持。APEC 工商咨询理事会委托学者撰写了建立 FTAAP 的民间可行性研究报告，并于 2014 年 11 月在智利圣地亚哥举行的 APEC 领导人非正式会议上提交。APEC 领导人对该报告表示关注和欢迎，但并未对建立 FTAPP 的建议做出实质性的回应。

2005 年，APEC 工商咨询理事会为了进一步扩大 FTAAP 倡议的声势，决定委托太平洋经济合作理事会作为项目组织和实施者，召集来自美国、日本、中国、新西兰、新加坡和印度尼西亚等 APEC 成员的 9 名学者组成专家小组，对加入

FTAAP 的成本与收益、可能遇到的问题与障碍等进行多视角、多维度的政治经济分析。

2006 年 10 月，太平洋经济合作理事会汇总了专家们的研究报告并正式出版。报告指出，FTAAP 的目标是建立面向所有 APEC 成员的自由贸易区，自由贸易区内的独立经济体之间通过达成协议、相互取消进口关税和开放市场等措施，形成经济一体化组织，但成员仍各自保持对区域外的关税和限制，以及对内、对外经济政策的独立性。作为专家组的牵头人，美国国际经济研究所所长弗雷德·伯格斯滕（Fred C. Bergsten）是 FTAAP 的积极推动者，他的观点代表了大多数专家的立场和态度，他认为建立 FTAAP 可以带来以下多个方面的收获：第一，为实现茂物目标注入活力和动力，从实质上推动 APEC 的贸易自由化进程；第二，推动陷于停滞状态的多哈回合谈判，成为多边贸易体制的“催化剂”；第三，为多哈回合失败做替代性的准备，即所谓的“方案 B”；第四，能够实现巨大的自由化福利效应；第五，阻止 APEC 地区自由贸易安排泛滥的趋势，将其统一于单一的区域协定框架下，从而规避不同原产地规则带来的高额交易成本；第六，阻止东亚自由贸易区或类似的贸易集团的形成，从而避免 APEC 分裂成东西两个内向型的板块或恶性竞争的贸易集团；第七，化解中美经贸关系中的不利因素，特别是中美双边贸易失衡问题[①]。同时，也有多位专家在报告中指出，由于各种政治经济因素的制约，FTAAP 在未来的推进过程中将不可避免地面临各种挑战和阻碍，这就需要 APEC 各成员，特别是实力较强的成员做出强有力的政治决定。

该报告于 2006 年 11 月在越南河内举行的 APEC 领导人非正式会议上提交。在此次会议上，APEC 领导人首次就 FTAAP 问题做出了回应和指示，同意将 FTAAP 作为一个远景议题加以研究，并要求 APEC 高官会将研究结果在 2007 年的领导人非正式会议上进行报告。2007 年 9 月，APEC 第十五次领导人非正式会议在澳大利亚悉尼召开，会议上发表的 APEC 经济领导人宣言中提到：我们通过

① PECC. ABAC. An APEC Trade Agenda? The Political Economy of a Free Trade Area of the Asia Pacific, 2006.

一系列务实和渐进的步骤，将对 FTAAP 模式的选择和前景进行研究。

2010 年，APEC 领导人非正式会议发表了《领导人宣言：茂物及后茂物时代的横滨愿景》，其中特别强调："我们将朝着实现 FTAAP 采取具体行动，以推进 APEC 区域经济一体化。FTAAP 应是一个全面的自由贸易协定，可建立在推进'10+3''10+6'、TPP 等现有域内自贸安排的基础之上。"2011 年，APEC 领导人在《檀香山宣言——迈向紧密联系的区域经济》中再次强调，FTAAP 是应对下一代贸易和投资问题，并深化亚太地区经济一体化的主要渠道。

2012 年，APEC 领导人非正式会议宣言指出，应继续发挥 APEC 的"孵化器"作用，为实现 FTAAP 提供具体指导和智力支持。同时，APEC 领导人还批准启动第一期 FTAAP 能力建设行动计划框架，重点是帮助 APEC 发展中成员提高参与 FTAAP 未来谈判的能力。在 2013 年召开的 APEC 印度尼西亚会议上，领导人们强调了 APEC 应在信息共享、透明度和能力建设方面发挥重要协调作用，并针对现有自由贸易安排开展政策对话，同时提升各经济体参与实质性谈判的能力，为 FTAAP 的构建奠定更加坚实的基础。

第二节　亚太自由贸易区议题的新进展

一、APEC 北京会议对 FTAAP 议题的推进

2014 年，中国作为 APEC 会议的东道主，再次将 FTAAP 问题列为亚太区域经济一体化领域的重要议题，旨在通过 FTAAP 的启动及建设，增强亚太地区经济合作的凝聚力，避免地区一体化进程出现碎片化和分裂的局面。

在 2014 年 2 月举行的 APEC 第一次高官会期间，中国向 APEC 贸易投资委员会提交了题为"加强 APEC 地区经济一体化框架文件"的议案，建议在已有成果基础上采取渐进方式逐步推进建成 FTAAP，并制订 FTAAP 建设的"路线图"，启动 FTAAP 的可行性研究。这一倡议受到了 APEC 各成员的普遍关注。为此，

中国和美国同意共同组建和领导“加强区域经济一体化和推动 FTAAP 主席之友小组”（简称“主席之友小组”），专门负责推进此项工作。此外，APEC 贸易投资委员会还以主席报告附件形式发布了“主席之友小组工作计划”，具体列出了主席之友小组针对 FTAAP 建设考虑解决的主要问题，以及该小组 2014 年计划完成的工作，供各成员讨论并提出建议。在 2014 年 5 月召开的 APEC 第二次高官会及贸易部长会议期间，各成员再次就推进 FTAAP 问题展开了深入讨论。随后发表的 APEC 贸易部长会议声明对 FTAAP 议题给予了高度肯定，并提请 APEC 领导人对实质性推进 FTAAP 做出新的指示。

2014 年 11 月，APEC 第二十二次领导人非正式会议在北京召开，会议包括三大主题：推动亚太区域经济一体化；促进经济创新发展、改革与增长；加强全方位基础设施与互联互通建设。其中，推进 FTAAP 是亚太区域经济一体化议题讨论的焦点，也是此次会议最受关注的预期成果之一。最终，在中国的积极推动下，FTAAP 议题取得了颇具里程碑意义的成果。会议发表的《北京纲领：构建融合、创新、互联的亚太——亚太经合组织第二十二次领导人非正式会议宣言》充分肯定了以 APEC 作为孵化器将 FTAAP 从愿景变为现实的重要性，并以附属文件的形式发布了《亚太经合组织推动实现亚太自贸区北京路线图》。根据该路线图，APEC 领导人达成的共识包括：APEC 的关键宗旨仍是以规则为基础的多边贸易体制，建设 FTAAP 的前提是支持多边贸易体制，并为其提供有益补充；FTAAP 应该是全面的、高质量的，并包含“下一代”贸易和投资议题；2020 年实现茂物目标仍然是 APEC 的核心目标，FTAAP 不会取代茂物目标，而是成为亚太地区经济一体化与促进贸易投资自由化的重要驱动力；FTAAP 与 APEC 是平行关系，将在 APEC 框架外实现。与此同时，作为 FTAAP“孵化器”的 APEC 将继续保持其非约束性和自愿原则，为实现 FTAAP 提供领导力和智力投入；FTAAP 应使区域贸易安排大量衍生所带来的负面影响最小化，并建立在已有和正在谈判中的区域贸易安排基础之上。因此，APEC 各成员应付出更大努力，结束 FTAAP 的可能路径谈判；APEC 应继续进行有效的、针对发展中经济体的经济技术合作与能力建设，重点包括体制改革、人力资源和中小企业发展等领域，协助 APEC 经济体加入正在建设中的区域构想，为实现 FTAAP 做好准备。基于以上共识，APEC 各成员同意采取以下行动：

第一，在已有工作基础上，就实现 FTAAP 的有关问题启动联合战略研究。研究内容包括经济和社会成本收益分析、区域内多边和双边贸易安排盘点、分析实现 FTAAP 的可能路径、评估“意大利面碗效应”的影响、分析贸易投资壁垒、明确各经济体在建设 FTAAP 进程中将面临的挑战，并在上述研究的基础上提出政策建议。研究将由主席之友小组牵头，并与 APEC 政策支持小组（Policy Support Unit，PSU）、APEC 工商咨询理事会、太平洋经济合作理事会、各经济体的 APEC 研究中心和其他对此感兴趣的利益攸关方开展合作。研究进展将向 APEC 贸易和投资委员会和高官会议定期汇报，并于 2016 年底之前将最终报告与建议提交给 APEC 部长会议和领导人非正式会议。

第二，通过推进 APEC 的自由贸易协定信息共享机制，提高已签订自由贸易协定的透明度。APEC 的自由贸易协定信息共享机制将成为 WTO 对区域贸易安排的透明化机制的重要补充，主席之友小组每两年将对这一机制的有效性进行核查，并向 APEC 贸易部长会议、APEC 部长级会议和领导人非正式会议提交报告。

第三，在第二期 FTAAP 能力建设行动计划框架的指导下，继续开展针对发展中成员经济体的能力建设。APEC 高度肯定 2012－2014 年间实施的第一期能力建设行动框架所取得的成果，并鼓励更多的经济体参与到针对具体领域的能力建设项目中来。APEC 将定期审议第二期能力建设计划的进展，以提升经济体参与现有的和正在建设中的亚太区域贸易安排和 FTAAP 的能力。

第四，加速“边界上”贸易自由化和便利化、改善“边界后”商业环境、增强“跨边界”区域互联互通。具体的实施领域包括：投资、服务、电子商务、原产地规则、全球价值链和供应链联接、海关合作、环境产品和服务、监管一致性以及其他“下一代”贸易投资议题。

二、FTAAP 联合战略研究的完成

2014 年 APEC 北京会议之后，落实《亚太经合组织推动实现亚太自贸区北京路线图》成为 APEC 议程的重要工作之一。2015 年 2 月，APEC 第一次高官会在菲律宾苏比克举行。此次会议决定正式启动 FTAAP 联合战略研究，并批准了 APEC 贸易投资委员会拟定的 FTAAP 联合战略研究的工作计划，该工作计划的主要内容如下：

- 由主席之友小组牵头设立联合战略研究的撰写小组，开展具体章节的研究和撰写工作（研究报告具体章节和牵头成员分工参见表 5-1）。
- 撰写小组根据工作规划时间表，按步骤完成研究报告的启动、资料收集、写作、修改、定稿等环节。
- 中国和美国作为主席之友小组的联合主席和撰写小组的联合召集人，主要职责包括：明确撰写小组成员的任务分工和组织、主持研究报告的撰写、最终报告的定稿与校对等。
- 撰写小组将在研究报告的写作和修改过程中，寻求 APEC 政策支持小组、APEC 工商咨询理事会、太平洋经济合作理事会和各经济体 APEC 研究中心等机构的学术支持。
- 根据撰写小组的研究报告，主席之友小组将定期向 APEC 贸易投资委员会、APEC 高官会、APEC 贸易部长会议汇报进展，并寻求工作指导。

2015 年 11 月 16－17 日，APEC 部长级会议在菲律宾马尼拉召开。在会后发表的会议声明中，APEC 部长们高度评价了 FTAAP 联合战略研究撰写小组的成立，期待 2016 年底前能够完成一份全面的研究报告。此外，部长们还指示要大力推进实施第二期 FTAAP 能力建设行动计划框架（2015－2017 年），并设立“促进 FTAAP 及全球价值链创新”基金项目。随后，在 2015 年 11 月 18－19 日举行的第二十三次 APEC 领导人非正式会议上，各成员领导人再次强调要继续全面推进《亚太经合组织推动实现亚太自贸区北京路线图》，按时完成 FTAAP 联合战略研究，建立更为完善的信息共享机制，并期待能够在2016年于秘鲁利马举行的APEC

领导人非正式会议上提交联合战略研究的最终成果和相关建议。

表 5-1　FTAAP 联合战略研究报告的章节内容及牵头成员分工

章节	章节标题	牵头成员
第一章	概述：研究背景、目标、结构和其研究方法	中国、美国
第二章	APEC 区域经济发展现状的评述	澳大利亚
第三章	“下一代贸易与投资”议题	日本
第四章	影响贸易及投资的障碍与政策措施	新西兰
第五章	盘点亚太地区现有的自由贸易安排：一致性与差异性	美国
第六章	盘点 APEC 推动 FTAAP 实现的已有行动与成果	中国
第七章	对 FTAAP 其他相关研究成果的更新	韩国
第八章	盘点目前正在推进中的 FTAAP 各种潜在路径	加拿大、秘鲁
第九章	FTAAP 面临的机遇、挑战及未来行动建议	中国、美国
附件	综述现有的 FTAAP 相关文献	

2016 年 1 月，撰写小组各成员按时完成并提交了 FTAAP 联合战略研究各章节的初稿，并在撰写小组中广泛征求了修改意见。此后，中国和美国作为撰写小组的联合召集人，在 APEC 政策支持小组的技术协助下，整理了所有章节的初稿和修改意见，并起草了 FTAAP 联合战略研究的第二稿。

2016 年 5 月，APEC 第二次高官会和贸易部长会议相继在秘鲁阿雷基帕举行。FTAAP 联合战略研究撰写小组将修改后的第二稿提交给主席之友小组审议。中国和美国作为主席之友小组的联合主席，共同起草了 FTAAP 联合战略研究报告的第九章（政策建议部分），并向 APEC 高官会和 APEC 贸易部长会议报告了工作进展情况。APEC 贸易部长会议重申了推进 FTAAP 是最终实现 APEC 茂物目标的重要方式，要求 APEC 高官们领导相关工作组努力在 2016 年底之前提出实现 FTAAP 的具体实施计划和方案。

最终，2016 年 11 月在秘鲁首都利马举行的 APEC 第二十四次领导人会议批准了《亚太自贸区集体战略研究报告》，该报告的主要内容包括：

● 回顾了 APEC 自建立以来的发展历程，高度赞扬了 APEC 作为世界第一大区域经济体为经济全球化做出的贡献。

● 强调 FTAAP 的实现离不开 APEC 经济体的核心能力建设和经济技术合作的支持，总结了 APEC 为 FTAAP 的实现曾做出的初步尝试和阶段性成果，进一步明确把实现 FTAAP 作为下一阶段亚太区域经济一体化的主要目标。

● 全面系统地盘点梳理了 APEC 范围内的各类自由贸易安排在各谈判领域的共同点与分歧点，指出 FTAAP 的实现在贸易和投资领域仍存在较大阻力，尤其是量化分析了“意大利面碗效应”将给 FTAAP 的最终实现带来的挑战。

● 通过详细对比 2008 年和 2016 年 APEC 范围内的自由贸易安排在各谈判领域的承诺水平和减让程度的差异，肯定 APEC 在处理“新一代”贸易议题和通过次区域 FTA 促进供应链合作等方面所做出的努力。

● 通过对 TPP 和 RCEP 现有谈判成果的梳理，重申将 TPP 和 RCEP 作为 FTAAP 可能的实现路径，并表示欢迎其他区域一体化协定为推动 FTAAP 的实现提供经验。

● 量化评估了 FTAAP 潜在的经济影响和社会效益，揭示出 FTAAP 的实现将为各国带来的福利效应。

在此次会议上，APEC 领导人还单独发布了《利马宣言》，再次重申“以全面、系统的方式推动 FTAAP 的最终实现，并以此作为进一步深化 APEC 区域经济一体化的主要手段”，并指示官员们“制订并落实逐步实现 FTAAP 的工作计划”。《利马宣言》涵盖了一系列关于 FTAAP 的重要共识，主要包括：

● 在目标与原则方面，承诺 FTAAP 将以全面、系统的方式与 APEC 进程平行推进，并在 APEC 框架外实现，APEC 将发挥“孵化器”的作用，同时 FTAAP 要实现高质量的贸易投资自由化，特别是包含“下一代”贸易投资议题。

● 在实现路径方面，FTAAP 应建立在 TPP、RCEP 及其他可能的区域一体化协定的基础上，APEC 各成员经济体应在 2020 年以前进行关于 FTAAP 实现路径的评估，找出 FTAAP 实现进程中最具挑战的领域。

● 在优先领域方面，APEC 各成员经济体将在关税、非关税措施、服务、投资、原产地规则五个领域着手制订工作方案，帮助各经济体缩小差异与建立共识，此类工作将通过 APEC 相关机制实现，并从 2018 年起列入 APEC 年度工作计划。

● 在合作与报告机制方面，将积极听取 APEC 工商咨询理事会和太平洋经济合作理事会对 FTAAP 的建议，推进 FTAAP 工作报告机制，明确 APEC 贸易投资委员会是落实政策建议的主要机构，并要求其在 2017 年制订落实政策建议的工作计划，将工作进展报告分别于 2018 年和 2020 年与茂物目标进展报告一起提交给 APEC 领导人会议。

2017 年 5 月 21 日，第二十三届 APEC 贸易部长会议在越南河内召开，会后发表宣言指出："为了实现利马峰会所提出的 FTAAP 目标，欢迎各经济体制订一个多年期的工作计划，以推进一系列与关税、非关税措施、新一代贸易投资议题、服务、投资和原产地规则等问题相关的技术性工作和初步尝试，希望各经济体在 2017 年底完成这项工作计划。"中国在与会期间提交了《关于 APEC"后 2020"贸易投资合作愿景的非文件》，呼吁 APEC 经济体共同树立"共商、共建、共享"的区域合作新理念，推动实现全面、高质量的 FTAAP，构建全方位贸易互联互通网络，打造更具包容性的亚太全球价值链，培育新的经济增长源泉，得到了与会各方的积极响应。这标志着 FTAAP 建设已经走入务实的轨道。

第三节　亚太自由贸易区未来发展的前景分析

FTAAP 的建立将有助于从根本上解决亚太地区自由贸易安排大量衍生而引发的"意大利面碗"效应，在亚太地区建立起一个完整的、高水平的区域经济一体化合作框架，意义非常重大。但是，尽管 APEC 已经完成了 FTAAP 联合战略研究，客观来说，FTAAP 目前仍然停留在“倡议”性质的阶段，尚未启动正式谈判。由于 FTAAP 面临着涉及的经济体众多、经济发展水平差异大、谈判议题不确定、受经济和地缘政治因素干扰大、成员利益诉求各不相同等多种因素的影响，其未来发展前景仍存在较大的不确定性。

一、推进 FTAAP 所面临的主要问题和挑战

就 FTAAP 所面临的问题和挑战而言，首先，APEC 各成员目前对于实质性推进 FTAAP 的态度与立场仍然不一致。中国在 2014 年的北京 APEC 会议上协调各方立场，推动会议达成了《亚太经合组织推动实现亚太自贸区北京路线图》（简称“北京路线图”）。因此，中国始终积极倡导落实“北京路线图”，力争使 FTAAP 不断取得阶段性的实质进展。对于日本、澳大利亚、新西兰等已加入 CPTPP 的 APEC 成员而言，如果能够参照 CPTPP 的高标准建立一个泛亚太地区的自由贸易协定，显然是乐见其成的。东盟的多数 APEC 成员则倾向于首先达成 RCEP，作为未来 FTAAP 的基础。作为 APEC 乃至世界最大的经济体，美国目前则对 FTAAP 持不置可否的态度，转而将重心放在双边自由贸易区上，力图为本国争取更多的经济利益。因此，在主要 APEC 成员的立场基本达成一致之前，实质性启动 FTAAP 磋商或谈判存在较大困难。

其次，实现 FTAAP 的各种路径选择仍存在许多变数。APEC 成员具有显著的多样性，FTAAP 的建立给每个成员所带来的影响是不同的。因此，FTAAP 设想能否实现的重要前提之一是确定一条能够被 APEC 成员广泛接受的推进路径。学术界讨论过的路径方案包括谈判达成一揽子协定、“21-X”、现有自由贸易区扩员或整合等。在上述路径中，APEC 全部成员共同加入谈判，最终达成一揽子协定的方案可以确保所有成员“不掉队”，但是谈判成本相对而言是最高的，谈判过程也会比较漫长。所谓“21-X”方案是指 APEC 成员不必同时加入 FTAAP，而是由具备条件的成员先加入，其他暂时不具备条件的成员在条件允许时再加入。与一揽子协定方案相比，这一方案的优势在于能够尽量减少 FTAAP 在启动阶段的

矛盾和成本。但是，实行“21-X”方案的关键是促使 APEC 重要成员率先加入 FTAAP，并吸引更多的成员陆续加入。如果这一问题得不到有效解决，那么未来的 FTAAP 将只能成为亚太地区复杂的自由贸易区网络中的又一部分，其预期影响将会大打折扣，更无法对地区内的其他自由贸易区进行整合和替代。对于现有自由贸易区进行扩员或整合的路径而言，CPTPP 和 RCEP 被认为是最具可行性的渠道，但二者目前进度不同，标准也存在差异，背后的主导权之争也将经历复杂的博弈过程。

最后，推进实现 FTAAP 面临诸多具体的技术性问题。具体而言，APEC 成员应该就贸易自由化的涵盖范围、所包括的敏感部门等问题达成原则性的一致，同时就 FTAAP 与 APEC 贸易投资自由化进程的关系形成基本共识。此外，全体成员应就建立 FTAAP 之后 APEC 的地位，以及本地区 FTA 网络的未来发展等相关问题形成初步的构想。同时，APEC 成员应该就 FTAAP 的基本原则达成共识。鉴于亚太地区成员经济发展水平的差异，FTAAP 除了应遵循最惠国待遇、国民待遇等基本原则外，还应就发展中成员的差别待遇、贸易救济措施、敏感部门保护等问题制订相关的基本原则。

综上所述，推进实施 FTAAP 的各种路径都将是不平坦的。实际上，任何一种路径都存在建设速度与质量之间的博弈和妥协。如果追求较高的质量，那么 FTAAP 的前期准备工作和谈判过程将相对复杂，建设速度也会相对缓慢。相反，如果想迅速启动 FTAAP 的建设，那么前期谈判中将会规避许多复杂问题，以求尽早达成协议，但协议的覆盖范围和力度将会受到一定的影响。因此，APEC 各成员将根据自身的政治经济利益选取较为有利的方案，而最终的安排将有可能是一种经济福利上并非最优，但却易于被绝大多数成员接受的折中方案。

二、FTAAP 内容的预期分析

FTAAP 的质量将取决于它所涵盖的议题的广度与深度。传统贸易议题，或第一代贸易议题，将成为 FTAAP 中必不可少的内容，主要包括货物进出口关税、反倾销、反补贴、保障措施、技术性贸易壁垒、卫生和检疫标准、原产地规则、服务、贸易相关的投资措施、与贸易有关的知识产权等。而真正的挑战则来自“下一代”贸易与投资议题，主要包括贸易便利化、知识产权、政府采购、竞争政策、投资、环境保护、劳工标准、国有企业、电子商务和数字贸易、国内法规等。

2010 年 APEC 日本横滨峰会的领导人宣言中指出：“为了推动 FTAAP 的形成，APEC 要在界定、塑造和解决 FTAAP 包括的‘新一代’贸易和投资问题上起到重要作用。”经过各成员的讨论，APEC 于 2011 年就“下一代”贸易和投资议题的内涵达成了一致认识，即为了适应全球贸易新环境，而以新的方式被提出和调整的传统贸易议题，也包括那些以前没有被考虑到，但现在对区域内企业的营商能力产生实质性影响的新贸易议题，具体包括实现全球供应链的便利化（2011 年）、强化中小企业参与全球生产链（2011 年）、促进高效的非歧视的以市场为导向的创新政策（2011 年）、提高自由贸易安排的公开透明性（2012 年）、强化供应链中与货物贸易相关的服务贸易（2014 年）等。除此之外，还有一些交叉议题被纳入“下一代”贸易和投资议题的讨论范畴，包括全球价值链与中小企业、经济技术合作与发展、性别与企业的社会责任、非关税措施与规制等。

根据联合战略研究的建议，FTAAP 将成为一个包含重要传统议题和诸多“下一代”贸易与投资议题的高水平自由贸易区。至于哪些议题将被包含在 FTAAP 谈判范围内，主要取决于议题被成员接受的程度以及谈判的难度和价值。因此，现有的自由贸易协定对这些议题的谈判成果将成为 FTAAP 的一个重要基础。通过盘点 2009 年以前签订的 30 个自由贸易协定和 2009—2016 年签订的 10 个自由贸易协定，分析亚太地区现有自由贸易协定在主要传统议题和新议题的进展情况，进而考察它们在这些议题上的相近性，可以得出以下结论：关税、原产地规则、海关程序、技术性贸易壁垒、贸易救济等传统贸易议题在亚太地区现有的自由贸易协定中多有涉及，且内容趋同，具有良好的谈判基础，应被视为未来 FTAAP 中必不可少的内容；“下一代”贸易与投资议题在亚太地区现有自由贸易协定中的差别很大，服务贸易、投资与电子商务等议题的覆盖率较大且趋同性较高，将成为未来 FTAAP 可优先考虑拓展的重点内容；竞争政策、环境、劳工等问题则只是在部分自由贸易协定中涵盖，具体条款分歧较大，在未来 FTAAP 谈判中可作为长期选项。

三、推进实现 FTAAP 的路径分析

如前文所述，在全球价值链和区域经济一体化的浪潮下，亚太地区的各类自由贸易区快速增长，形成了错综复杂的网络。从总体格局来看，亚太地区自由贸易区在网络化的进程中形成了以下趋势和特点。

首先，亚太地区的自由贸易区网络分别向东、西太平洋两岸集聚。在太平洋西岸，表现为以东南亚国家联盟（ASEAN）为功能性中心的“10+X”一体化体系，包括 RCEP，以及东盟作为整体或其个体成员与其他经济体签订的双边和区域自由贸易协定。在太平洋东岸，表现为以 NAFTA/美加墨协定为核心及其他美洲国家与 NAFTA/美加墨协定成员国签订的双边自由贸易协定体系。跨区域的亚太自由贸易协定数量不多，主要包括 CPTPP、澳大利亚和新西兰两个大洋洲国家与其他亚太经济体达成的自由贸易协定，以及中国、日本、韩国三个亚洲大国与智利、秘鲁等拉美国家相互签订的双边自由贸易协定。

其次，亚太地区的自由贸易区网络逐渐形成了以个体国家或国家集团为“中心”的辐射体系，形成了“中心-辐条”结构。从个体国家来看，处于自由贸易区网络中心的国家主要包括东盟国家、日本、韩国、澳大利亚、智利等。从国家集团的角度来看，东盟构建的多个“10+X”协定和 RCEP 强化了以东盟作为功能性核心的重要地位。

再次，亚太地区错综复杂的自由贸易区构成了复杂与多样性的结构体系，包括嵌套型、辐条型与交叠型，从而面临着多重治理问题。具体而言，嵌套型自由贸易区体系使各成员同时面临双边和区域性自由贸易协定的多重贸易规则，如日本-泰国双边经济伙伴关系协定和日本-东盟全面经济伙伴关系协定就形成了这一结构；辐条型自由贸易区体系指某一“中心”国家与不同国家签订的、具有不同

规则的协定，如新加坡与中国、美国等多个国家分别签订了双边自由贸易协定；交叠型自由贸易区体系则同时具有嵌套型和辐条型的特点，如东盟与中国、日本、韩国、澳大利亚和新西兰分别建立了“10+1”自由贸易区，同时又在推进 RCEP 谈判。处于嵌套型和交叠型自由贸易区体系中的国家在进行贸易时必须对不同协议的原产地细则进行对比和选择，从而降低了贸易的效率。辐条型自由贸易区体系除了使“中心”国家面临上述选择外，还可能对“辐条”国家形成优惠侵蚀和原产地规则限制，从而不利于后者。与此同时，由于“中心”国家倾向于保持其核心地位，辐条型自由贸易区体系也可能阻碍亚太地区现有自由贸易协定的进一步整合。

最后，亚太区域经济一体化具有“天然的”分割特征，使其进程复杂而曲折。在亚太区域一体化的历史进程中，从来没有一个方案能够获得全部亚太大国的完全认同。曾由美国力主推进的 TPP 与以东盟为中心的 RCEP 的集团式竞合关系一度将亚太国家“割裂”成两个阵营，中、美两国分处其中，将对方排斥在外。TPP 弱化和分割了以东盟为核心的“10+X”东亚一体化战略，文莱、新加坡、马来西亚和越南以单独身份参与谈判，打破了东盟“一个声音说话”的传统区域主义模式。美国特朗普政府宣布退出 TPP 后，TPP 与 RCEP 交叠的七个成员国对 RCEP 的重视程度提高，但又对 RCEP 的低质量不满，希望将 TPP 的一些高水平谈判成果复制到 RCEP 谈判中来。美国虽然主动放弃 TPP，但仍对亚太地区保持着巨大的影响力，可以继续通过双边自由贸易协定和地缘政治战略部署影响亚太地区的区域经济一体化进程。

综上所述，亚太地区错综复杂的自由贸易区网络反映了本地区对于经济一体化的迫切需求，但其引发的“意大利面碗”效应和多重治理问题却又阻碍着区域经济一体化的深度发展。例如，FTAAP 联合战略研究中运用引力回归模型分别测算出在双边累积、对角累积和全面累积三种原产地规则下的“意大利面碗”效应。结果显示，越宽松的原产地规则所带来的贸易创造效应越大。若采取全部累积的原产地规则，则 APEC 地区贸易总额将增长 57%；而采取对角累积和双边累积的原产地规则带来的贸易创造效应则较小，分别仅为16.4%和1.4%。如果引入“机会成本”的概念，那么较为严格的原产地规则将带来更大的总体福利损失。由此可见，通过整合亚太地区的自由贸易区网络实现 FTAAP 的路径，不仅将面临不同机制和成员之间的主导权之争，也将产生一系列复杂的技术性问题，协调成本非常高。

四、CPTPP 和 RCEP 作为 FTAAP 实现路径的前景展望

在亚太地区已建成或正在谈判的自由贸易安排中，CPTPP 和 RCEP 的规模巨大，无疑是最为引人注目的。从 APEC 领导人宣言和 FTAAP 的联合战略研究的相关内容来看，TPP/CPTPP 和 RCEP 均被视为通向 FTAAP 目标的主要可选路径。虽然 CPTPP 和 RCEP 在进度、涵盖的领域和自由化水平方面均存在差异，但二者成员众多，而且在成员构成上有较高程度的重叠，相对于大范围整合亚太地区的自由贸易区网络，通过 CPTPP 和 RCEP 的整合或对接实现 FTAAP 的可行性更高，协调成本更低。因此，这两大巨型自由贸易安排能否通过良性竞争与互补共同发展，实现成员的扩展融合和协议质量的逐步提升，将成为亚太地区能否最终实现 FTAAP 的关键因素。总体来看，CPTPP、RCEP 和 FTAAP 之间的互动发展路径存在以下四种可能情形。

情形之一是“整合”。在这一路径下，CPTPP 与 RCEP 成员将被全部纳入新建立的 FTAAP 中，新的亚太区域经济一体化机制将在 RCEP 和 CPTPP 谈判的基础上进行整合与深化。至少从形式上来看，将出现由 FTAAP 完全替代或覆盖 CPTPP 及 RCEP 的情况。

该模式下的 FTAAP 将很可能是一个“分层”结构的区域贸易安排，即首先达成一个所有成员共同认可与承诺的“早期收获”协定，同时在协议内部允许存在不同成员范畴与推进速度的贸易自由化与规制融合，允许一部分成员通过一定的过渡期及特殊和优惠待遇逐步实现部分高标准条款，最终达成一个深层次的全面一体化协议。

对于很多希望更广范围、更深程度参与亚太区域经济一体化的经济体来说（如澳大利亚、新西兰、东盟成员、拉美成员），这一情形是福利效应最大化的一种路径选择。但是，这种路径也面临以下几个挑战：一是主要发达成员能否接受中国成为本地区政治经济新秩序的建设者之一，而放弃自己单独垄断本地区政治经济规则的主导权；二是 CPTPP 中的发达成员能否接受低自由化水平的 RCEP 在 FTAAP 中对 CPTPP 的贸易规则所造成的“稀释”，或者这些发达成员是否有信心、有耐心等待 RCEP 中的发展中成员逐步向高标准的 CPTPP 过渡；三是美国、加拿大等发达成员是否真的有意愿与老挝、缅甸、柬埔寨等不发达经济体被囊括进同一 FTAAP 框架下，并通过大量妥协而促成在有限的时间表内完成自由化谈判。

情形之二是“趋同”。在这一情形下，RCEP 与 CPTPP 各自独立发展与推进，RCEP 谈判不断深化，逐步与 CPTPP 标准趋同，最终自然融合为 FTAAP。该情形实现的关键在于 RCEP 自身的不断深化发展，即各谈判方在整合 5 个现有的“10+1”自由贸易区既有成果与规则的基础上进一步提升、扩展与深化协议。但是，当前 RCEP 体系内的不同自由贸易区在自由化程度和时间安排上存在着较大的差异性，所包含的议题内容与质量也参差不齐，对未来融合多领域的一揽子协议提出了挑战。此外，东盟内部还需进一步加强政治凝聚性，在其自身内部加快服务贸易与投资领域的相互市场准入，构建共同市场，并有力推进各国国内的规制融合改革，构建一个行之有效的集货物、服务、投资和其他新议题于一体的一揽子协定作为 RCEP 的谈判基础。

情形之三是“互补”。在这一情形下，RCEP 与 CPTPP 各自独立发展与推进，部分具备一定条件和基础的 RCEP 经济体逐步加入 CPTPP 阵营中，接受、满足和执行更高标准的深层次经济一体化条款。同时，RCEP 作为更高水平的区域一体化协议的“预备阶段”，将吸引更多的发展中经济体加入。当绝大多数 RCEP 成员都加入 CPTPP 之后，两条轨道将最终融合为 FTAAP。“互补”前景主要依赖于 CPTPP 对新成员准入的开放性条款与门槛，以及 RCEP 成员通过深化贸易自由化与结构改革不断“阶梯化”升级。这种情形将使两大协议作为区域经济一体化的不同层次和阶段充分互补发展，引导亚太发展中经济体的贸易协议由低水平向高标准逐步过渡。

情形之四是“竞争”。作为一种最坏的可能性，RCEP 和 CPTPP 不再扮演亚太区域一体化基石的角色，而是出于价值冲突、制度竞争、地缘政治等战略性动机形成对峙和恶性竞争。显然，在这种情况下，建成 FTAAP 的目标将变得十分渺茫。

第四节　中国推进亚太自由贸易区的策略选择

当前，在全球和地区政治经济环境加速演变的情况下，亚太区域经济一体化进程正处于路径选择的关键时期，其未来发展将对亚太乃至全球的贸易格局产生重要影响。一个全面、高水平、均衡的 FTAAP 有利于推动自由开放贸易，促进亚太经济的可持续和包容性增长，加强互联互通，增加市场和就业机会，为亚太区域经济一体化进程构建完整的制度框架，并为促进多边贸易体制的发展和完善全球经济治理做出重要贡献。因此，中国应该审时度势，积极务实地推进 FTAAP 进程。

一、巩固 FTAAP 在亚太区域经济一体化进程中的引领地位

首先，考虑到当前亚太地区各种自由贸易安排的发展现状，以及 APEC 领导人做出的相关指示，中国应积极倡导将 FTAAP 打造为构建高水平亚太经济一体化的有效平台，在内容上涵盖高标准的货物和服务自由化条款，并逐步纳入投资开放、知识产权、政府采购、劳动力流动、中小企业、标准认证及企业社会责任等领域。只有这样，才能充分体现 FTAAP 对亚太经贸规则制订的影响力和国际号召力。

与此同时，为了使 FTAAP 谈判能够涵盖更多的亚太经济体，中国还应强调真正的自由贸易谈判的“好标准”不是一味地要求“高标准”，而是要充分考虑各成员的产业承受能力、经济发展现状和对外开放诉求的“适度标准”。未来的 FTAAP 进程必须具有包容性和平衡性的特征，充分体现发展中经济体的利益诉求。

二、使“东亚轨道”尽快取得更多实质性成果

对中国而言，在 FTAAP 局势明朗之前，推动以 RCEP、中日韩自由贸易区为代表的“东亚轨道”尽快取得更多实质性成果具有三方面的重要意义：一是可以平衡 CPTPP 的影响，防止其一家独大；二是可以为 FTAAP 规则水平的定位提供切实的参考标准；三是可以为中国带来可观的经济收益，弱化或抵消不加入 CPTPP 所带来的负面影响，从而在 FTAAP 的推进过程中处于进可攻、退可守的地位。

客观而言，“CPTPP 轨道”的暂时领先使其在与“东亚轨道”的竞争中占据了有利地位。但同时需要指出的是，CPTPP 谈判率先完成也带来了某种程度的“鲶鱼效应”，促使“东亚轨道”的参与成员更加积极主动地加快 RCEP 谈判进程，并倾向于提高 RCEP 规则水平的定位，以保持“东亚轨道”在亚太区域经济一体化进程中的影响力。

三、在条件成熟时提出构建 FTAAP 的渐进式时间表

对于 FTAAP 这样一个涵盖成员众多、规模巨大的自由贸易区而言，其构建过程绝不会是一帆风顺的。纵观全球范围内大型区域贸易安排的形成过程，基本上可以分为两种情况：一种情况是受市场和地缘因素的驱动，在伙伴国的经济相互依赖程度达到较高水平后，水到渠成地建立，如 NAFTA、欧洲自由贸易区联盟等；另一种情况是在政治和经济因素的共同驱动下，在最高领导人层面达成共识，并通过预设时间表的方式形成制度性引导，以“自上而下”的方式推动建成，如

中国-东盟自由贸易区等。由于亚太地区成员众多，经济发展水平差异巨大，加之各种地缘政治因素的羁绊，建立 FTAAP 的基础条件在中短期内很难达到水到渠成的程度。有鉴于此，FTAAP 以上述第二种方式建成的可能性更大。在这一进程中，APEC 必须自始至终发挥“自上而下”的推动作用，在 FTAAP 的自由化水平、推进模式和时间表等方面做出合理可行并且能够平衡各成员利益的制度设计。为了防止各方在 FTAAP 的规则水平问题上形成难以化解的矛盾，从而使 FTAAP 进程陷入僵局，中国可以在条件成熟的情况下推动为 FTAAP 设立阶段性、渐进式的时间框架。

就 FTAAP 的自由化水平而言，综合考虑亚太区域经济合作的实际情况和各成员的利益诉求，较为可行的方案是初期以 RCEP 的自由化水平为基准，此后随着各成员经济发展水平和适应能力的逐步提高，参照 CPTPP 的自由化水平，以渐进方式实现高标准的 FTAAP。采取上述模式，一是有利于凝聚共识，求同存异，充分调动各方积极性，最大限度地整合 FTAAP 的各种路径；二是有利于先易后难、循序渐进地推进 FTAAP 进程；三是有利于解决 FTAAP 现有各种路线图普遍缺乏量化标准和约束机制等难题，实现 FTAAP 进程的可监测、可约束和可操作性。

第六章　亚太地区大型自由贸易安排经济影响的模型分析

当前和今后一段时期，亚太地区的多个大型自由贸易安排将并行推进，包括CPTPP、RECP、FTAAP 等。这些自由贸易安排在成员构成上存在交叉，未来存在各自扩员或相互融合对接的多种可能性，将对亚太区域经济一体化发展的总体格局产生重要的影响，也关系到中国参与亚太区域经济合作的战略选择。基于这一现实，我们可以运用可计算一般均衡模型，对亚太地区已经形成或正处于推进过程中的大型自由贸易安排的商品贸易和服务贸易自由化的经济效果进行比较，并以此为基础，提出中国在短期、中期和长期的优先策略选择。

第一节　模型设定

可计算的一般均衡（computable general equilibrium，CGE）已在经济效果的分析中得到了广泛的应用，尤其是在分析预测不同政策可能对总体经济以及不同产业的冲击方面更为有效。在可计算一般均衡模型中，全球贸易分析计划（global trade analysis project，GTAP）模型的应用比较广泛。该模型是由美国普渡大学教授托马斯·W. 赫特尔（Thomas W. Hertel）领导开发出来的一个多国多部门可计算一般均衡模型，其包含的国家和行业分类数据比较详尽，并可以根据具体研究需要进行汇总。许多类似的模型尽管在设定上与 GTAP 模型不完全相同，但是很多都采用了 GTAP 模型的基础数据并进行了修正。有鉴于此，我们使用 GTAP 模型来分析亚太地区大型自由贸易安排发展过程对各国的经济影响。

一、GTAP 模型简介

标准的 GTAP 模型是一个比较静态模型，其模型的基本假定如下：①完全竞争的市场结构；②规模报酬不变的生产技术；③生产者在生产过程中以成本最小化为目标；④消费者在消费过程中以效用最大化为目标；⑤所有产品和投入要素全部实现市场出清。

在生产中，每种产品的生产采用嵌套的常系数替代弹性方程。其中，生产所需要的中间投入品是由国内和国外产品通过常系数替代弹性方程复合而成，不同的国外产品按原产地进行分类（阿明顿假设），并通过常系数替代弹性方程复合为单一的进口产品。这样，如果两个国家间建立自由贸易区，一国从贸易伙伴国进口的中间投入品价格会下降，该国就会进口更多的中间品。在要素市场上存在两种投入要素——劳动力和土地。劳动力要素在国内是可以在不同部门间自由流动的，而土地要素在部门间不是完全流动的。因此，不同部门间劳动力的价格相等，而不同部门使用的土地价格可以不一致。

在收入和消费方面，每个国家有一个总账户，各种要素禀赋收入以及所有的税收收入都汇集到这个账户。在消费方面，总账户中的收入首先通过柯布-道格拉斯效用方程，以固定比例将收入分配到私人消费、储蓄和政府消费中。在私人部门的消费决策中，模型假设消费分为两步：首先是决定不同的产品种类的消费数量，在这一步中采用柯布-道格拉斯效用函数，即每种消费品在总支出中的比重固定。其次，在决定如何选择同一种类商品中不同国家产品时采用等替代弹性效用函数，即消费者会增加消费来自相对价格下降国家的产品。

在 GTAP 模型中有两个国际部门，一个是“国际银行”，其作用是汇总各国的储蓄，并根据资本的回报率在各个国家间分配；另一个是“国际运输部门”，其通过平衡各国到岸价和离岸价之间的差异以及双边贸易，将世界各国联系起来。

在 GTAP 模型中，消费者和生产者分别依据效用最大化原则和成本最小化原则对价格变动做出反应。因此价格变化对 GTAP 模型有着极为重要的意义。亚太自由贸易区的最终建成以及 TPP 和 RCEP 的贸易投资自由化进程中，一些国家之间都存在削减关税、非关税壁垒的问题，导致产生进口商品与国产商品的相对价格变化，以及来自不同国家进口商品的相对价格变化，从而影响各国的生产和消费选择及福利变化。

由于 GTAP 模型中的变量个数多于方程个数，因此无法将全部变量设为内生变量。因此，在分析中我们需要将模型闭合，通过将一部分变量设定为外生变量，减少内生变量的数量，使得模型中的内生变量数目与方程的个数一致。通常情况下，生产中使用的技术、消费者在选择各种产品时的替代弹性等变量可以根据历史的生产和消费数据进行估算，故在模型中将其列为外生变量。各国之间实行的关税、非关税壁垒也是由各国的政策决定的，因此也将其设定为外生变量。当其他条件不变时，各国之间关税水平这一外生变量的变化将直接导致消费、产出、就业、进出口等内生变量的变化。GTAP 模型正是通过这一机制来分析不同政策冲击对各国经济运行的影响。

标准的 GTAP 模型第 9 版中共有 57 个部门以及 140 个国家和地区，但是为了在实际分析中集中目标，通常需要将国家（地区）和部门进行汇总。我们的主要目的是考察亚太地区大型自由贸易安排的经济影响，因此在分析中重点选择亚太主要经济体进行研究，而对于其他国家和地区则可以进行整合。具体而言，我们将 GTAP 的 140 个国家和地区合并为 18 个国家和地区，包括中国、日本、韩国、澳大利亚、新西兰、印度、印度尼西亚、马来西亚、菲律宾、越南、泰国、新加坡、美国、加拿大、墨西哥、智利、俄罗斯，以及世界其他国家和地区。对于模型分析中的部门，我们将 GTAP 的 57 个部门整合为 21 个部门，其中包括 14 个商品部门和 7 个服务部门。14 个商品部门为农业、加工食品和饮料、矿物燃料、矿产品、纺织品、服装鞋帽、木材纸和印刷品、化工产品、金属制品、汽车、其他运输设备、电子产品、机械设备、杂项制成品。对于服务部门，我们将其整合为与贸易相关的服务、运输服务、金融服务、保险服务、通信服务、其他商业服务及公共服务 7 个部门。在服务业的 7 个部门中，公共服务部门包括公共事务管理、国防等服务，并将公共服务部门设定为不进行服务贸易自由化的部门，而其他 6 个服务部门可以进行贸易自由化。这样，我们就构建了一个包括 18 个国家和地区，以及 21 个部门的可计算一般均衡模型进行模拟分析。

二、亚太地区大型自由贸易安排主要成员商品关税结构

在自由贸易安排的建设中，关税壁垒的削减是商品贸易自由化的重要组成部分。在亚太地区，由于各成员经济发展水平存在较大差异，各国商品贸易的关税壁垒也存在较大差异。为了直观地反映大型 FTA 成员在谈判中面临的关税削减压力，我们以联合国贸发会议贸易分析与信息系统（TRAINS）数据库中 HS 6 位数编码 2018 年或可获得最近年份的原始关税为基础，按照模型分析中的 14 个商品贸易部门进行汇总，计算出各成员 14 个商品贸易部门现行的简单平均关税水平，结果见表 6-1。

从表 6-1 中可以看出，在农产品和加工食品两个部门，部分大型自由贸易安排成员的关税水平较高，而且在发达成员和发展中成员间并没有显著的区别。例如，发达成员中的澳大利亚和新西兰在这两个部门的平均关税很低，而日本、韩国和加拿大的关税水平却相对较高。在发展中成员中，马来西亚的平均关税低于许多发达国家，但农产品的重要出口国——泰国的进口平均关税却较高。由于许多国家将农产品和食品作为国家战略安全的构成部分，尽管这一部分贸易总金额相对不算太高，但往往成为各方谈判的难点。

在制成品方面，纺织品和服装鞋帽是发达成员和发展中成员普遍保留较高关税且明显高于其他制成品的两个部门。由于纺织品和服装鞋帽两个部门中包含较多的劳动密集型产品，各国在削减关税时往往面临较大的压力。

汽车及配件部门的关税结构呈现发展中国家普遍偏高、发达国家偏低的特点。其中，中国、马来西亚、印度尼西亚、越南、泰国、菲律宾、印度、墨西哥

的平均关税均高于 10%，而美国、日本和加拿大的汽车及配件部门的平均关税均低于 5%。

在我们分析的国家中，电子产品和机械设备两个部门的平均关税水平在制成品中相对较低，所有国家均低于 10%。在亚太地区，电子产品和机械设备两个部门是全球价值链和产业链融合比较充分的行业，各国相对较低的关税水平也有助于达成自由贸易协定。

总体而言，从亚太地区目前正在推进的大型自由贸易安排来看，在商品贸易领域，发达国家的平均关税水平要明显低于发展中国家的平均关税水平，这实际上意味着发达国家在商品贸易领域进一步开放的空间已经相对有限，而发展中国家削减较高的平均关税会带来更大的资源配置效应。

三、模拟方案设计

由于 CPTPP 和 RCEP 的具体情况存在较大差异，我们为 CPTPP 和 RCEP 设定了不同的商品贸易自由化和服务贸易自由化水平并进行模拟分析。其中，CPTPP 在商品贸易自由化方面设立了较高的水平，但各国仍在关税削减方面保留了一些例外产品，在模型中将 95%税号产品的关税削减到零。对于 RCEP 国家的商品贸易自由化而言，我们参考东盟与中国、日本、韩国、澳大利亚、新西兰和印度分别签署的六个“10+1”自由贸易协定中零关税的比例，认为 RCEP 将 90%税号商品自由化的贸易协定是近期较为可行的措施。对于“10+3”自由贸易区，我们设定将 95%税号商品削减至零关税进行模拟。

由于服务贸易并没有明显的关税壁垒数据，而且在 GTAP 模型的原始数据中也没有服务贸易壁垒的等量关税化数据，在模拟分析前需要对各国各服务贸易部门的等量关税壁垒进行估计。我们首先使用引力模型来估算双边服务贸易金额，再根据实际发生的贸易金额与计量模型估算的贸易金额差的标准化值来衡量服务贸易的等量关税壁垒。由于 CPTPP 和 RCEP 在服务贸易自由化方面也存在明显差异，我们在分析中将 CPTPP 国家服务贸易等量关税壁垒削减 30%，而将 RCEP、

FTAAP 和“10+3”自由贸易区服务贸易等量关税壁垒削减 15%作为模拟分析的标准。

我们将从单纯的商品贸易自由化与商品和服务贸易自由化两个方面来分析不同区域经济合作组织的经济效果。为此，我们首先设计如下模拟方案。

方案 1：仅 CPTPP 建成，中国不加入，无 RCEP，仅考虑商品贸易自由化的经济效果。

方案 2：中国加入 CPTPP，无 RCEP，仅考虑商品贸易自由化的经济效果。

方案 3：RCEP 建成，中国不加入 CPTPP，仅考虑商品贸易自由化的经济效果。

方案 4：FTAAP 建成，仅考虑商品贸易自由化的经济效果。

方案 5：扩大的 CPTPP，有明确意愿表示加入的韩国、泰国和菲律宾加入 CPTPP，但中国不加入，仅考虑商品贸易自由化的经济效果。

方案 6：中国加入方案 5 中扩大的 CPTPP，仅考虑商品贸易自由化的经济效果。

方案 7：中国不加入 CPTPP，但“10+3”自由贸易区建成，仅考虑商品贸易自由化的经济效果。

方案 8：中国加入扩大的 CPTPP，并且建成 RCEP，仅考虑商品贸易自由化的经济效果。

由于现在的区域经济合作已经不局限于单纯的商品贸易自由化，我们将服务贸易自由化加入方案 1～8 中，构成如下的方案 1S～8S。

方案 1S：仅 CPTPP 建成，中国不加入，无 RCEP，同时考虑商品贸易自由化和服务贸易自由化的经济效果。

方案 2S：中国加入 CPTPP，无 RCEP，同时考虑商品贸易自由化和服务贸易自由化的经济效果。

方案 3S：RCEP 建成，中国不加入 CPTPP，同时考虑商品贸易自由化和服务贸易自由化的经济效果。

方案 4S：FTAAP 建成，同时考虑商品贸易自由化和服务贸易自由化的经济效果。

方案 5S：扩大的 CPTPP，有明确意愿表示加入的韩国、泰国和菲律宾加入 CPTPP，但中国不加入，同时考虑商品贸易自由化和服务贸易自由化的经济效果。

方案 6S：中国加入方案 5S 中扩大的 CPTPP，同时考虑商品贸易自由化和服务贸易自由化的经济效果。

方案 7S：中国不加入 CPTPP，但“10+3”自由贸易区建成，同时考虑商品贸易自由化和服务贸易自由化的经济效果。

方案 8S：中国加入扩大的 CPTPP，并且建成 RCEP，同时考虑商品贸易自由化和服务贸易自由化的经济效果。

第二节　模拟结果

一、CPTPP、RCEP、FTAAP 和“10+3”自由贸易区商品贸易自由化的模拟结果

表 6-2 列出了在方案 1～8 的模拟条件下各国净福利和实际 GDP 的变化。

尽管 CPTPP 在商品贸易自由化方面主要继承了 TPP 的条款，各国都对商品贸易自由化做出了不少承诺，削减商品贸易关税的范围也较大。然而，由于美国退出后 CPTPP 的经济和贸易规模显著下降，CPTPP 所能产生的经济影响也明显缩减。方案 1 的模拟结果显示，CPTPP 生效仅造成中国整体福利水平 44.24 亿美元的负面冲击，中国的实际 GDP 增长率也仅下降 0.04%。日本作为 CPTPP 的积极推动者，在所有 CPTPP 国家中获得的净福利的绝对值最多，为 158.96 亿美元。其他的 CPTPP 国家也会获得不同程度的福利增长，一些国家尽管净福利增长的绝对值明显低于日本，但由于经济规模低于日本，其实际 GDP 增长效果要强于日本。其中，越南在 CPTPP 中获得的实际 GDP 增长幅度最大，接下来是马来西亚、

新西兰、智利和澳大利亚。美国退出 TPP 以后，CPTPP 实施商品贸易自由化尽管会对美国造成负面冲击，导致美国的净福利下降 122.19 亿美元，实际 GDP 增长率略微下降 0.06%，但总体来看影响相对有限。在各国进出口额和贸易条件变化方面，CPTPP 的影响仍然有限。中国的进出口额会受到 CPTPP 的商品贸易自由化的微弱冲击，出口额和进口额分别下降 0.06%和 0.17%（参见表 6-3）。日本的进出口贸易会因为 CPTPP 的商品贸易自由化而增长，出口额和进口额分别上升 0.43%和 1.13%。参与 CPTPP 的多数国家的出口额都会有所增加，除新西兰的出口额会增加 1.78%以外，其余国家出口额增加幅度均小于 1%。对于世界其他国家而言，CPTPP 的影响十分有限，进出口额、实际 GDP 的影响幅度均小于 0.1%。综合来看，美国退出后的 CPTPP 商品贸易自由化对主要国家的实际影响并不明显。

在 CPTPP 建成的条件下，在中国选择加入 CPTPP 而没有建成 RCEP 的方案 2 中，如果仅考虑商品贸易自由化的影响，中国可以避免 CPTPP 带来的微弱负面冲击，而且可以获得一定的福利增加和实际 GDP 增长的效果。从机理上来看，中国加入 CPTPP 最大收益率的主要来源是中国和日本之间可以实现商品贸易自由化，而中国与其他大多数 CPTPP 国家已经存在自由贸易协定，尽管 CPTPP 在商品贸易自由化方面比其中一些自由贸易协定的水平高，但原有自由贸易协定以外的关税削减带来的额外促进作用相对有限。对于日本而言，在方案 2 中其获得的净福利和实际 GDP 的增长显著高于方案 1。对于其他 CPTPP 国家而言，中国加入 CPTPP 也会给这些国家带来福利增长和实际 GDP 增加的效果。例如，澳大利亚在中国不加入 CPTPP 的情况下，其实际 GDP 增长率和净福利会分别提高 0.34%和 57.57 亿美元，如果中国加入 CPTPP，上述数值会变为 1.10%和 211.50 亿美元，提高幅度十分明显。然而，对于只参与 RCEP 谈判而没有参与 CPTPP 的国家，如韩国、印度尼西亚、泰国等，在 RCEP 没有建成的条件下，如果中国加入 CPTPP，会给这些国家带来额外的负面冲击。韩国、泰国和印度尼西亚的实际 GDP 增长率将从中国不加入 CPTPP 的−0.07%、−0.09%和−0.05%分别下降到−0.49%、−0.38%

和-0.22%。对于美国而言，中国加入 CPTPP 的冲击明显大于中国不加入 CPTPP 的冲击。其原因在于，中国如果加入 CPTPP，不仅在亚洲地区会与日本实现贸易自由化，而且会与北美洲的加拿大和墨西哥实现贸易自由化，这两个国家都是美国重要的传统贸易伙伴，中国加入 CPTPP 会加强同上述国家的贸易联系，降低美国的净福利和实际 GDP 增长率。在进出口和贸易条件方面，在中国加入 CPTPP 的情况下，中国的出口额和进口额将分别提高 3.04%和 4.81%。对于 CPTPP 的其他成员国而言，日本、澳大利亚、新西兰、智利、新加坡和马来西亚的进出口额都会因为中国加入 CPTPP 而得到明显提升。

在方案 3 中，如果中国不选择加入 CPTPP 而是促成 RCEP，中国获得的净福利为 434.84 亿美元，显著高于中国加入 CPTPP 的福利所得。也就是说，即使 RCEP 达成自由贸易协定中商品贸易自由化的程度低于 CPTPP，但是由于 RCEP 包括更多的国家，这些国家间贸易自由化带来的资源配置效应会给中国带来更多的收益。对日本而言，无论中国加入 CPTPP 还是 RCEP 得以建成，事实上多数商品都会与中国实现贸易自由化，日本在两种情况下的福利收益和实际 GDP 增长效果相差不多。对于没有参与 CPTPP 但参与 RCEP 的国家，如泰国、菲律宾、印度尼西亚和印度，建成 RCEP 能够为其带来明显的福利和经济增长效应。对于既参加 CPTPP 又参加 RCEP 的国家而言，建成 RCEP 和中国加入 CPTPP 对这些国家经济增长和净福利影响的差异不是十分明显。从上述结果可以看出，RCEP 的商品贸易自由化对参与国存在很强的吸引力。对于美国而言，即使中国不加入 CPTPP 而是只促成 RCEP，美国的净福利会减少 610.30 亿美元，其实际 GDP 增长率也会下降 0.31%。从这个结果看，美国将很不愿意看到亚太地区形成将美国排除在外的区域贸易协定。对加拿大和墨西哥而言，RCEP 的建成会减少这两个国家通过 CPTPP 获得的经济增长和净福利效果。

尽管印度商品贸易发展相对东亚国家落后，而且关税保护水平较高，但印度通过加入 RCEP 的商品贸易自由化仍能获得相当的福利。在方案 3 中，印度的净福利和实际 GDP 均会得到不同程度的增长。

在方案 4 中 FTAAP 商品贸易自由化的情况下，中国的净福利和实际 GDP 增长的效果明显大于参与 RCEP 和 CPTPP。其中，中国的净福利增长 708.46 亿美元，实际 GDP 增长 1.05%。对东亚和东南亚国家而言，FTAAP 也能带来显著的净福利和实际 GDP 增长效果。对美国而言，FTAAP 的商品贸易自由化也会带来显著的净福利增长和实际 GDP 增长的效果。美国的净福利将由方案 3 的-610.30 亿美元变为方案 4 的 571.45 亿美元，实际 GDP 增长率也将由方案 3 的-0.31%变为方案 4 的 0.34%。中、美两国分别作为最大的发展中国家和最大的发达国家，两国国内产业间存在着极强的互补性。FTAAP 可以充分发挥两国的优势互补，使两国均获得明显的好处。需要指出的是，这是在考虑 FTAAP 中包含半数以上的发展中国家，我们仅假设 FTAAP 实行较低水平贸易自由化条件下的模拟结果。如果 FTAAP 在商品贸易自由化上进一步深化，各成员获得的好处还会增加。

如果 CPTPP 进一步扩大，将有加入意愿的韩国、泰国和菲律宾纳入扩大 CPTPP 的方案 5 里，中国受到的冲击会明显加大。其中，净福利和实际 GDP 会分别下降 136.57 亿美元和 0.12%。CPTPP 扩大给中国造成冲击的主要影响因素是韩国加入 CPTPP 会显著弱化中韩 FTA 的影响，而且韩国与日本通过 CPTPP 实现自由贸易也会给东北亚地区带来明显的贸易转移效应。随着 CPTPP 的扩大，美国所受到的冲击也会明显变大，其净福利和实际 GDP 分别下降 308.98 亿美元和 0.16%。

在中国、韩国、泰国和菲律宾均加入 CPTPP 的方案 6 中，中国的净福利和实际 GDP 会分别增长 385.57 亿美元和 0.63%，较方案 2 有所提高。对于参与 CPTPP 的日本、韩国和东南亚国家而言，在中国加入 CPTPP 后，其获得的净福利与实际 GDP 增长率都有显著增加。对于美国而言，中国加入 CPTPP 会使其受到的冲击明显加大。在方案 6 中，美国的净福利和实际 GDP 将分别降低 646.35 亿美元和 0.33%，其主要原因是如果中国加入 CPTPP 并进行高标准的商品贸易和服务贸易自由化，不仅会在东亚形成更深层次的经济合作，而且会与北美的加拿大和墨西哥扩大开放水平，降低美国的影响力。

如果中国在短期内难以达到 CPTPP 较高的贸易自由化要求，采取更灵活的"10+3"自由贸易区合作也可以作为一个策略选择。在商品贸易领域，本报告为"10+3"自由贸易区设定了较高的贸易自由化水平，取消 95%税目的商品的关税。在中国不加入 CPTPP 而只是在东亚地区建成"10+3"自由贸易区的方案 7 中，中、日、韩三国的净福利和实际 GDP 增长率均会有所提高。其中，中国的净福利和实际 GDP 将分别增长 354.26 亿美元和 0.57%，略高于中国加入 11 国 CPTPP 的方案。"10+3"自由贸易区实行高水平的贸易自由化，会给中、日、韩三国和东盟国家带来显著的经济增长和最佳福利效果。对于美国而言，无论在建成 RCEP 的方案 3、中国加入扩大 CPTPP 的方案 6，还是"10+3"自由贸易区建成的方案 7 中，其净福利和经济增长率均显著下降。

在中国加入扩大 CPTPP 且同时建成 RCEP 的方案 8 中，如果只实施商品贸易自由化，中国的净福利会增加 523.69 亿美元，仅次于 FTAAP 带来的福利增加额，高于其他方案的模拟结果。实际 GDP 变化的模拟结果也体现出了相同的特点。

二、CPTPP、RCEP、FTAAP 和"10+3"自由贸易区商品贸易和服务贸易自由化的模拟结果

方案 1S～8S 不仅考虑了单纯的商品贸易自由化，还考虑了目前自由贸易协定中普遍涉及的服务贸易自由化等其他条款，会影响各国在自由贸易协定中的选择。表 6-4 列出了同时考虑商品和服务贸易自由化条件下，各自由贸易协定净福利和实际 GDP 变化的模拟结果。

在方案 1S 中，如果 CPTPP 在商品贸易自由化的基础上进一步进行服务贸易自由化，对各国的影响会有所扩大。对中国而言，尽管在方案 1S 中所受到的冲击大于方案 1，但净福利仅下降 53.64 亿美元，实际 GDP 增长率下降 0.05%，总体影响仍然十分有限。因此，即使 CPTPP 商品贸易自由化和服务贸易自由化条款都得到落实，中国仍然不需要过分担心。在 CPTPP 参与国中，经济发展水平较高的

新加坡、澳大利亚、新西兰和加拿大在服务贸易自由化中获得了比较明显的收益。日本尽管经济发展水平较高，但服务贸易并非其出口强项，日本在 CPTPP 服务贸易自由化中获得的净福利增长率低于上述四国。

在方案 2S 中，如果中国加入 CPTPP 并接受服务贸易自由化的条款，中国的净福利和经济增长效果会略高于方案 2。这意味着中国在考虑 CPTPP 时也不必过于担心其中的服务贸易自由化条款。如果对比 CPTPP 各国在单纯商品贸易自由化和服务贸易自由化方面的不同经济效果，可以发现发达国家在服务贸易自由化方面获得的额外好处更多，而发展中国家获得的收益相对有限。例如，新加坡在方案 1S 中获得的实际 GDP 增长效果是方案 1 中的两倍以上，在方案 2S 中获得的实际 GDP 增长是方案 2 中的两倍以上。然而，中国和越南在方案 1S 中获得的净福利和实际 GDP 增长率与方案 1 接近，而在方案 2S 中获得的净福利和实际 GDP 增长与方案 2 接近。其他发达国家和发展中国家的对比结果与此类似。由此可见，CPTPP 服务贸易自由化条款的经济效果更有利于服务业相对发达的国家。

如果 RCEP 和 FTAAP 也进行服务贸易自由化，其福利影响和经济增长效果也会有所扩大。在方案 3S 中，如果 CPTPP 和 RCEP 都实行商品贸易和服务贸易自由化，中国可以获得的净福利为 479.06 亿美元，高于方案 3 的水平。这个模拟结果存在如下政策含义：中国在 RCEP 谈判中可以促成相关服务贸易自由化措施，即使达成较低程度的服务贸易自由化协定对其也是有利的。如果 FTAAP 在商品贸易自由化的基础上加入服务贸易自由化条款，亚太国家的净福利和经济增长效果也会有不同程度的提升。然而，亚太国家在服务贸易自由化方面获得的额外好处相差巨大。通过对比中国和美国在方案 4 和方案 4S 中所获得的收益可以发现，即使在亚太自由贸易区中仅削减 15%的服务贸易等量关税壁垒，美国所获得的净福利也会由方案 4 的 571.45 亿美元上升到方案 4S 的 905.52 亿美元，上升幅度高达 58%。相比之下，中国在考虑服务贸易自由化的方案 4S 中获得的净福利为 771.43 亿美元，仅比方案 4 的 708.46 亿美元提高了不到 9%。以美国为代表的发达国家在服务贸易自由化方面获得的好处明显大于以中国为代表的发展中国家。

其中，印度尼西亚在方案4S中获得的净福利还略低于方案4，意味着服务贸易自由化降低了该国的整体福利。

在14国的CPTPP商品贸易和服务贸易自由化方案5S中，中国受到的冲击略大于方案5，净福利和实际GDP将分别下降153.08亿美元和0.14%。作为CPTPP中服务业发达且开放程度很高的新加坡，其在方案5S中获得的净福利是方案5的4倍以上，其经济增长效果是方案5的3倍以上。与11国CPTPP的结果类似，在14国CPTPP服务贸易自由化中获得收益相对较多的仍是发达国家，而发展中国家的收益很小。

在中国加入14国CPTPP并进行商品贸易和服务贸易自由化的方案6S中，中国的净福利和实际GDP增长率会分别增长474.95亿美元和0.74%，较方案6有所提高，但幅度不明显。在“10+3”自由贸易区商品贸易和服务贸易自由化的方案7S中，考虑“10+3”国家全部接受CPTPP高标准服务贸易自由化条款可能存在难度，模拟中服务贸易自由化水平也相应降低。对比方案7和方案7S的结果可以发现，中国从“10+3”FTA获益的主要渠道为商品贸易自由化。对比方案8和方案8S的结果也可得出类似结论。

三、CPTPP、RCEP、FTAAP和“10+3”自由贸易区商品贸易自由化对中国商品贸易部门产出的影响

表6-5列出了CPTPP、RCEP与FTAAP和“10+3”自由贸易区商品贸易自由化对中国不同商品贸易部门产出的影响，可以得到以下基本结论：

首先，在仅有CPTPP建成的方案1中，由于美国退出后的CPTPP规模和影响力大大削弱，中国的商品贸易部门仅会受到微弱的影响，所有部门产出的变化均小于0.1%。尽管纺织品、服装鞋帽和汽车是其中受冲击最大的部门，但其部门产出下降幅度也小于0.1%。电子产品部门的产出尽管有所上升，但幅度仅为0.06%。可以说，CPTPP对中国各行业部门的实际产出几乎没有影响。在CPTPP

扩大的方案 5 中，中国商品贸易部门的产出受到的冲击尽管会比 CPTPP 有所扩大，但总体上仍十分有限。

其次，在 CPTPP 建成的条件下，中国选择加入 CPTPP 或者促成 RCEP 给不同部门带来的影响存在差异。如果对比方案 2 和方案 3 对中国不同部门的具体影响可以发现，除了矿产品部门以外，所有商品贸易部门的产出都会有所增加，但不同部门在两个方案中获得的增加幅度存在差异。其中，纺织品和服装鞋帽两个部门在加入 CPTPP 方案后，产出增加了 1.83%和 1.75%，大于 RCEP 方案中的 0.73%和 0.45%。这主要得益于方案设计中 CPTPP 关税削减的幅度较大，以及其包含了北美的加拿大和墨西哥。其他运输设备部门和电子产品部门在促成 RCEP 方案下获得的实际产出增长率为 1.64%和 1.77%，大于加入 CPTPP 方案中的 0.94%和 1.13%。

再次，在促成 FTAAP 的方案 4 中，中国多数商品贸易部门的产出增长会大于加入 CPTPP 方案和 RCEP 方案。其中，占中国出口总额较大的纺织品部门、服装鞋帽部门、电子产品部门和杂项制成品部门的产出都会有明显增长。其中，纺织品部门和服装鞋帽部门的产出增长率最高，分别达到 5.62%和 6.27%。

最后，在 CPTPP 扩大的条件下，在中国加入扩大后 CPTPP 的方案 6、东亚地区建成“10+3”FTA 的方案 7 和中国加入扩大后 CPTPP 且建成 RCEP 的方案 8 中，中国绝大多数部门的产出都会有所增长，但增长幅度都小于 2%。而且，通过对比中国加入 CPTPP 和扩大的 CPTPP 对部门产出的影响，我们发现实际上中国加入扩大的 CPTPP 的净产出效应还略低于中国加入 CPTPP 的净产出效应，这主要是因为中国与扩大的 CPTPP 中包括的韩国、泰国和菲律宾都存在自由贸易协定，不仅不会通过降低关税给中国带来额外的产出刺激，而且上述三国会通过与 CPTPP 成员的关税削减带来贸易转移效应。

表 6-1 亚太地区大型自由贸易安排成员各行业的平均关税水平

国家	农产品	加工食品和饮料	矿物燃料	矿产品	纺织品	服装鞋帽	木材纸和印刷品	化工产品	金属制品	汽车及配件	其他运输设备	电子产品	机械设备	杂项制成品
中国	11.20	15.04	5.45	8.94	9.47	15.78	4.23	6.80	6.94	14.37	9.62	8.85	7.97	13.39
日本	3.52	10.70	1.28	0.76	5.65	10.54	1.48	2.39	1.01	0.00	0.10	0.05	0.00	1.65
韩国	41.65	40.71	4.52	5.78	9.21	10.95	3.11	6.39	4.24	7.94	3.91	6.77	6.11	6.09
新加坡	0.03	0.00	0.00	0.00	0.00	0.00	0.00	0.00	0.00	0.00	0.00	0.00	0.00	0.00
马来西亚	2.06	2.51	0.22	10.39	9.17	0.45	13.08	6.49	7.03	18.36	4.16	3.64	2.68	5.05
泰国	21.05	27.61	2.09	6.83	9.28	26.21	6.69	4.24	5.81	31.43	8.51	7.35	2.04	13.18
菲律宾	9.85	8.53	1.09	5.27	9.40	13.09	5.83	4.32	4.69	12.22	5.99	3.29	1.20	6.87
印度尼西亚	5.22	11.91	3.38	6.77	11.82	20.60	4.75	6.05	7.66	19.44	6.24	6.30	5.16	9.77
越南	12.02	20.81	4.16	12.80	9.63	19.10	9.41	4.45	6.55	25.38	12.89	8.50	2.34	14.70
澳大利亚	0.41	1.47	0.00	2.31	4.28	4.36	3.09	1.91	3.32	4.11	1.81	2.07	2.78	2.60
新西兰	0.67	1.83	0.33	1.61	1.77	7.58	1.11	1.08	2.29	3.81	1.98	2.23	2.99	2.65
印度	26.05	37.35	5.08	7.52	9.97	10.79	8.84	8.66	8.75	35.35	17.75	7.76	7.33	10.31
美国	3.01	11.00	1.07	2.61	8.41	9.50	0.93	3.04	1.67	3.04	2.00	1.51	1.29	2.39
加拿大	9.05	17.23	0.89	1.17	2.33	12.68	0.78	0.96	1.06	3.98	5.53	1.40	0.15	3.54
墨西哥	11.00	16.55	0.20	4.67	10.02	16.79	4.28	2.27	3.12	11.19	4.39	3.48	2.54	7.87
智利	5.81	6.00	6.00	6.00	6.00	6.00	5.97	6.00	5.99	5.92	5.18	5.99	6.00	6.00
俄罗斯	12.93	8.68	4.50	8.85	7.90	9.67	7.80	4.95	6.83	6.73	7.35	4.85	2.31	8.84

资料来源：根据联合国贸易和发展会议（UNCTAD）关税数据库（TRAINS）中 HS 6 位编码的关税数据计算整理而得。上面计算的是最惠国待遇（MFN）条件下的简单平均关税水平。

表 6-2　CPTPP、RCEP、FTAAP 与“10+3”自由贸易区商品贸易自由化对净福利和实际 GDP 影响的模拟结果

国家	方案 1～8 对各国净福利变化的影响（亿美元）								方案 1～8 对各国实际 GDP 变化的影响（%）							
	方案 1	方案 2	方案 3	方案 4	方案 5	方案 6	方案 7	方案 8	方案 1	方案 2	方案 3	方案 4	方案 5	方案 6	方案 7	方案 8
中国	−44.24	338.88	434.84	708.46	−136.57	385.57	354.26	523.69	−0.04	0.55	0.67	1.05	−0.12	0.63	0.57	0.78
日本	158.96	752.76	742.76	631.40	379.04	691.44	1024.87	692.93	0.22	0.99	0.96	0.84	0.5	0.89	1.36	0.90
韩国	−12.22	−88.22	351.53	402.55	165.15	339.28	397.48	354.60	−0.07	−0.49	2.52	2.99	1.31	2.43	2.81	2.53
新加坡	3.36	31.45	27.31	15.58	7.07	24.94	24.99	30.23	0.09	0.69	0.58	0.32	0.17	0.53	0.56	0.65
马来西亚	22.60	66.75	53.92	41.75	26.64	50.80	72.32	54.33	0.68	1.73	1.40	1.10	0.79	1.34	2.05	1.41
泰国	−5.57	−24.37	68.34	72.62	52.85	66.65	79.99	72.72	−0.09	−0.38	1.64	1.82	1.56	1.61	2.14	1.73
菲律宾	−1.43	−9.18	18.87	21.50	9.46	20.14	23.02	20.06	−0.03	−0.21	0.59	0.69	0.33	0.62	0.68	0.63
印度尼西亚	−5.60	−26.18	58.78	57.69	−16.07	−34.08	50.44	19.10	−0.05	−0.22	0.50	0.55	−0.14	−0.28	0.43	0.14
越南	48.03	133.03	137.96	131.56	91.85	132.70	178.33	137.50	2.75	7.92	8.38	7.93	5.36	7.98	10.68	8.35
澳大利亚	57.57	211.50	239.34	185.09	109.05	213.16	20.87	224.54	0.34	1.10	1.21	0.97	0.59	1.10	0.11	1.13
新西兰	10.48	17.66	17.41	12.84	14.92	16.69	12.46	16.61	0.49	0.75	0.74	0.56	0.65	0.72	0.55	0.71
印度	−6.82	−33.23	67.98	−71.05	−19.17	−38.50	−47.24	68.94	−0.03	−0.12	0.46	−0.25	−0.07	−0.14	−0.18	0.46
美国	−122.19	−483.59	−610.30	571.45	−308.98	−646.35	−651.42	−727.31	−0.06	−0.25	−0.31	0.34	−0.16	−0.33	−0.34	−0.38
加拿大	19.97	76.04	0.32	−0.35	30.68	65.24	14.76	62.49	0.10	0.35	0.00	0.00	0.14	0.29	0.08	0.28
墨西哥	11.45	32.73	2.85	2.66	17.24	29.75	8.55	28.88	0.09	0.26	0.05	0.10	0.14	0.24	0.11	0.23
智利	13.58	56.66	6.07	63.94	22.18	56.68	12.80	56.10	0.40	1.54	0.21	1.93	0.63	1.57	0.37	1.56
俄罗斯	−3.50	−14.94	−29.33	150.47	−10.36	−23.07	−27.69	−28.62	−0.02	−0.07	−0.12	0.58	−0.05	−0.10	−0.12	−0.12
其他国家	−70.67	−395.14	−624.63	−1147.3	−205.15	−544.05	−621.06	−645.42	−0.02	−0.11	−0.17	−0.31	−0.06	−0.15	−0.17	−0.17

资料来源：作者根据 GTAP 模型计算整理。

表 6-3　CPTPP、RCEP、FTAAP 与“10+3”自由贸易区商品贸易自由化对进出口影响的模拟结果

国家	方案 1～8 对各国出口额的影响（%）								方案 1～8 对各国进口额的影响（%）							
	方案 1	方案 2	方案 3	方案 4	方案 5	方案 6	方案 7	方案 8	方案 1	方案 2	方案 3	方案 4	方案 5	方案 6	方案 7	方案 8
中国	−0.06	3.04	4.12	6.08	−0.26	3.74	4.19	4.55	−0.17	4.81	6.02	8.32	−0.59	5.73	5.85	6.75
日本	0.43	2.70	3.61	4.48	1.59	3.24	3.80	3.51	1.13	5.49	5.66	4.89	2.81	5.24	7.48	5.31
韩国	−0.06	−0.74	6.73	7.53	2.52	6.03	7.17	6.33	−0.14	−1.18	9.50	10.85	4.56	8.76	9.99	9.08
新加坡	0.22	2.48	2.45	1.71	0.47	2.17	2.17	2.63	0.26	2.73	2.55	1.51	0.46	2.27	2.28	2.75
马来西亚	0.82	3.37	2.89	2.47	1.06	2.59	3.78	2.88	2.08	6.12	4.96	3.95	2.47	4.63	7.27	4.97
泰国	−0.12	−0.32	2.79	2.99	1.52	2.60	2.97	2.93	−0.23	−0.90	6.41	7.00	6.07	6.16	8.24	6.69
菲律宾	0.05	−0.06	2.04	2.37	0.52	1.90	2.66	2.04	−0.11	−0.98	4.38	4.81	2.40	4.44	5.48	4.55
印度尼西亚	0.00	−0.07	3.73	4.06	−0.06	−0.17	3.73	2.16	−0.18	−0.85	5.41	5.53	−0.56	−1.16	5.34	2.57
越南	−1.26	−2.02	−1.70	−1.41	−2.05	−1.95	−2.00	−1.71	5.56	16.23	17.09	16.10	10.67	16.21	21.92	17.05
澳大利亚	0.70	2.84	4.08	3.44	1.67	3.19	1.16	3.85	1.70	5.87	7.18	5.70	3.26	6.18	0.96	6.79
新西兰	1.78	3.57	3.94	3.18	2.73	3.53	2.52	3.78	2.40	3.78	4.02	2.92	3.22	3.70	2.69	3.86
印度	−0.01	−0.18	4.27	−0.23	−0.07	−0.24	−0.27	4.29	−0.09	−0.49	4.20	−0.99	−0.28	−0.59	−0.69	4.23
美国	0.07	0.36	0.52	2.71	0.27	0.44	0.64	0.46	−0.29	−1.19	−1.57	1.75	−0.76	−1.56	−1.64	−1.76
加拿大	0.20	0.92	0.12	0.94	0.41	0.89	0.29	0.87	0.27	0.95	−0.23	0.18	0.38	0.78	0.00	0.71
墨西哥	0.25	0.65	0.21	0.69	0.37	0.62	0.39	0.62	0.61	1.26	0.19	0.56	0.75	1.20	0.60	1.17
智利	0.65	2.95	0.35	2.97	1.03	2.89	0.85	2.88	1.45	5.18	0.69	6.41	2.10	5.20	1.25	5.13
俄罗斯	0.03	0.07	0.04	1.39	0.08	0.09	0.15	0.05	−0.12	−0.67	−1.08	7.28	−0.39	−0.88	−1.01	−1.06
其他国家	−0.01	−0.18	−0.30	−0.41	−0.05	−0.23	−0.23	−0.31	−0.08	−0.50	−0.75	−1.23	−0.26	−0.63	−0.72	−0.75

资料来源：作者根据 GTAP 模型计算整理。

表 6-4 CPTPP、RCEP、FTAAP 和“10+3”自由贸易区商品贸易和服务贸易自由化对净福利和实际 GDP 影响的模拟结果

国家	方案 1S～8S 对各国净福利变化的影响（亿美元）								方案 1S～8S 对各国实际 GDP 变化的影响（%）							
	方案 1S	方案 2S	方案 3S	方案 4S	方案 5S	方案 6S	方案 7S	方案 8S	方案 1S	方案 2S	方案 3S	方案 4S	方案 5S	方案 6S	方案 7S	方案 8S
中国	−53.64	408.63	479.06	771.43	−153.08	474.95	382.12	625.97	−0.05	0.64	0.73	1.13	−0.14	0.74	0.61	0.90
日本	189.57	849.97	818.57	721.06	431.23	807.05	1102.33	809.94	0.27	1.14	1.08	0.99	0.58	1.07	1.48	1.08
韩国	−14.75	−94.14	371.97	431.92	188.93	381.50	414.70	398.87	−0.08	−0.52	2.69	3.22	1.50	2.77	2.95	2.88
新加坡	20.35	70.20	63.54	42.47	28.79	68.81	55.06	78.99	0.38	1.35	1.26	0.91	0.53	1.32	1.10	1.55
马来西亚	25.35	71.07	57.72	45.78	29.86	55.52	76.01	59.01	0.76	1.87	1.51	1.22	0.89	1.49	2.16	1.55
泰国	−6.59	−27.04	72.57	80.14	59.96	77.05	82.40	83.44	−0.11	−0.42	1.74	1.98	1.71	1.83	2.20	1.96
菲律宾	−1.94	−10.39	19.92	23.52	11.41	23.16	23.65	23.16	−0.05	−0.24	0.63	0.75	0.38	0.71	0.70	0.72
印度尼西亚	-7.21	−29.98	57.94	57.32	−18.53	−38.85	49.21	16.25	−0.06	−0.24	0.50	0.56	−0.16	−0.31	0.42	0.12
越南	50.05	135.35	139.85	134.12	93.70	134.51	180.17	139.33	2.87	8.07	8.50	8.09	5.48	8.11	10.80	8.49
澳大利亚	96.19	281.66	297.85	229.49	154.84	288.43	56.68	301.20	0.60	1.57	1.60	1.27	0.90	1.60	0.36	1.64
新西兰	18.86	26.87	26.59	18.58	23.65	26.22	20.65	26.33	0.94	1.25	1.24	0.88	1.13	1.24	0.99	1.24
印度	−9.50	−42.49	95.85	−91.43	−23.68	−51.01	−53.28	90.11	−0.04	−0.16	0.58	−0.32	−0.09	−0.19	−0.20	0.56
美国	−156.35	−583.64	−705.51	905.52	−367.64	−787.72	−720.70	−889.23	−0.08	−0.30	−0.36	0.54	−0.19	−0.41	−0.37	−0.46
加拿大	37.30	123.22	13.87	69.47	57.30	120.41	31.07	116.15	0.19	0.59	0.08	0.36	0.28	0.57	0.16	0.55
墨西哥	12.17	36.41	2.98	7.42	18.40	33.77	8.98	32.66	0.10	0.27	0.05	0.13	0.15	0.26	0.11	0.25
智利	15.69	60.05	7.94	66.16	24.77	60.58	14.76	59.95	0.47	1.66	0.28	2.02	0.72	1.70	0.44	1.69
俄罗斯	−3.88	−16.59	−31.02	154.37	−11.29	−25.59	−29.14	−31.39	−0.02	−0.08	−0.13	0.59	−0.06	−0.11	−0.12	−0.13
其他国家	−96.63	−471.89	−708.75	−1329.07	−251.01	−655.58	−678.01	−779.06	−0.03	−0.13	−0.19	−0.36	−0.07	−0.18	−0.18	−0.21

资料来源：作者根据 GTAP 模型计算整理。

表 6-5 CPTPP、RCEP、FTAAP 和“10+3”自由贸易区商品贸易自由化对中国不同部门产出的影响

单位：%

产品部门	方案 1	方案 2	方案 3	方案 4	方案 5	方案 6	方案 7	方案 8
农产品	−0.01	0.30	0.29	0.56	−0.03	0.30	0.35	0.26
加工食品和饮料	−0.01	0.44	0.43	1.11	−0.04	0.47	0.37	0.49
矿物燃料	0.03	0.22	0.39	0.39	0.05	0.29	0.32	0.33
矿产品	0.01	−0.62	−0.17	−0.48	−0.02	−0.29	0.24	−0.29
纺织品	−0.09	1.83	0.73	5.62	−0.32	1.04	0.61	1.01
服装鞋帽	−0.10	1.75	0.45	6.27	−0.21	0.64	0.48	0.51
木材纸和印刷品	−0.01	0.60	0.59	1.16	0.02	0.52	0.40	0.55
化工产品	0.01	0.09	0.03	0.09	0.03	−0.22	−0.36	0.06
金属制品	−0.04	0.38	0.79	0.63	−0.18	0.45	0.19	0.77
汽车及配件	−0.10	0.17	0.24	0.44	−0.34	0.27	0.04	0.32
其他运输设备	−0.07	0.94	1.64	1.23	−0.12	1.41	1.17	1.66
电子产品	0.06	1.13	1.77	2.64	0.20	2.06	1.78	1.94
机械设备	0.00	0.02	0.18	0.05	−0.04	0.02	−0.26	0.26
杂项制成品	−0.03	0.51	0.46	1.97	−0.06	0.82	0.44	0.70

资料来源：作者根据 GTAP 模型计算整理。

第三节　基本结论

通过方案 1～8 商品贸易自由化，以及方案 1S～8S 商品贸易和服务贸易自由化的模拟结果，我们可以得到以下基本结论：

首先，中国在 RCEP 商品贸易自由化和服务贸易自由化方面获得的净福利和经济增长效果高于“10+3”自由贸易区，但 RCEP 进展缓慢使得这些收益难以在短期内实现。从“10+3”自由贸易区成立的基础来看，中国-东盟 FTA 已在原有协议的基础上实现进一步升级，中国和韩国也建立了水平较高的自由贸易区，中日韩 FTA 谈判正在加快推进，尽早促成“10+3”自由贸易区有利于在东亚地区实现资源有效配置，促进东亚各国经济增长。由于中国在“10+3”自由贸易区中获得的主要收益来自商品贸易自由化，并且许多东盟发展中国家也主要通过商品贸易自由化获益，中国在推动“10+3”自由贸易区建设时要优先考虑落实商品贸易自由化，促使中国和东亚国家尽早享受区域经济合作扩大带来的收益。

其次，无论是 CPTPP 还是扩大的 CPTPP，其商品贸易和服务贸易自由化给中国带来的冲击都十分有限。在美国退出 TPP 以后，CPTPP 国家的整体规模大幅下降，也大大削弱了这些国家贸易自由化给他国带来的冲击。尽管 CPTPP 带来的具体经济影响有限，但其在未来的区域经济合作中带来的规则示范效应十分明显。对于中国而言，需要重点关注的问题是未来的 FTA 谈判中哪些 CPTPP 条款可以列入，哪些需要回避。在时机成熟时，中国可以考虑加入 CPTPP。尽管 CPTPP 商品贸易和服务贸易自由化的开放要求较高，但其中的一些开放措施与中国进一步开放的自身需要相吻合，面对这样的条款，中国应当尽快进行国内改革，争取早日达到更高的标准。

再次，对于中国而言，如果加入扩大的 CPTPP 的同时建成 RCEP，中国获得的净收益要高于单纯建成“10+3”自由贸易区、建成 RCEP 或者加入 CPTPP。尽管这种方案带来的净收益较高，但在具体实施过程中要面临 CPTPP 开放要求较高的条件，以及 RCEP 谈判进展迟缓的阻碍，因此仍需付出较大的努力。

最后，尽管 FTAAP 的商品贸易自由化和服务贸易自由化可以促进亚太国家经济增长，但其建设过程中仍存在两大困难。一方面是美国在国际经济合作领域的态度趋向于封闭和保守，并不会积极响应 FTAAP。另一方面是 FTAAP 建设中发达经济体和发展中经济体将在商品贸易自由化和服务贸易自由化方面存在较大分歧。其中，以美国为首的发达经济体会对服务贸易自由化提出较高的要价，而发展中经济体的利益主要来自商品贸易自由化，在服务贸易开放方面不仅面临较大的压力，收益也相对有限。中国在 FTAAP 建设过程中要坚持维护发展中经济体的利益，优先推进商品贸易自由化措施。

第七章　APEC 合作的进展及未来发展方向

1989 年，APEC 伴随着新一轮区域经济一体化浪潮的兴起应运而生。历经多年的发展，APEC 已成为在亚太乃至全球都具有极高影响力的区域经济合作组织。2019 年，APEC 迎来了成立三十周年的关键时间节点，APEC 应如何抓住时机，针对下一阶段的发展制订新的合作蓝图和实施规划，成为 APEC 当前需要着手推进的最为重要和紧迫的问题。

中国在 1991 年正式加入 APEC，此举为我国全面和深入地参与亚太区域经济合作开创了新局面，有效地加强了我国与 APEC 各成员的经贸关系。同时，中国也为推动 APEC 的发展做出了多方面的重要贡献。党的十九大以来，习近平新时代中国特色社会主义思想为我国推进构建国际治理体系的新格局指明了方向，也为我国制订新时期的 APEC 合作战略赋予了深刻内涵。

第一节　APEC 三十年主要合作成果综述

亚太区域经济合作起步较晚，而且各成员在政治制度、社会文化和经济发展水平方面差异显著。面对上述客观因素，APEC 在多年的实践中形成了独具特色的合作方式和指导原则，整体合作框架不断拓展，组织机构建设日益完善，使得 APEC 框架下的亚太区域经济合作进程取得了显著成效。

一、“APEC 方式”的特征和作用

在合作方式与指导原则方面，独具特色的“APEC 方式”为众多成员参与亚太区域经济合作提供了制度保障。该方式倡导以下原则：各成员在自主自愿、协商一致的基础上开展合作；以集体行动计划为指导，同时允许各成员基于自身情况制订单边行动计划；在 APEC 合作总体进程中坚持灵活性，以实现循序渐进。秉持“开放的地区主义”是 APEC 运行方式的另一重要特征。传统的封闭地区主义尽管形式多样，但总体上存在排他性和对外歧视性。与之形成鲜明对比的是，“开放的地区主义”倡导广泛的非歧视性，重视区域经济一体化对多边贸易自由化的促进作用。同时，APEC 以各成员领导人的承诺代替协定，有效避免了高度的机制化和强约束性对 APEC 合作的总体进程造成阻碍。多年的实践表明，上述原则较好地适应了亚太区域经济合作的多元化特征，在 APEC 各成员中逐步形成了对“亚太大家庭”的认同感和向心力。

二、APEC 组织机构建设的成效

APEC 在组织机构建设方面所取得的成果是多年来保障其有效运行的又一重要基础。1993 年，第一次 APEC 领导人非正式会议在美国西雅图举行。此后，这一由各成员轮流自愿主办的年度会晤机制成为 APEC“金字塔”形内部架构的“塔尖”。APEC 领导人在会议上对过去一年的合作进展和成果进行及时回顾和总结，根据新的形势和各成员的共识对下一年度的工作重点做出指示和部署，此后在 APEC 秘书处的协调下，由部长级会议、高官会、各专业委员会和工作组逐级推动实施。此外，APEC 高度重视工商界和学术界等利益攸关方（stakeholder）的参与，建立了 APEC 工商咨询理事会、APEC 研究中心联席会议等机制，有效提升了 APEC 在社会公众中的影响力。

三、APEC 主要合作领域的成果

在成立之初，APEC 以促进成员之间的经贸关系、减少区域内的贸易投资壁

垒为宗旨，将贸易自由化和便利化作为支柱合作领域。此后，在发展中成员数量越来越多的情况下，APEC 对其合作框架进行了完善，将广大发展中成员高度重视的经济技术合作也列为支柱领域，力求与贸易投资自由化和便利化合作形成相辅相成的效果。近年来，随着亚太区域经济合作形势的发展与变化，APEC 的合作领域呈现出不断深化和拓展的趋势。

（一）APEC“茂物目标”的进展与成果

1994 年，APEC 在第二次领导人会议上设立了“茂物目标”，即 APEC 发达成员和发展中成员分别力争在 2010 年和 2020 年实现贸易投资自由化。此后，为了推进实现“茂物目标”，APEC 又相继在 1995 年和 1996 年制定了《大阪行动议程》和《马尼拉行动计划》，指导各成员以集体行动和单边行动相结合的方式削减贸易壁垒，扩大市场开放，逐步提高自由化水平。

从贸易自由化的成效来看，1989－2018 年，APEC 各成员的最惠国平均关税水平从 17%下降到 5.3%。同期，APEC 地区的货物和服务贸易总额由 3.1 万亿美元增长到 24 万亿美元，年均增长率约为 7.1%，远高于世界其他地区的贸易增长速度[①]。除了总体关税水平下降之外，APEC 还在推进部门提前自由化方面取得了标志性的成果。2012 年，APEC 领导人宣布达成了“APEC 环境产品清单”。该清单中列出了 54 种 HS 6 位编码的环境产品，涉及大气污染控制、固体废弃物及危险废弃物处置、废水及饮用水处理、自然风险管理、环境监测及分析设备、环境友好产品等领域，这些产品的关税在 2015 年之前降到了 5%或以下，为实现亚太地区的绿色增长和可持续发展目标做出了重要贡献。

APEC 在贸易便利化领域所取得的合作成果同样引人注目，其中 2001－2010 年实施的《APEC 贸易便利化行动计划》和 2009 年实施的《APEC 营商便利化行动计划》最具代表性。通过在海关措施、标准和一致化、电子商务和商务人员流动等优先领域开展形式多样的合作，APEC 有效降低了各成员之间的交易成本，

① APEC’s Bogor Goals Dashboard. APEC 秘书处网站，https://www.apec.org/Publications/2019/12/APEC-Bogor-Goals-Dashboard.

改善了亚太地区的营商环境。例如，2009－2018 年期间，APEC 地区的初创企业办理登记审核手续的平均时间由 28.5 天减少到 10.8 天，开办企业的平均成本下降了约 2.7%①。此外，作为 APEC 在商务人员流动领域的标志性合作成果，19 个成员正式加入了“APEC 商务旅行卡计划”。持卡人可以凭有效护照和 APEC 商务旅行卡在 5 年内无须办理入境签证，在加入该计划的 19 个 APEC 成员间自由往来，从事商务活动。截至 2019 年底，APEC 商务旅行卡的持卡人数已经超过30万人。

在服务业合作领域，APEC 在“茂物目标”框架下将电信、金融、旅游和能源等部门作为合作重点，并设立了专门的工作组，在减少市场准入限制、扩大国民待遇和最惠国待遇、放松管制和提高透明度等方面开展了有效合作。随着 2009 年“APEC 跨境服务贸易原则”及“APEC 服务行动计划”的实施，APEC 加大了服务业合作的力度，其合作方式和范围也更为多样化。2015 年和 2016 年，APEC 将服务合作列为优先议题，并相继达成了《APEC 服务业合作框架》及《APEC 服务业竞争力路线图》等具有标志性意义的成果文件，进一步加快了亚太地区服务业合作的步伐。

相对于贸易领域，投资自由化和便利化合作的敏感性较高，难度更大。尽管如此，APEC 在该领域仍然进行了大胆的尝试，并取得了阶段性的成果。例如，APEC 在 1994 年设立了投资专家组，并在 1994 年和 2007 年分别出台了“APEC 非约束性投资原则”和“APEC 投资便利化行动计划”，在国民待遇、投资激励、业绩要求、利润汇回等领域制订了一系列具体的合作原则。在 APEC 推动下，亚太地区的投资环境不断改善，对外国直接投资的流入产生了显著的激励作用。根据联合国贸发会议的数据统计，1994－2018 年，APEC 地区外国直接投资流入存量的年均增长率达到了 11%，2018 年增长至 16 万亿美元。

APEC 框架下开展的经济技术合作涵盖领域广泛，以项目合作为主，具体形

① Trade Facilitation in APEC：Progress and Impact. APEC 秘书处网站，https://www.apec.org/ Publications/ 2019/01/Trade-Facilitation-in-APEC-Progress-and-Impact.

式包括信息收集和分享、最佳范例推广、技术应用与交流、人员培训和专业研讨等。随着现实情况的变化，APEC 经济技术合作的优先领域始终处于动态调整之中，近年来的合作重点包括促进可持续增长、自然资源保护与开发、加强结构改革、促进性别平等、鼓励科技创新、支持中小企业融入全球价值链、保障粮食和食品安全等。

（二）与发展相关的合作议题的衍生和拓展

2010 年，APEC“茂物目标”的第一个时间表到期。此时，亚太地区刚刚经历由美国次贷危机所引发的金融危机，很多 APEC 成员受到了严重的冲击。金融危机充分暴露了一些成员原有增长模式的脆弱性，突显出经济结构的深层次问题及改革调整的必要性，也促使 APEC 认识到在“后危机”时代推进一种全新的经济增长模式的必要性。具体而言，APEC 认为如果亚太地区各成员期待找到一条可持续、平衡和强劲的增长路径，就必须进一步拓宽亚太区域经济合作的维度，在加强市场透明度和效率、维护生态环境、促进利益共享和加强人类安全等领域开展更加多元化的合作。

基于这一背景，APEC 在 2010 年正式发表了《APEC 领导人增长战略》，目标是在亚太地区实现经济的平衡、包容、可持续、创新和安全增长。以该文件为指导，APEC 制订了较为详细的行动计划，明确了增长战略的完整框架和合作导向（参见表 7-1）。

APEC 制订的经济增长新战略突显出其适应经济环境变化与区域合作新形势的多重目的与需要。一方面，该战略明晰了增长目标和实现路径之间的关键要素和联动关系，为使亚太经济的增长成为“有源之水”提供了解决之道；另一方面，该战略也体现出 APEC 自我完善和自我革新的决心和能力，增强了各成员同舟共济、共享繁荣的信心。在该战略的引导和推动之下，APEC 近年来聚焦增长合作的议题不断衍生，从而进一步拓展了亚太区域经济合作的广度和深度。

表 7-1 《APEC 领导人增长战略》框架

战略内容	战略目标	核心措施
平衡增长	● 促进经济体之间平衡增长 ● 促进经济体内部平衡增长 ● 通过基础设施建设促进增长	● 解决经常账户失衡问题 ● 推行结构改革 ● 提供技术支持和咨询服务
包容性增长	● 确保民众有机会参与，促进经济增长，并从经济增长中受益	● 人力资源开发 ● 推动中小企业、微型企业发展 ● 为妇女、老人等弱势群体创造新的经济机会 ● 加强社会保障
可持续增长	● 实现经济增长与环境保护的协调发展，向绿色经济转型	● 加强能源安全，提高能源效率，推行低碳政策 ● 发展低碳能源产业 ● 发展环境产品与服务产业 ● 推动私营企业通过市场融资等方式投资绿色产业
创新增长	● 创造有利于创新和新兴部门发展的经济环境	● 应用信息通信技术（ICT） ● 促进数字繁荣 ● 加强知识产权保护 ● 加强标准一致化建设 ● 创新政策的信息共享与对话
安全增长	● 保护本地区民众的生命财产安全 ● 为经济活动提供必要的安全环境	● 反对恐怖主义，确保贸易安全 ● 增强防灾减灾能力 ● 粮食与食品安全 ● 反腐败与透明度

资料来源：APEC. The APEC Leaders' Growth Strategy, Yokohama Japan, 14 November 2010.

在 APEC 合作的助力下，亚太地区成为近 30 年来世界范围内经济增长最具活力的地区。1990—2018 年，APEC 地区的实际 GDP 总额从 23.5 万亿美元增长到 66.2 万亿美元，人均实际 GDP 从 10258 美元增长到 22000 美元。APEC 地区的极端贫困人口在 1990—2016 年期间减少了 8.9 亿[①]。

① APEC Regional Trends Analysis - APEC at 30：A Region in Constant Change. APEC 秘书处网站，https://www.apec.org/Publications/2019/05/APEC-Regional-Trends-Analysis-APEC-at-30.

第二节　APEC 合作进程面临的新机遇和新挑战

近年来，亚太区域经济一体化进程呈现出一些新的趋势和特点，大国博弈加剧。与此同时，在“全球化 4.0”和新一轮工业革命兴起的背景下，亚太地区作为世界经济最重要的增长极，在全球经济治理体系中的影响力与日俱增。毋庸置疑，APEC 未来的合作进程将再次面临机遇和挑战并存的局面。

第一，在影响亚太区域经济合作的一系列内部和外部因素中，地缘政治因素的“权重”将进一步提升。近年来，大国在亚太地区的战略投入不断增加，重大举措频出，并由此引发了“多米诺效应”，促使中小成员改变或调整其既定的区域合作策略。其结果是，地缘政治因素在驱动亚太区域经济合作发展中所体现的重要性显著上升，源于促进经济增长和优化要素配置的驱动力有所下降，APEC 各成员的利益取向日趋多元化。因此，APEC 的当务之急是保持“初心”，全力维护亚太区域经济合作进程的大方向和稳定性。

第二，APEC 亟须明确贸易投资自由化合作进程的未来方向和实施路径。在设立“茂物目标”时，APEC 并没有对贸易投资自由化进行明确的界定和量化。这种做法被称为“战略性的模糊”，有效弥合了各成员因经济发展水平差异而产生的立场分歧，在客观上适应了处于起步阶段的亚太区域经济一体化合作的需要。但是，随着 2020 年“茂物目标”时间表的到期，APEC 应树立什么样的新目标和路径来引领亚太区域经济一体化进程的深入发展，以适应更高水平的贸易投资自由化趋势，成为 APEC 面临的重大现实问题。在这方面，APEC“下一代贸易投资议题”的衍生与发展尤为值得关注。所谓“下一代贸易投资议题”包括两类：一类虽然是传统贸易投资问题，但因全球贸易投资环境发生变化，必须以新的方式加以解决；另一类是传统贸易领域中不存在或没有充分考虑的新问题，但当前已经对企业在亚太地区开展商业活动产生了实质性影响。APEC 近年来集中讨论的

“下一代贸易投资问题”包括促进全球供应链、加强中小企业参与全球生产链、促进非歧视性和市场驱动的创新政策、区域和自由贸易协定中的透明度条款，以及供应链/价值链中与制造相关的服务业等。一方面，“下一代贸易投资议题”为APEC 推动贸易投资自由化和便利化进程增加了新动力，有助于提升各成员的参与热情。这些议题的总体导向是通过把握全球化机遇、提高市场主体的活力和强化各成员的核心竞争力，提升 APEC 贸易投资自由化和便利化合作的质量和水平。另一方面，大多数“下一代贸易投资议题”触及“边界后”措施，关系到相关国内规制的新建或调整，实施成本较高，将给部分 APEC 成员，尤其是发展中成员带来不同程度的压力。

第三，APEC 框架下的贸易投资自由化合作进程必须更好地顺应全球价值链的发展趋势。全球价值链使各经济体在国际产业分工和贸易投资领域的相互依存度越来越高，其发展不断改变着世界商品和服务生产的组织形式，使国际贸易呈现出新的格局。同时，全球价值链也深刻影响着各经济体之间的生产联系和利益分配方式，有时会因某一环节的问题引发系统性风险。因此，全球价值链“利益共享、风险共担”的特征使得经济体之间的联系空前紧密，价值链分工下的垂直专业化生产方式与中间品贸易的盛行也加剧了国际贸易与经济的波动。促进全球价值链有效合作，有利于各经济体充分发挥自身比较优势，推动全球资源整合，推进区域产业结构良性关联，从而有助于扭转国际贸易与经济低速增长的态势。除了欧盟成员之外，APEC 地区云集了世界最主要的制造业和贸易大国。同时，在跨国公司投资的驱动下，各经济体在产业间、产业内和产品内的分工越来越细化，使得亚太地区成为世界范围内价值链分布最密集的地区。因此，全面系统地推进 APEC 全球价值链合作将有利于实现各成员之间的利益共享和合作共赢，维护亚太地区的开放格局和区域一体化进程的积极健康发展。同时，全球价值链的迅速发展对贸易（特别是中间品贸易）投资自由化和便利化提出了更高的要求，将对国际贸易投资新规则的制订起到重要的引导作用。从这个意义上说，全面加强全球价值链合作既是 APEC 推进贸易投资自由化进程的必然选择，又是深化亚太区域经济一体化的重要路径。

第四，APEC 的整体合作框架需要进行新的统筹规划。经过多年的实践和成果积累，APEC 各成员参与亚太区域经济合作的利益诉求日益增强，APEC 合作的广度和深度显著提高，新的合作领域不断出现，为 APEC 注入了新的活力。但另一方面，APEC 也应防止合作议题的泛化，尤其是“非传统安全”议题的过度衍生，分散各成员开展区域经济合作的精力。有鉴于此，APEC 应合理把握继承和创新的关系，在成员中最大限度地寻找交集，对现有的以三大支柱为主体的合作框架进行调整和拓展，确保未来的亚太区域经济合作进程聚焦在经贸和发展议题上。就总体导向而言，新时期 APEC 整体合作框架新规划的核心目标应是有效应对内部和外部环境的变化，全方位挖掘亚太经济增长的新动力，努力实现高质量增长的目标，并将包容共享理念融入发展战略，使更多的民众获益。以这一目标为指导，APEC 应该从多个层面入手，秉持创新、协调、绿色、开放的发展理念，为亚太经济的高质量、包容性和可持续增长创造更好的自然和资源环境、人文环境和社会环境，以及技术和创新环境。还需指出的是，目前的亚太区域经济合作进程呈现出明显的多元化特征，不同层次的区域经济合作形式相互交织、相互融合、相互竞争，共同推动形成了亚太区域经济合作的复杂格局。因此，APEC 在制订新的合作框架时应具有全局意识和前瞻性，力争对其他亚太区域经济合作机制产生积极的外溢效应和示范作用，从而进一步巩固 APEC 在亚太区域经济合作中的引领地位。

第五，在亚太地区各种类型的自由贸易安排不断发展的情况下，APEC 应该发挥更加积极的协调作用，使自由贸易安排成为亚太区域经济一体化的“铺路石”而非“绊脚石”。近年来，由于 WTO 多哈回合谈判停滞，多边贸易体制改革举步维艰，越来越多的经济体将注意力转向具有封闭性和排他性特征的自由贸易区。自由贸易区不仅会占用相关成员的谈判资源，同时由于其排他性和约束性强，实施后可以在短期内产生可量化的经济效果，因而会在一定程度上弱化部分成员对 APEC 贸易投资自由化进程的关注度和投入。此外，由于数量众多的自由贸易区在涵盖领域、规则体系和自由化水平方面存在显著差异，在缺乏有效协调和对接机制的情况下，自由贸易区的贸易创造效应会受到抑制，并给亚太区域经济合作的总体格局带来“碎片化”的隐忧。CPTPP 和 RCEP 是亚太地区已经建立的规模较大的两个自由贸易安排，二者在成员构成上有较高比例的交叉，在构建规则体系方面形成了各自的轨道，处于并行推进的状态。但是，如果二者之间的良性竞争关系因受到大国博弈或其他地缘政治因素的影响而产生质变，将极大地阻碍亚太地区贸易投资自由化合作的步伐。因此，APEC 应从自身发展和亚太区域经济一体化进程的大局出发，在协调自由贸易安排的发展方面发挥更加积极的作用，避免亚太地区出现贸易集团的割据和恶性竞争。

第六，APEC 应该找准自身定位，为全球经济重回健康增长之路发挥更强的引擎作用。如前文所述，自 2008 年国际金融危机发生后，全球经济和贸易陷入持续数年的结构性低迷，贸易保护主义和逆全球化思潮抬头，对本已陷入困境的 WTO 多边贸易体制而言可谓雪上加霜。APEC 在成立之初就确立了其 WTO 坚定支持者的立场，维护和支持多边贸易体制的发展始终是 APEC 的优先议题之一。APEC 和 WTO 多边贸易体制之间存在一荣俱荣、一损俱损的关系，早已成为 APEC 各成员的广泛共识。在历史上，APEC 曾为加快推进 WTO 乌拉圭回合谈判的结束发挥了关键作用。近年来，WTO 框架下贸易便利化协定和环境产品协定谈判的启动或达成也与 APEC 的呼吁和推动分不开。当前，WTO 正在积极推进自身的改革，APEC 已多次表达了为 WTO 改革提供全方位支持的态度。从前景来看，在多边贸易体制面临重重压力的情况下，APEC 各成员应该共同筑牢使命意识，加强宏观经济政策协调，在努力保持亚太经济发展良好势头的同时，为拉动世界经济增长和完善全球经济治理做出更多贡献。

综上所述，APEC 亟须在充分认识内部和外部环境变化的基础上，直面挑战，抢抓机遇，使亚太区域经济合作迈上新的台阶。为此，APEC 应加强顶层设计，尽快制订具有前瞻性的合作蓝图和实施规划，引领 APEC 合作踏上新的征程。

第三节　APEC“后 2020”愿景的前瞻分析

以 2020 年为节点，APEC 合作进程进入了“后茂物”时代，“三十而立”的 APEC 需要做出新的“人生规划”。因此，从 2018 年开始，APEC 就把制订 2020 年后的合作新规划作为核心议题之一，并按照领导人的指示专门设立了“后 2020”愿景专家组，讨论重点包括“后 2020”时代 APEC 合作进程的时间表、指导原则和重点领域等。

一、APEC“后 2020”愿景的内涵导向和时间表

如何界定 APEC“后 2020”愿景的维度和内涵，将对 APEC 确定未来的合作方向和内容产生根本性的影响。就维度而言，APEC“后 2020”愿景不应限于在贸易投资自由化领域对“茂物目标”进行延续，而应该本着继往开来的精神，以构建开放的亚太经济和实现高质量、可持续的经济增长为根本目标，进一步丰富亚太区域经济合作的内涵和外延。

第一，“后 2020”愿景应该紧密结合亚太区域经济一体化合作的现状，并顺应其未来发展趋势。经过 30 年亚太区域经济合作的实践和成果积累，APEC 各成员之间的相互依赖程度不断加深，各成员参与更高水平区域经济一体化的意愿和能力普遍提升。因此，“后 2020”愿景应该顺应这一趋势和广大 APEC 成员的利益诉求，在深入推进亚太区域经济一体化进程方面制订更加明确和更高水平的目标。

第二，“后 2020”愿景应该致力于完善 APEC 自身的机制建设。经过多年的实践，APEC 形成了独特的运行方式和议事程序，并建立了比较完备的组织架构。但是，APEC 在提升运行效率、加强合作的实效性方面仍然有着巨大的改进空间。有鉴于此，“后 2020”愿景应该在全面回顾和总结以往成功经验和不足的基础上，

本着积极务实、循序渐进的原则，进一步加强 APEC 的组织机构建设，完善运行机制。

第三，“后 2020”愿景应该充分体现 APEC 在全球经济治理体系中的重要地位和应发挥的关键作用。目前，亚太经济已成为驱动全球经济增长的最重要引擎，APEC 在国际贸易和投资体系中的影响力也与日俱增。因此，“后 2020”愿景不仅应关注 APEC 自身的发展大计，也应努力为推进完善全球经济治理体系做出应有贡献。

“茂物目标”到期后，APEC 需要设立一个新的阶段性时间表，引领“后 2020”时代的亚太区域经济一体化合作进程。参考 APEC“茂物目标”和联合国可持续发展目标的实践，并综合考虑目标的引导性和成果的可获性，大多数 APEC 成员建议把 2040 年作为“后 2020”愿景的目标年份。由此可以预判，APEC 的未来进程将采取“滚动发展”的模式，以 15～20 年为一个周期，对合作框架进行阶段性的调整和重新规划，以实现与时俱进和因势利导。

二、APEC 推进“后 2020”时代合作的指导原则

过去 30 年的实践表明，“APEC 方式”在运行机制层面为亚太区域经济合作的起步和早期发展提供了必要的舒适度和灵活性，是一种值得高度评价的制度创新。但是，客观而言，APEC 非约束性的合作方式在推进高水平的区域经济一体化方面也并非尽善尽美，如何妥善处理自主自愿、灵活渐进原则与 APEC 集体行动的长期效率和公平约束目标之间的关系，是 APEC 在完善合作机制方面需要解决的关键问题。

在“后 2020”时代，APEC 各成员经济发展水平的显著差异性仍将长期存在，绝大多数发展中成员并不希望看到 APEC 的论坛性质过早地发生根本性改变，认为这并不符合它们的利益。因此，在总体维护“APEC 方式”的基础上，渐进式提升 APEC 的制度化水平和运行效率是更为理性的选择。具体而言，“后 2020”时代 APEC 合作的指导原则应体现以下要素：

第一，继续坚持 APEC 合作的灵活性、包容性和渐进性。就逻辑关系而言，灵活性和包容性既是原则，又是手段，旨在为 APEC 合作的渐进式发展创造制度空间。同时需要强调的是，灵活性主要是倡导合作模式的多样化和合作路径的殊途同归，但也应努力避免因单边行动的标准过低而产生“木桶效应”，拉低 APEC 合作的总体水平。包容性则兼顾合作领域和参与主体的广泛性，旨在增进亚太区域经济合作进程中的共建、共治和共享。

第二，扩大 APEC 合作的开放性。开放性合作模式的协调和监督成本低，操作性强。同时，这一合作模式还可以为域外成员、国际和区域组织、社会团体等参与 APEC 合作创造丰富的机会，有利于汇集各种资源。

第三，逐步增强 APEC 合作的实效性和运行效率。APEC 可以建立适度的制度性激励机制，对多年期合作规划的实施进行阶段性的绩效评估，并邀请东盟秘书处、太平洋经济合作理事会等 APEC 观察员或其他国际组织参与同行审议。同时，APEC 应加强各类行动计划的成果导向，将合作意愿和蓝图转化为更多的具体合作项目，并逐渐形成更多可复制、可推广的成功经验和范例。APEC 还应继续实施并推进“探路者”方式，即在全体成员取得初步共识的基础上，允许部分具有更强意愿和能力的成员率先启动或深化某些领域的合作，充分验证其可行性后再吸引更多成员的参与。这不仅可以降低合作成本，也有利于提升 APEC 的活力。此外，为了促进新愿景的实施，APEC 还应该对其内部的机构设置进行相应的调整，并适度加强 APEC 秘书处的行政权力和监督管理职能。

三、APEC“后 2020”愿景的重点合作领域

针对 APEC 未来合作的总体方向，大多数成员认为亚太区域经济合作应围绕共享繁荣和高质量增长的主旨目标，针对新时期的各种机遇和挑战开展更加务实的合作，使民众和工商界更多地分享收益。但是，对于 APEC 应通过哪些优先领域推进实现上述目标，APEC 各成员的立场和侧重点则有所不同。一些成员强调 APEC 应进一步深化结构改革，在亚太地区打造更加公平、透明的贸易环境，并

重点推进服务、投资等领域的合作。还有一些成员则主张APEC应重点加强宏观政策协调，拓展经济技术合作的广度和深度，促进各成员的共同发展。从具体合作领域来看，APEC各成员共识度较高的合作领域包括区域经济一体化和FTAAP建设、可持续和包容性增长、全方位互联互通合作、数字经济和创新发展等。

（一）区域经济一体化和FTAAP建设

在“后茂物”时代，区域经济一体化仍是APEC合作的重中之重。因此，APEC应在“茂物目标”所取得成果的基础之上，为亚太地区的贸易投资自由化进程设立一个更加明确和更具雄心的目标。就此而言，推进建立FTAAP应作为首选。

将FTAAP作为亚太区域经济一体化范畴下承接“茂物目标”的新蓝图具有多方面的有利条件和重大意义。其一，APEC领导人层面多年来对FTAAP的持续推动为其必要性和可行性提供了最高层面的官方背书；其二，APEC在2014年和2016年相继发布了《亚太经合组织推动实现亚太自贸区北京路线图》和《亚太自贸区利马宣言》，并在2016年底完成了官方层面的FTAAP联合战略研究，为FTAAP建设指明了方向；其三，多年来，APEC工商咨询理事会和APEC研究中心联席会议都积极呼吁加快推进FTAAP，说明其在工商界和学术界具有广泛的社会基础；其四，FTAAP将产生显著的经济福利效应。根据预测，如果FTAAP得以在2025年建成，亚太地区的GDP总量将在2013年的基础上增长4%~5%，世界的GDP总量将增长2.3%①。

（二）可持续和包容性增长

当前经济全球化进程之所以遭遇逆风，一个重要原因是很多国家经济发展的包容性和可持续性不足。因此，APEC应从现实问题中汲取经验，充分考虑亚太区域经济合作的客观条件和发展现状，结合联合国《2030年可持续发展议程》的落实，使可持续和包容性增长成为“后2020”时代APEC合作的支柱领域。其中，可持续增长合作旨在引导各成员经济增长方式的转型升级，具体合作议题包括环

① Peter Petri，Ali Abdul-Raheem. Can RCEP and the TPP be Pathways to FTAAP? .https://ssrn.com/abstract=2513893，2014（10）.

境保护、应对气候变化、绿色和低碳增长、能源安全、蓝色经济等。

加强包容性增长则有两个主要导向：一是鉴于 APEC 成员多样性突出，发展水平各异，因此应鼓励各成员加强政策沟通，在利益诉求上寻找共性和互补性，努力实现资源共享和互利发展；二是采取有针对性的措施，在各成员内部提升不同群体，尤其是弱势群体在社会和经济活动中的参与度和受益度，相关的重点议题包括帮助中小企业、妇女、残疾人和贫困人口融入全球价值链，完善社会保障体系，强化企业社会责任，以及支持偏远地区发展等。

（三）全方位互联互通合作

互联互通是实现 APEC 各成员联动发展的前提之一，对于提升区域经济增长质量和竞争力，促进亚太经济的繁荣和韧性具有重要意义。2014 年 APEC 北京会议通过的《亚太经合组织互联互通蓝图（2015－2025）》在加强亚太地区的硬件、软件和人员交往互联互通方面做出了全面的规划，为实现无缝连接和高度融合的亚太设立了中期目标，具有开创意义。因此，近年来 APEC 各成员对互联互通合作的关注度不断提升，资源投入也越来越多。

2020 年，APEC 将对《亚太经合组织互联互通蓝图（2015－2025）》进行中期评估，旨在通过评估为该蓝图的后续工作提供更加合理、明确的指导。因此，APEC 应将此次评估的结果作为重要参考，及时总结成功经验和不足，取长补短，确保 2025 年按期完成蓝图所设立的各项指标。同时，APEC 在“后 2020”时代还应该继续拓展互联互通合作的范围，力争不断取得实质性成果。在硬联通方面，应重点完善亚太地区的信息通信、能源和交通运输基础设施。在软联通方面，要加强能力建设，推动规制融合。在人员交往方面，应进一步减少商务人员流动障碍，推进跨境医疗和教育合作。

（四）数字经济和创新发展

经历了多年的发展过程，数字经济的内涵不断丰富，所涵盖的领域不断拓宽。当前，数字经济正在亚太地区和全球范围内快速发展，在创新增长模式、提高劳动生产率、培育新市场和产业新增长点、实现包容性增长和可持续增长方面发挥着重要的作用，成为推动世界经济增长的重要驱动力。事实上，数字经济具有非常突出的跨领域特征，可以和 APEC 众多领域的合作起到相互促进的作用。但另一方面，数字经济的发展也给一些传统产业部门和部分就业人群带来了一定程度的影响和冲击，如果不能及时解决问题，将有可能进一步加大数字鸿沟，加剧各成员之间经济发展的不平衡。同时，作为一种新的经济形态，数字经济的发展对监管和治理也提出了全新的要求，必须尽快完善相关的制度建设。

因此，“后 2020” 时代的 APEC 数字经济合作应该坚持普惠共创的发展观、科学共享的数据观，以及包容共治的治理观，从多个层面入手，努力构建充满活力和竞争力的亚太数字经济生态圈。具体而言，APEC 应该充分发掘人工智能、大数据应用、共享经济、新能源、物联网、绿色经济、蓝色经济等新领域的增长潜力，推动科技创新，促进亚太地区经济的创新增长和高质量发展。同时，还应加强 APEC 发展中成员的能力建设，增强数字基础设施和技术可及性，缩小数字鸿沟，使各成员能够充分地分享数字经济红利。

第四节　APEC 包容增长和创新增长合作的进展与前景

近年来，包容增长和创新增长成为 APEC 领导人宣言以及各级会议所制订的政策文本中的高频词汇，受到 APEC 成员的普遍关注，相关合作取得了比较显著的进展。在 “后 2020” 时代，包容增长和创新增长将成为 APEC 框架下亚太区域经济合作的重点领域，具有广阔的发展前景。

一、APEC 包容增长的进展和前景

包容增长的核心目标是使普通民众分享经济发展的成果，确保机会的平等性，特别是为社会弱势群体提供社会安全网。2008 年全球金融危机爆发后，包容增长日益得到 APEC 各经济体在政策上的重视。

（一）包容增长的内涵

包容增长与单纯追求经济增长不同，其目标在于实现经济与社会协调发展、可持续发展。包容增长的内容包括：让更多的人享受全球化成果；保护弱势群体；加强中小企业和个人能力建设；在经济增长过程中保持均衡与可持续性；强调贸易和投资自由化，反对保护主义；重视社会稳定；等等。

在政策层面，以包容增长为目标的发展战略需要有相辅相成的两大支柱：一个是通过高速、有效和可持续的经济增长创造大量就业与发展机会，另一个是促进机会平等、提倡公平参与。换言之，实现包容增长需要注意避免两种倾向：一种是只顾增长的高速度而忽视增长的共享性，另一种是过度依赖政府再分配的手段实现收入均等化。国际经验表明，这两种政策倾向都会对经济发展的效率和可持续性产生严重的不良影响。

因此，包容增长的实质是一种在经济增长过程中通过倡导和保证机会平等使增长成果能广泛惠及所有民众的理论体系和发展理念，是有机地把增长过程和结果统一于经济社会发展的实践。包容增长既强调经济增长的结果，又关注经济增长的过程，主张回归经济增长的目的，即经济社会的协调可持续发展及由此带来的人的全面发展。

（二）APEC 包容增长合作的进展

APEC 早在 2009 年的《新加坡宣言》中就曾指出："APEC 决心确保未来经济增长更具包容性，扩展增长带来的机遇。包容性增长需要两个关键推动力：一是结构调整，扩大社会各行业从增长中获益的机会；二是提高社会成员应对突发灾难的能力，帮助个人克服短期困难并为其长远发展提供动力，尤其重点关注弱势群体。"基于这一背景，在 2010 年制订的《APEC 领导人增长战略》中，包容增长被列为支柱领域之一。

2015 年 11 月，APEC 第二十三次领导人非正式会议在菲律宾首都马尼拉举行，会议围绕"打造包容性经济、建设更美好世界"的主题，针对区域经济一体化、中小企业、人力资源开发和可持续增长等多项与包容增长密切相关的议题进行了探讨。2017 年，在越南举行的第二十五次 APEC 领导人非正式会议发表了《岘港宣言》，宣言明确指出："我们认识到全球化和数字转型带来的机遇和挑战，决心按照2030年可持续发展议程，推进经济、金融和社会包容，在2030年前打造包容、人人享有、可持续、健康、坚韧的APEC大家庭。"近年来，APEC重点在教育与就业、基础设施建设、中小企业发展、金融与财政支持等领域采取了多元化的措施，积极促进包容增长，并取得了不同程度的进展。

1. 教育与就业

2016年2月，APEC在第六次教育部长会议上颁布了《APEC教育战略》，并于 2017 年 11 月进一步颁布了《APEC 教育战略实施方案》，该方案明确了未来APEC各成员在教育领域试图实现的三个主要目标：一是提高人力资本的竞争力，使得个人需求、社会需求和经济发展需求相一致；二是加速创新，推动新技术在教学中的应用，促进科学、技术、工程学和数学的推广教育，促进政府、产业与学术界在研发和创新中的合作；三是提高就业能力，弥合教育和技能供给与劳动力市场需求之间的差异，促进学习与就业的平稳过渡。2016年11月，APEC还发布了《APEC服务业竞争力路线图》，提出要加强高技能劳动力和专业人员的跨国流动性，保障区域内劳动力的技能水平能够满足当地供应链生产的需求。2017年5月，APEC在越南举办了"数字经济时代下人力资本发展的高水平政策对话"论坛，会议制订了《APEC数字时代人力资源开发框架》。这一框架有利于实现APEC区域内人力资本的发展，有助于帮助雇员更好地适应数字经济时代的工作岗位需求，同时引导 APEC 各成员的劳动力市场政策更好地满足需求。此外，APEC 于2017年11月发布了以"结构性改革与人力资本发展"为主题的2017年APEC经济政策报告，这是APEC第一次将人力资本发展作为经济政策系列报告的主题。

在组织架构方面，APEC 在 1990 年成立了人力资源发展工作组，目标是通过开展一系列促进教育、提升劳动力技能和加强能力建设的相关活动，实现 APEC 各成员之间知识、经验与技能的共享，提高亚太地区的人力资源水平。工作组重点开展了以下三个网络的建设：第一是能力建设网络，即通过促进APEC各成员之间的合作推进区域内的技术发展、人力资源管理和职业技能培训等工作，从而提高劳动力的受雇能力与就业质量；第二是教育网络，即在 APEC 各成员之间建立充满活力的学习系统，通过提供高质量与公平的教育资源提高就业竞争力、加速创新、帮助各个年龄段的人群适应社会快速发展带来的挑战；第三是劳动力与社会保障网络，即通过推动 APEC 各成员之间的跨境技术合作，以及对劳动力市场进行干预等措施，提高劳动力市场的灵活性，完善社会保障体系，推动人力资本的可持续发展。

2．基础设施建设

2014 年在北京举行的第二十二次 APEC 领导人非正式会议通过的《亚太经合组织互联互通蓝图（2015—2025）》指出："APEC 将建设、维护和更新高质量的基础设施，包括能源、信息通信技术及交通运输基础设施；寻求提高 APEC 运输网络的质量和可持续性，进一步普及宽带网络，促进可持续能源安全，加强能源基础设施的韧性；促进海上交通运输的高效和有效运作；加强航空运输合作，增强贸易与人员交往联通，并通过分享成功经验和良好实践提高航空互联互通的效率和安全性。"在这一规划指导下，APEC 先后编制了《APEC 高质量基础设施发展与投资指南（2014）》和《APEC 高质量电力基础设施建设指南（2016）》。自 2016 年起，菲律宾和越南分别开始实施"APEC 基础设施建设与投资的同行评价与能力建设"项目，随后印度尼西亚也于 2018 年加入这项工作。此外，APEC 于 2017 年举办了"高质量基础设施建设的高级别对话"论坛。2018 年，APEC 贸易与投资委员会还更新完善了 2014 版本的《APEC 高质量基础设施发展与投资指南》，新加入了与污水处理相关的条款。

在交通运输方面，APEC 于 1991 年成立了交通运输工作组，负责推动 APEC 区域内交通服务的自由化，强化 APEC 交通系统的安全性。工作组在综合考虑交通便利化、安全与环境承载力的前提下，重点开展以下工作：一是推动 APEC 各成员交通政策和规制的便利化；二是发展本区域内供应链，保障交通活动安全；三是提升企业的社会责任；四是帮助利益相关者进行能力建设。自 2015 年以来，工作组主导开展了“联合空运的能源节约与环境保护效应”研究、“绿色港口评价指数”研究、“实施国际船舶和港口设施保安规则”能力建设、“无缝链接货物运输”最佳范例共享等项目。此外，工作组于2019年发起了“女性与交通运输业”项目，致力于帮助女性实现在交通领域的公平就业，以及在交通工具的使用方面享有更加平等的机会。

在信息与通信技术方面，APEC于2000年设立了到2010年实现广泛使用互联网的目标，2008年的APEC电信部长会议重申将在2015年实现宽带网络的普及，2010年的APEC电信部长会议中提出要在2020年实现新一代高速宽带网络的普及。

3．中小企业发展

中小企业发展是APEC区域内经济增长的新动力和创新引擎。从APEC地区整体来看，中小企业数量占比超过97%，就业人数占比超过50%，中小企业创造的GDP占APEC经济体GDP的比重为20%～50%。

APEC秘书处下设有中小企业工作组，并从1994年开始每年召开关于中小企业发展的部长级会议。2016年9月举行的部长级会议审议通过了《APEC中小企业工作组2017－2020年战略计划》，为解决中小企业发展的关键难题提供了思路。这一计划主要关注以下四个重点领域：创业、创新和互联网数字经济；为扩大业务和能力发展筹措资金；建设有利于中小企业发展的商业生态系统；中小企业市场准入。2017年11月，APEC领导人《岘港宣言》针对支持中小企业发展做出了如下指示：“加强中小微企业的能力和创新，增强中小微企业，特别是妇女和青年企业家的创新能力，帮助其获得融资、技术和开展能力建设；帮助中小微企业更多利用互联网和数字基础设施；增强中小微企业数字能力、竞争力和韧性；为中小微企业创造有利环境，包括促进商业伦理；支持初创企业，建立创新创业生态系统和有利的监管框架，营造企业友好型环境，确保初创企业获得资源，打造初创企业网络和伙伴关系。”此外，此次会议还批准了《APEC绿色、可持续和创新中小微企业战略》。

4. 金融与财政支持

APEC 在金融与财政方面的工作主要是依靠财长会议加以推动，目标是通过为社会弱势群体提供金融服务来促进包容性增长，如帮助女性更好地使用金融服务、引导贫困人群学习金融知识和提高金融意识、提高中小企业参与金融活动的能力等。APEC 财长会议于 2015 年审议通过了《宿务行动计划》，主要内容包括：第一，深化 APEC 成员经济体之间的金融一体化程度，通过建立有效的制度和执行能力建设项目强化对中小微企业的金融支持，帮助其更好地融入全球经济，各成员经济体之间分享促进金融包容性发展的经验，强化金融系统应对冲击的能力；第二，营造足够的财政政策空间，深化金融市场发展，帮助各经济体提高应对经济冲击的能力，通过建立新型的灾害与风险金融保险机制，帮助 APEC 成员经济体在面对重大自然灾害时能够避免陷入经济困境；第三，提高金融对基础设施建设的支持力度，通过各种金融手段和融资渠道为贫困地区的基础设施建设提供资金来源，从而促进区域间的相互联系与共同发展。

2017 年在越南岘港举行的 APEC 领导人非正式会议批准了《APEC 促进经济、金融和社会包容行动议程》，该议程明确了 APEC 将致力于推动实现充分、高效、高质量就业和同工同酬，确保民众获得银行、保险和金融服务，提高民众金融素养和融资能力，促进社会所有成员，特别是妇女、青年、残疾人和其他弱势群体的收入持续稳步增长，使其能够分享全球机遇。

2018 年的 APEC 财政部长会议进一步提出以下四个工作重点：加大对基础设施建设的金融支持；推进金融包容性发展；促进国际税收合作，加强透明性；继续推进《宿务行动计划》。其中，在促进金融包容性发展方面，主要关注金融知识的普及、金融技术所带来的新机遇，以及促进金融包容性增长的经验共享，具体包括以下三个领域的工作：第一，就金融能力、金融教育和金融技术等问题组织召开政策研讨会，主要涉及金融教育战略分析与测度、最大限度地发挥电子金融服务的作用、促进金融创新等内容；第二，在亚太地区推动金融包容性发展的一系列能力建设项目，尤其是金融创新、消费者保护等问题；第三，举办电子金融发展主题的工作组会议，致力于帮助消费者更加深入地了解电子金融的特征、优势和风险。

（三）APEC 包容增长合作的未来发展

APEC 成员众多、经济发展水平差异巨大的现实情况为 APEC 开展包容增长合作提供了内生动力。在“后 2020”时代，APEC 成员之间、个体成员内部，不同地区、不同群体之间在经济发展的目标、路径和利益诉求方面的多元化特征将长期存在，深化包容增长合作的重要性将愈发突出。总体而言，APEC 在该领域的长期关注重点将包括促进经济发展的包容性、金融发展的包容性和社会保障体系的包容性。

在促进经济发展的包容性方面，首先，APEC 将继续努力促进就业与机遇平等，深化结构改革，通过完善竞争政策、改善营商环境、推广先进管理方法等措施强化制度建设与能力建设，提高反腐力度。其次，APEC 将进一步提高亚太地区和各成员的就业水平和劳动力参与程度，减少劳动力市场的摩擦，缓解失业问题。APEC 将鼓励各成员采取促进教育资源共享、技术培训互通等措施，提高劳动力市场的活跃程度，大力支持人力资本发展，缩小教育与就业市场需求的鸿沟，并有针对性地帮扶社会弱势群体，包括青年、女性、老年人、残疾人和农村居民等获得更多的就业机会。最后，APEC 将不断加大基础设施投资，提高能源可利用程度，加强偏远和欠发达地区与经济发达地区的联系，缩小发展差距。

在促进金融发展的包容性方面，APEC 将在现有合作的基础上重点推进如下领域的工作：加速金融基础设施建设，尤其是电子基础设施和法律框架的建设，完善电子支付交易系统，推动信用信息共享，为中小企业更好地享有金融服务提供能力建设和技术支持；营造良好的规制环境，为小微金融企业提供更加高效率、低成本的金融服务，同时为金融消费者的权益提供保障；加强金融知识教育和金融领域的人才培养；发展安全的、管理有效的电子金融业务，帮助并引导易受欺骗的弱势群体享有正规的金融服务；为暂时没有享有金融服务资质的人群提供适当的金融产品，尤其是那些处于农村地区的农业从业人员。

在促进社会保障体系的包容性方面，APEC 将重点保障妇女、青年人、老年人、残疾人、农村居民等易受损群体的社会权利，使其能够公平地享有高质量的社会服务。同时，APEC 将不断强化社会安全网络，提高社会保护的可获得性，保障弱势群体和贫困人群工作环境的安全性。

二、APEC 创新增长合作的进展与前景

信息通信技术的快速发展和有效应用改变了传统经济增长方式和贸易模式，也改变了生产过程和生活方式。因此，近年来互联网和数字经济等领域的创新活动已成为 APEC 各成员经济增长和转型的重要驱动力。围绕信息通信技术的应用、数字经济、知识产权保护、标准一致化建设、人力资源培育、创新政策等领域开展创新增长合作将是 APEC 在“后 2020”时代的关注重点之一。

（一）APEC 创新增长合作框架的形成

在 2010 年制订的 APEC《领导人增长战略》中，创新增长与平衡增长、包容性增长、可持续增长和安全增长一起被并列为五大支柱，体现出 APEC 各成员对该领域合作的高度重视。创新增长合作的核心目标是创建有助于创新和新兴经济部门发展的经济环境，优先合作领域包括以下几点：促进信息通信技术的广泛应用，实现社会经济活动的智能化；促进数字繁荣，鼓励数字相关产品和服务的投资和贸易；标准一致化建设，构建全球通用标准；增加高速宽带基础设施投资，缩小数字鸿沟；在保护隐私的基础上破除信息流动壁垒。

确立创新增长的目标之后，APEC 先后制订了包括《APEC 促进互联网经济合作倡议》（2014）、《APEC 跨境电子商务创新和发展倡议》（2014）、《APEC 互联网和数字经济路线图》（2017）、《APEC 跨境电子商务便利化框架》（2017）、《APEC 数字经济行动计划》（2018）等在内的一系列推动创新增长合作的行动计划，合作内容从信息通信技术创新、数字基础设施建设、跨境电子商务发展等数字经济传统领域切入，逐步向促进信息和数据自由流动、网络安全和隐私保护、标准和规则制定等高层次合作衍生，体现出 APEC 创新增长合作的不断拓展和深化。

与此同时，考虑到APEC成员在经济发展水平、社会制度、文化环境等诸多领域存在较大差异，为调动各成员参与创新增长合作的积极性，APEC在该领域实施了多项“探路者计划”。截至2020年6月，APEC共实施探路者行动计划16项，其中涉及信息通信及相关技术创新、标准一致化、数字贸易和数字经济等创新增长议题共九项。其中，由澳大利亚牵头发起的“‘数据隐私’探路者计划”，推动APEC确立了“APEC隐私探路者原则”，建立了“跨境隐私规则体系（CBPR）”，完成了由APEC探路者行动计划向集体行动计划的过渡，标志着亚太地区在数字隐私保护方面取得了实质性进展（参见表7-2）。

表7-2　APEC涉及创新增长合作的“探路者计划”

序号	计划名称	发起成员	参与成员数	当前状态
1	电器及电子设备相容性评估相互认证安排（EEMRA）	马来西亚、新西兰、澳大利亚	18	进行中
2	APEC贸易与数字经济相关政策的实施	美国	20	实现预期目标，中止
3	旅行者信息预知系统（API）	澳大利亚	—	缺乏进展，中止
4	电子原产地认证	新加坡	3	发起成员提议中止
5	食品相互认可协定	泰国	5	发起成员提议中止
6	APEC技术选择原则	美国	15	进行中
7	数据隐私	澳大利亚、加拿大、美国	16	实现预期目标，中止
8	暂停对电子传输征收的永久性关税	美国	12	进行中
9	促进数字贸易便利化	美国	11	进行中

资料来源：根据CTI“探路者计划”整理。

注：统计截至2020年6月。

（二）APEC创新增长合作主要领域的进展

1．信息通信技术

信息基础设施建设是实现互联互通、推动创新合作的物理基础。APEC历来重视信息通信技术领域的合作，并专门设立了APEC信息通信工作组（TEL）、信息通信技术发展指导小组（DSG）、安全和发展指导小组（SPSG）、自由化指导小组（LSG）等机制，具体组织相关项目的实施。2006 年至 2020 年 6 月，由信息通信工作组牵头，APEC 在互联网基础设施建设、电子商务、数字贸易、信息通信技术创新、网络安全、隐私保护、标准建设等重点领域实施了 107 项合作项目。

经过信息通信工作组及 APEC 成员的共同努力，在 2005 年之前已经实现将亚太地区互联网接入量提高两倍、在 2010 年之前实现亚太区域普遍的互联网接入的“文莱目标”。依照 2010 年举行的第八届 APEC 电信部长会议通过的《冲绳宣言》所提出的目标，亚太区域于 2020 年将实现下一代高速宽带的接入。2018 年，亚太地区 3G 覆盖占亚太人口的 91.3%，每百位居民活跃移动宽带签约用户数为 60.3 户，互联网的接入和使用呈总体上升趋势。

从 2019 年开始，亚太地区信息通信技术合作主要集中在两个领域：一是在互联网接入的基础上，继续加强信息基础设施建设，降低接入成本、提高接入质量和速度，实现可负担的、普遍的高速宽带接入，鼓励亚太地区 5G 网络生态系统的创新和多元化；二是推动建立安全、可信任的信息通信发展环境。在项目建设上，公私合作方式（PPP）更受青睐，同时 APEC 也关注相关技术变化的趋势，以及技术变革带来的管理机遇与挑战。

2．数字经济

数字经济不仅涉及在线平台和电子商务等相关活动，也包含了以现代信息网络作为重要载体，以信息与通信技术的有效使用作为效率提升和结构优化重要推动力的一系列经济活动。2017 年，APEC 领导人岘港会议制订了《APEC 互联网和数字经济路线图》，提出数字基础设施、电子商务、信息安全、包容性、数据流动等 11 个重点工作领域，并将其作为指导未来 APEC 互联网和数字经济合作的重要规划。该路线图是一个动态文件，将根据数字技术发展、未来新议题的出现不断进行合作领域的调整和工作内容的完善。

同时，APEC 针对传统产业数字化和数字产业的发展对其相关工作机制进行了调整，整合了电子商务指导小组（ECSG）和互联网经济临时指导小组（AHSGIE）

的工作职责，于 2018 年先后成立了数字经济指导小组（DESG）和数字创新工作组（DIWG），推动 APEC 框架下数字经济创新与合作。当前，数字经济指导小组和数字创新工作组以《APEC 互联网和数字经济路线图》为指导，在数字基础设施建设和促进亚太地区宽带接入、增进互操作性、促进信息与数据自由流动、隐私保护和网络安全、电子商务便利化和数字贸易、为互联网和数字经济设置整体的政策框架等领域内推动相关合作。

跨境数据流动和隐私保护是目前 APEC 数字经济合作的一个重要领域，由 APEC 数据隐私小组（DPS）负责，工作内容包括设立“APEC 隐私框架”、开展“APEC 数据隐私探路者计划”、建设“跨境隐私规则体系（CBPR）”。随着 2019 年 4 月澳大利亚和中国台北的正式加入，APEC 跨境隐私规则体系目前已有包括加拿大、日本、韩国、墨西哥、新加坡和美国在内的 8 个成员参与。下一步，APEC 计划建立隐私识别处理（PRP）系统，协助管理者识别有权限的处理器，确保个人信息处理过程遵守相关的隐私规则，并探索实现 APEC 跨境隐私规则（CBPR）体系与欧盟通用数据保护规则（EUGDPR）的对接。

3．数字人力资源开发

机器人技术、工业自动化和人工智能等技术创新应用于制造业和服务业，可能导致就业岗位减少和失业率上升。此外，部分群体学习和应用新技术相对较慢，可能导致缺乏足够技能、劳动生产率下降。因此，2017 年 APEC 领导人非正式会议通过了《APEC 数字时代人力资源开发框架》，呼吁 APEC 各成员通过人员培训、专业研讨、技术交流、信息分享等多种形式，协助劳动力为数字时代做好准备，保证劳动力市场政策符合亚太区域劳动力市场变动的需求。

2017－2025 年，APEC 在数字人力资源开发方面确立的优先领域和行动包括：第一，针对数字时代对劳动力市场的影响及其政策含义开展联合研究；第二，加强技能教育和培训，使劳动力适应数字时代劳动力市场的需求；第三，完善社会保障和社会支持，尤其关注对妇女、老年人和在非正规部门就业群体的保障。

4．在数字时代促进中小微企业和初创企业的发展

为鼓励中小微企业和初创企业充分利用数字经济时代带来的发展机遇，APEC 中小企业工作组（SMEWG）近年来将打造互联网和数字经济背景下的企业家精神和创新、改善营商数字生态系统列为优先议题。2019 年，第二十五届 APEC 中小企业部长级会议以“经济全球化背景下的中小企业融资和数字变革”为主题，将“中小企业和企业家的数字转变”作为未来中小企业发展领域的合作重点之一。2019－2020 年，APEC 先后主办了以“工业 4.0 革命对亚太出口导向型中小企业的影响”“互联网和数字经济中零售型中小企业面临的机遇与挑战”为主题的研讨会，以及“2020 年 APEC 中小企业网络安全论坛”和“APEC 中小企业数字经济论坛”，使 APEC 的创新增长合作与促进中小企业发展议题得到了很好地结合和相互促进。

（三）APEC 创新增长合作面临的挑战和前景

创新增长合作顺应了亚太经济发展和亚太区域合作的新趋势和新特点，有着非常广阔的发展空间。但是客观而言，该领域的合作目前也面临着一些现实问题和挑战。

首先，鉴于 APEC 成员的经济发展状况和技术发展水平有较大差异，各成员在创新增长合作中的原则立场、利益诉求、优先合作领域和行动方式各不相同。以信息通信技术、数字经济领域的创新合作为例，美国、日本、新加坡等 APEC 发达成员拥有较高的信息通信技术应用水平和完善的信息基础设施，希望通过参与创新增长合作在相关技术标准制订及推广方面占据先机，实现推广其信息通信及数字相关产品和服务、开拓海外市场、促进数据和信息跨境流动和数字贸易等目标。因此，在 APEC 框架下的创新增长合作中，这些发达成员往往将国际标准的开发应用、数字治理规则的制订、信息和数据跨境自由流动、知识产权保护、网络安全等作为合作的优先领域。巴布亚新几内亚、秘鲁、印度尼西亚、墨西哥等发展中成员的信息技术及通信基础设施与先进经济体存在较大差距，更倾向于

通过参与合作接受技术和资金援助，提高信息通信基础设施建设水平，助推产业转型升级，对接世界市场，为本土企业参与亚太地区乃至全球经济获取更多机会。因此，这些成员更加关注在信息基础设施建设、电子商务、数字化转型等领域参与和开展合作。在“后 2020”时代，对于 APEC 而言，如何协调各成员的立场，在创新增长合作领域寻找更多的交集是当务之急。

其次，APEC 在创新增长合作领域所开展的项目的实效性有待进一步增强。从项目形式来看，目前 APEC 开展的创新增长合作项目可以分为三类：一是信息分享，如举办各种研讨会、研讨班、论坛和圆桌会议，开展多方对话，建设网站和数据库；二是信息收集，包括开展问卷调查、访谈和其他形式的调研活动，在此基础上发布研究报告、提供咨询；三是培训，包括进行教育培训项目和课程、技术协助等。这些合作形式虽有利于经验交流和信息共享，但“务虚”多、“务实”少，合作形式长期停留在“初级阶段”，欠缺实质性的生产性合作。此外，APEC 各工作组所开展的创新增长合作项目的数量也不够均衡，其中人力资源开发领域开展的项目最多，科技创新政策合作等领域的项目进展相对缓慢。下一阶段，APEC 应及时总结经验，努力提升相关合作项目的实施效率和实效性。

再次，从项目资金来源看，目前 APEC 创新增长合作项目的资金主要由主持项目的成员自筹或 APEC 资助，具体实践中采用最多的资金来源方式依次是发起成员全额自筹、发起成员部分自筹与 APEC 资金共同资助，以及 APEC 全额资助。大量项目由发起成员提出、出资并参与实施，使得项目选择更多是从发起成员自身的利益诉求出发，不能充分体现 APEC 资源和利益共享的合作原则，不利于全面、平衡地推进创新增长合作。

最后，APEC 成员经济发展水平差异大，在开发和应用大数据、云计算、人工智能等新技术推进创新增长方面存在明显的“数字鸿沟”。一是信息基础设施水平不均衡。尽管 APEC 在缩小“数字鸿沟”方面成效显著，但目前亚太区域仍然有超过 10 亿人口无法接入互联网，制约了 APEC 创新增长合作的深入开展。二是部分群体对新技术的学习和应用较慢，特别是老年人、妇女、残疾人和贫困人口，造成了弱势群体的经济活动参与度和收益水平不高。三是技术创新造成传统产业部门就业岗位流失、工资增长率降低、结构性失业增加，劳动者具有的知识和能力与岗位要求不匹配。如果不能处理好这些矛盾和问题，可能造成“数字鸿沟”的加深，导致弱势群体进一步被边缘化，使得创新增长合作失去基础和广泛支持。

从前景来看，不断夯实和完善创新增长合作的基础条件是弥合各成员之间的“数字鸿沟”、提高该领域合作实效性的必要前提。为此，APEC 应该将互联互通建设与信息通信基础设施的完善和升级密切结合，采取如下措施：一是增加下一代高速宽带的覆盖率，为亚太地区实现创新和知识经济的增长提供保障；二是提高接入的质量，提高宽带的速度，降低互联网接入的成本，为居民参与创新型增长提供更好的基础条件；三是关注“数字包容”，通过各种方式提高民众的数字技能，包括关注不同年龄、性别、受教育水平、经济状况的群体的数字技能；四是保障网络安全，保护消费者隐私，提高在线交易的安全性和可靠性。

此外，从 APEC 讨论制订“后 2020”合作愿景的情况来看，数字经济将成为 APEC 在新时期的合作框架的支柱领域之一，APEC 各成员应进一步凝聚共识，持续拓展和深化数字经济领域的合作。一方面，数字经济发展和创新速度快，而其理论和政策研究相对滞后，未来应加强数字经济关键领域的动态研究和前瞻性分析，为制订相应的监管措施和政策奠定基础。另一方面，对互联网和数字技术及其应用的探索仍在持续，数字技术与经济社会各个领域融合的深度和广度不断加强，各种创新应用不断涌现。推动数字化转型将是较长时期内 APEC 成员共同关注的合作领域，包括信息通信技术领域的研发与创新，数字技术与制造业融合，利用数字技术改善文化教育、医疗、环境保护及其他公共服务，应用数字技术对产品、服务和商业模式进行创新等。

第五节 中国参与“后 2020”时代 APEC 合作的策略选择

从自身定位来看，虽然中国的综合国力不断提升，但在今后较长一段时期内，中国仍将是一个具有世界影响力的亚太大国①。因此，中国应该积极参与 APEC 新时期合作规划的制订与实施，使其利益诉求更好地融入亚太区域合作的整体进程之中。

一、中国参与 APEC 合作的政治经济收益

20 世纪 90 年代初，国际形势发生了深刻的变化，世界朝着多极化的方向发展，亚太地区的经济一体化进程明显加速。与此同时，中国的改革开放事业也迈入了一个新的阶段。在统筹国际和国内两个大局的基础上，中国在 1991 年加入了 APEC。作为中国加入的第一个区域经济合作组织，APEC 发挥了重要的战略平台和抓手作用，给中国带来了多方面的政治经济收益。

第一，参与 APEC 为中国与世界经济接轨、积极融入亚太区域经济一体化合作进程开辟了崭新路径，加快了中国对外开放的步伐。经济全球化和区域经济一体化是当代世界经济发展的两大特征，尤其是 20 世纪 90 年代以来，世界范围内兴起了区域经济一体化的新浪潮，APEC 所在的亚太地区是中国对外贸易和投资活动的重要依托。除欧盟外，中国的主要贸易和投资伙伴都是 APEC 成员。因此，通过积极参与 APEC 框架下的区域经济合作，中国享受了更加开放的贸易和投资环境，进一步密切了与 APEC 其他成员的经贸关系，从而为中国经济的长期、稳定发展提供了外部驱动力。

第二，参与 APEC 为中国参与多元化的国际经济合作体系奠定了基础。中国

---

① 门洪华. 中国和平崛起的国际战略框架[J]. 世界经济与政治，2004（6）：14-19.

从 1992 年起正式恢复“入关”谈判，到 2001 年才如愿加入 WTO。在近 10 年的谈判过程中，中国积极参与 APEC 贸易投资自由化和便利化进程，通过单边行动计划实施渐进的市场开放，不仅为“入世”谈判提供了重要参考，也为此后在多边贸易体制下推进更高水平的市场开放奠定了基础。进入 21 世纪以来，中国开始积极实施自由贸易区战略，并相继与新西兰、新加坡、智利、秘鲁、韩国、澳大利亚等多个 APEC 成员建立了双边自由贸易区，这在一定程度上得益于中国与上述国家共同参与 APEC 合作所打下的基础。

第三，参与 APEC 可以使中国更积极地参与全球经济治理，推进构建新型国际经济秩序。在经济全球化和区域经济一体化进程中，发达国家由于主导了“游戏规则”的制订，成为明显的受益者。相对而言，发展中国家的利益没有得到充分保障。中国不仅是世界上最大的发展中国家，也是最主要的制造业大国和贸易大国之一，迫切希望通过建立更加公平合理的国际经济秩序为中国全面参与全球价值链分工创造良好的规则环境。显然，APEC 作为规模和影响力巨大的区域经济合作组织，对于中国推动完善国际经济秩序发挥重要的平台作用。

第四，APEC 是中国开展首脑外交、大国外交、周边外交和经济外交的重要场所，有助于拓展和深化中国与 APEC 其他成员的政治经济关系。APEC 成员中既包括美国、俄罗斯这样的国际政治“巨人”，又包括日本、加拿大、澳大利亚等世界性的经济强国，以及拉丁美洲和亚洲地区的主要发展中成员。因此，中国可以利用 APEC 平台有效实施既定的外交战略，与亚太地区的众多成员合作谋求共同利益。尤其是 APEC 领导人的年度会晤机制，为中国针对国际和地区关系发展的最新形势和热点问题，与亚太地区重要经济体开展全面对话创造了良机。

第五，参与 APEC 合作为中国积累了丰富的经济外交人才。APEC 有着完整的组织机构框架，涵盖的合作领域广泛，中国众多部委的相关职能部门都与 APEC 形成了业务对接。同时，APEC 虽然是具有论坛性质的区域经济合作组织，但由于其级别高、国际影响力大，始终是一个利益博弈激烈的多边外交场所。基于这一背景，参与 APEC 合作使中国形成了一支人数众多、业务能力过硬的经济外交队伍，也为中国此后在 WTO 以及其他区域、次区域经济合作框架下开展工作输送了大量的业务骨干。

第六，APEC 为中国工商界“走出去”，深度参与亚太区域经济合作铺设了道路。APEC 高度重视发挥工商界的作用，并建立了以 APEC 工商咨询理事会为代表的各种机制，旨在保障工商界有效地参与亚太经济合作。中国除了委任代表参与 APEC 工商咨询理事会（ABAC）活动之外，还在国内成立了 APEC 中国工商理事会，为众多的企业家走上国际经贸合作的舞台提供了良机，使中国工商界的利益诉求得到了更加充分的表达。

二、中国为 APEC 合作进程所做的贡献

全面回顾中国的 APEC 之路，可以发现中国在角色定位上经历了从学习摸索到积极参与，再到尝试发挥引领作用的巨大转变。探究这一转变过程背后的动因，中国综合国力的大幅提升是一个方面，但更为重要的是中国高度认可 APEC 在推进亚太区域经济合作方面所发挥的不可替代的作用，因而始终对 APEC 的发展抱有高度的责任感和使命感。作为 APEC 最大的发展中成员，中国在 APEC 的制度建设和合作框架的构建与调整中发挥了关键作用。

在 APEC 成立之初，中国明确主张应充分考虑 APEC 成员众多、经济发展水平差异巨大等客观因素，将遵循灵活、渐进、开放、自主自愿原则的“APEC 方式”作为该组织的运行方式，从而兼顾了各成员的多样性，使它们的利益诉求得到了较好的平衡，同时也保证了 APEC 自身的聚合力和运行效率。同时，中国支持“开放的地区主义”，反对将 APEC 建成封闭的贸易集团。中国认为 APEC 应通过市场力量驱动本地区的贸易和投资自由化，加强亚太地区和整个世界市场的联系。换言之，APEC 的努力方向应与 WTO 的原则相一致，在逐步加强本地区经济一体化进程的同时，推动全球贸易和投资自由化的发展。此外，针对 APEC 的主体合作框架，中国强调经济技术合作与贸易投资自由化和便利化进程同等重要。在这个问题上，APEC 发达成员主张将贸易投资自由化和便利化置于优先地位，

而经济技术合作只是实现贸易投资自由化和便利化目标的一种辅助手段。有的发达成员甚至认为，发展中成员就是希望通过经济技术合作从发达成员获得资金和技术，并因此担心 APEC 变成一个发展援助机构。对此，中国明确指出，APEC 开展经济技术合作的原则和做法不同于传统意义上的发展援助，它是一种建立在平等互利、优势互补基础上的双向合作，没有卓有成效的经济技术合作，贸易投资自由化也不会有大的进展。实践证明，“双轮驱动”的合作模式在 APEC 发展进程中发挥了积极的作用，成效显著。针对近年来多边贸易体制发展遇阻和亚太区域经济合作格局加速演变的客观现实，中国呼吁各成员积极构建新型伙伴关系，在 APEC 地区推进开放、创新和联动发展，不断优化经济资源配置，完善产业布局，培育普惠各方的亚太大市场，彰显了大国风范。

除了全面积极参与 APEC 各领域的合作之外，中国还在 2001 年和 2014 年先后两次作为东道国举办了 APEC 会议，均取得了圆满成功，为推动 APEC 整体合作进程做出了重要的贡献。尤其是 2014 年在北京举行的 APEC 会议，适逢 APEC 成立二十五周年的重要时间节点，这次会议具有承前启后、继往开来的意义。综合考虑 APEC 合作进程所面临的重大问题和各方的期待，中国将 2014 年 APEC 会议的主题确定为“共建面向未来的亚太伙伴关系”，并设立了推动区域经济一体化、促进经济创新发展、改革与增长，以及加强全方位基础设施与互联互通建设三大核心议题。会议发表了《北京纲领：构建融合、创新、互联的亚太——亚太经合组织第二十二次领导人非正式会议宣言》，强调 APEC 各成员将致力于发扬相互尊重、互信、包容、合作、共赢的精神，共同建设面向未来的亚太伙伴关系，为亚太地区长远发展和共同繁荣贡献力量。为此，APEC 决心推进自身改革，完善合作机制，实施富有雄心的目标和蓝图，使 APEC 在亚太地区发挥更大的引领和协调作用。在本次 APEC 会议所取得的 100 多项成果中，由中国发起的倡议占一半以上。

三、新时代中国参与 APEC 合作的策略选择

当前，中国特色社会主义进入新的时代，以习近平同志为核心的党中央不断深化对新型大国外交的规律性认识，也从目标宗旨、原则准则、政策理念、全球治理、区域合作、周边外交等方面，不断丰富和发展新时代中国特色大国外交体系①。习近平总书记在中国共产党第十九次全国代表大会报告中指出，中国将坚持和平发展道路，推动构建人类命运共同体。为此，中国将坚持对外开放的基本国策，积极促进“一带一路”国际合作，增添共同发展新动力，努力实现政策沟通、设施联通、贸易畅通、资金融通和民心相通。同时，中国将通过支持多边贸易体制、促进贸易投资自由化便利化和自由贸易区建设，建设开放型世界经济。鉴于 APEC 的规模、国际影响力、现有合作基础和未来发展趋势，该组织可以为我国落实党的十九大的相关战略部署发挥多重功能，其角色应得到全新定位，其战略空间将不断拓展。基于这一判断，我国应以习近平新时代中国特色社会主义思想为指导，积极参与 APEC 在新时期的机制建设，全面深化和拓展亚太区域经济合作，并使 APEC 成为我国推进构建开放型世界经济、推动和深化“一带一路”倡议、在全球经济治理体系中强化自身影响力的有效渠道和重要抓手。

（一）将 APEC 作为打造新型伙伴关系和人类命运共同体的有效平台

人类命运共同体是一种价值观，既传承了和平外交理念，又契合了《联合国宪章》关于平等、和平、合作的宗旨和原则，强调以合作谋安全、以安全促和平、以稳定促发展的全人类的义利观，主张推动构建以合作共赢为核心的新型伙伴关系②。人类命运共同体为全球治理提供了中国方案，表明中国的全球化认识观与全球治理观已经形成，具有重大意义。

APEC 长期倡导“亚太大家庭”精神，希望借此增强各成员之间的凝聚力，促进亚太的共同繁荣。近年来，各成员对推进以人为本的 APEC 合作的共识度越来越高，期待 APEC 加强务实合作，使亚太地区的民众更加充分、平等地从区域

---

① 吴志成，温豪. 从独立自主走向复兴自强的中国特色大国外交析论[J]. 东北亚论坛，2019（5）：3-16.

② 习近平. 习近平谈治国理政[M]. 北京：外文出版社，2014.

经济合作中获益。因此，中国应深入挖掘 APEC 所秉承的“亚太大家庭”精神和以人为本的合作理念的内涵，使其与人类命运共同体理念紧密融合，相互促进。具体而言，应倡导以深化对内开放和扩大对外开放为导向，防止亚太区域经济一体化的封闭化和碎片化；以合作为动力，共同搭建平台，共同制订规则；以共享为目标，倡导平等参与，分享发展成果。

（二）使 APEC 成为完善全球经济治理的有力抓手

随着世界经济格局和经贸规则体系演变步伐的加快，如果全球经济治理体系的调整与完善出现滞后或偏向，其合理性和运行效率不足的问题就会越来越突显。现有的全球经济治理体系——布雷顿森林体系是第二次世界大战之后围绕着美元霸权而建立起来的。但是，面对世界经济和贸易增长乏力，单边主义和保护主义抬头等一系列挑战，现有的国际经济治理机制及规则已经不能满足所有国家的发展需要，在“全球化 4.0”架构下推动全球治理体系的变革已成为国际社会的共识。

针对全球治理格局和全球治理体制问题，习近平主席曾明确指出，国际社会普遍认为，全球治理体制变革正处在历史转折点上。国际力量对比发生深刻变化，新兴市场国家和一大批发展中国家快速发展，国际影响力不断增强，是近代以来国际力量对比中最具革命性的变化①。近 10 年来，新兴经济体对世界经济增长的贡献率一直超过 50%。特别是 2008 年金融危机爆发以来，新兴经济体更是一枝独秀，对全球经济增长贡献率超过 70%，且在世界经济中的地位和影响力不断上升。据国际货币基金组织统计，新兴经济体在世界经济中所占的比重由 2000 年的 23.6%上升到 2015 年的 41%，按购买力平价计算则由 2000 年的 40.7%上升到 2015 年的 53.7%。另据世界银行的统计，新兴经济体和发展中国家在国际贸易总额中所占的比重由 1995 年的 30%跃升至 2015 年的 50%左右。自 2005 年以来，新兴经济体对世界经济增长的贡献率一直超过 50%，最高时甚至接近 70%。然而，新兴经济体的经济体量和在全球经济治理体系中的话语权却严重不匹配。不仅如此，

① 习近平. 推动全球治理体制更加公正更加合理为我国发展和世界和平创造有利条件[N]. 人民日报，2015-10-14。

近年来一些发达国家力图通过构建高标准的区域贸易安排，重塑全球贸易投资规则，继续占领全球经济治理高地。

因此，中国将积极参与全球治理体系建设，努力为完善全球治理贡献中国智慧，同世界各国人民一道，推动国际秩序和全球治理体系朝着更加公正合理方向发展[①]。就中国推进完善全球治理体系的具体实施路径而言，应重点关注以下几个方面：其一，引领全球治理要坚持人类命运共同体的价值取向；其二，针对全球治理的不同主体要坚持权责一致、开放包容的价值理念；其三，在全球治理中要坚持共商、共建、共享的原则[②]。

事实上，APEC 的合作理念、指导原则和运行方式与中国推进完善全球治理体系的重点实施路径在诸多方面存在交集和一致性。因此，中国应积极倡导 APEC 坚持践行"开放的区域主义"，在扩大成员彼此之间开放的同时，促进整个亚太地区对世界的开放。APEC 成员多样性突出，发展水平各异，对包容发展具有强烈的内生动力。中国应呼吁 APEC 各成员将包容共享理念更加全面、深入地融入经济和社会的长期发展进程之中，在亚太地区努力营造互利共赢的合作氛围，使 APEC 框架下的亚太区域经济合作不断为全球治理体系的完善注入新的驱动力。

（三）利用 APEC 推进构建开放型世界经济

尽管学术界对开放型经济有多种不同的定义，但对于开放型经济所带来的福利效应则有着比较一致的认识。对个体国家而言，推进建设开放型经济有助于其更加深入地参与国际产业分工，充分发挥本国的比较优势，在国内和国际市场之间建立更加紧密的联系，促进贸易条件的改善，提升本国整体的福利水平。同样，开放型的区域或世界经济体系可以促进生产要素、商品和服务的跨境自由流动，从而实现资源配置的优化和经济运行效率的不断提升。但是，当前的经济全球化进程正在经历深刻转变，在形式和内容上面临新的调整，并受到了贸易保护主义

---

① 习近平. 习近平在庆祝中国共产党成立 95 周年大会上的讲话[EB/OL]. 人民网，http://cpc.people.com.cn/n1/2016/0702/c64093-28517655.html，2016-07-02.

② 钮菊生，刘敏. 中国引领全球治理的问题与对策[J]. 东北亚论坛，2019（2）：41.

抬头的威胁，使得推进构建开放型世界经济的必要性和迫切性愈发突出。

需要指出的是，推进建设开放型世界经济不是“空中楼阁”，必须顺应和结合世界经济发展的总体趋势，并借助有效的平台和渠道。目前，APEC 21 个成员的人口总量、经济总量和贸易总量分别约占世界的 38%、60%和 48%，在国际经济体系中具有举足轻重的地位。近年来，越来越多的成员认为 APEC 不应仅仅聚焦亚太经济合作，还应更加积极地参与国际经济事务，并加强与二十国集团（G20）等重要多边机制的协调，促进合作议题的对接和互动。因此，从前景来看，APEC 框架下的亚太区域经济合作进程与开放型世界经济的构建将呈现出越来越密切的联动关系。在 2018 年 11 月举行的 APEC 第二十六次领导人非正式会议上，习近平主席发表了题为《把握时代机遇 共谋亚太繁荣》的重要讲话，强调“亚太各方应该顺应经济全球化发展大势，不为一时的困难所阻挡，继续秉持推动区域经济一体化宗旨，把握构建开放型世界经济大方向，努力保持亚太合作势头，稳步迈向更高水平”。因此，中国应积极支持 APEC 在推动区域经济合作、促进经济增长方面发挥引领和协调作用，矢志不渝地推进贸易投资自由化便利化进程和 FTAAP 的构建。中国应重点关注 2014 年北京 APEC 会议制订的《APEC 促进全球价值链发展合作战略蓝图》的后续实施工作，推动全球价值链优化重塑，打造包容性商业，引导经济全球化朝着开放、包容、普惠、平衡、共赢的方向发展。

（四）将 APEC 作为我国参与制定国际经贸新规则的“试验场”

自 2019 年底以来，由于 WTO 争端解决上诉机构的停摆，多边贸易体制的改革前景愈发不明朗。CPTPP、日本-欧盟经济伙伴关系协定和美墨加协定等高标准的自由贸易协定相继签署或生效，将对国际贸易的格局产生不可忽视的直接或潜在影响。这些新动向表明，我国在多边和区域层面的经济和贸易环境都在发生结构性的变化，国际经贸新规则制订的主导权之争将愈演愈烈。从趋势来看，围绕知识产权、数字经济、国有企业、劳工标准和环境标准等国内规制的博弈将成为焦点。针对上述情况，我国应保持战略定力，在继续深化改革的同时，以开放的姿态积极参与国际经贸规制体系的重构。

需要再次强调的是，在APEC框架下参与贸易投资自由化和规制改革合作曾经为我国在WTO和自由贸易区体系中实施更高水平的开放积累了经验，同时也可视为进行了必要的风险测试，成效显著。因此，我国在参与制订国际经贸新规则的未来进程中，应继续充分利用APEC的“孵化器”和“试验场”作用，使APEC框架下的实践为我国推进改革开放，参与更高水平的区域经济合作和全球治理提供驱动力。

第六节　APEC合作进程与“一带一路”倡议的相互促进

2013年由中国提出的“一带一路”倡议顺应了世界多极化、经济全球化、文化多样化以及社会信息化发展的大潮流，有利于形成陆海统筹、东西互济的全面对外开放新格局，是中国积极应对全球经济政治形势深刻变化、适应国内改革开放发展的新需要的顶层设计。随着“一带一路”倡议的不断深化，参与国家持续增加，合作范围以及区域不断拓展，实质性经贸合作取得长足进步，“一带一路”倡议已经从概念到行动形成了总体布局，成为中国提供全球治理新思维和全球化新概念的解决方案之一。

从总体来看，“一带一路”倡议与APEC合作理念相容、机制相连、领域相通，二者可以实现相辅相成、相互对接、相互促进的良好效果，对中国具有非常重要的战略内涵。

一、“一带一路”倡议与APEC合作的内在联系

客观而言，“一带一路”倡议的提出与中国在APEC框架下广泛参与亚太区域经济合作的经验积累和影响力的提升是密不可分的，二者在涵盖的地理范畴、合作目标、方式和原则、合作领域，以及战略内涵方面都存在很多共通点。

（一）涵盖地理范围的相关性

APEC 目前共包括亚太地区的 21 个成员，而“一带一路”沿线共 60 多个国家和地区，不仅覆盖了 10 个 APEC 经济体，还继续向西延伸至中西亚、南亚，甚至中东欧地区，形成了面向欧亚、辐射全球的格局。如果考虑由中国倡导成立的亚洲基础设施投资银行所包括的 57 个创始成员，那么“一带一路”倡议还将惠及澳大利亚、新西兰、韩国等更多的 APEC 成员。

从经济体量上看，“一带一路”沿线国家和地区覆盖总人口约 45 亿，占全球总人口的 63%；贸易总额超过 15 万亿美元，约占全球总贸易额的 33.5%。其中，“一带一路”倡议涵盖的 APEC 成员的人口总数超过 20 亿，约占“一带一路”沿线国家和地区总人口的 44%，贸易总额约 8.3 万亿，占“一带一路”沿线国家和地区贸易总量的 55%。

（二）合作目标和原则的相关性

就性质而言，“一带一路”倡议和 APEC 都属于区域经济合作框架。根据国家发展改革委、外交部、商务部联合发布的《推动共建丝绸之路经济带和 21 世纪海上丝绸之路的愿景与行动》，“一带一路”倡议的具体合作目标是促进经济要素有序自由流动、资源高效配置和市场深度融合，推动沿线各国实现经济政策协调，开展更大范围、更高水平、更深层次的区域合作，实现共同繁荣。APEC 的合作目标是努力保持经济增长和发展，推动自由开放的贸易投资，深化区域经济一体化，加强经济技术合作，促进成员间经济的相互依存，加强开放的多边贸易体制，维护本地区人民的共同利益。由此可见，二者的总体目标都是促进成员之间全方位的经济合作，并为此创造良好的地区环境。

从二者各自遵循的合作原则来看，“一带一路”倡导构建开放、包容、均衡、普惠的区域经济架构，在联合国宪章和和平共处五项原则的基础上开展务实合作，与“APEC 方式”自主自愿、协商一致和灵活渐进的核心要素异曲同工。事实上，上述合作原则是根据开展区域合作的客观现实条件而制订的，即成员数量众多，经济发展水平差异巨大，并且在政治、文化和社会制度方面具有显著的多样性。

显然，具备非约束特征的合作机制有助于为参与“一带一路”倡议和 APEC 合作的成员提供较高的“舒适度”，使它们在循序渐进的基础上不断提升合作水平，拓展合作领域。

（三）合作领域的相关性

从主要的合作领域来看，“一带一路”倡议可以概括为“五通”，具体包括：政策沟通，旨在构建多层次政府间宏观政策沟通交流机制；设施联通，推进交通、能源、通信等基础设施网络建设；贸易畅通，重点推进贸易投资便利化，优化产业链分工；资金融通，推动以货币互换为重点的金融合作，加强金融监管；民心相通，加强教育、旅游、科技、卫生防疫等民间合作。在“五通”的总体框架下，“一带一路”将重点在基础设施、贸易、产业投资、能源资源、金融、生态环保、人文、海上等领域开展合作。

APEC 的传统合作领域包括贸易投资自由化、贸易投资便利化和经济技术合作，这也被称为 APEC 的三大支柱。近年来，随着亚太区域经济合作形势的变化和各成员利益诉求的拓展，APEC 的合作领域逐渐向能源安全、粮食安全、应对气候变化、海洋和蓝色经济、中小企业、电子商务、互联互通等非传统领域延伸。显然，APEC 和“一带一路”倡议在经贸和人文合作的多个领域都有所重合。尤其是自 2014 年 APEC 北京会议以来，全方位互联互通成为 APEC 合作的热点领域，这无疑进一步深化了 APEC 和“一带一路”倡议在合作领域方面的相关性。

二、“一带一路”倡议和 APEC 互联互通合作的相互促进

当前，经济全球化和区域经济一体化持续深入发展，各国之间的贸易与投资往来越来越密切，逐渐形成了相互交织、高度依存的全球和区域生产、销售网络。然而，全球金融危机的爆发也暴露出各国经济结构的深层次问题。如何在“后危机”时代寻找到新的合作突破口，继续扩大区域合作范围，提升合作层次，缩小发展差距，实现经济全面、均衡、可持续增长的目标，已经成为摆在各国面前的共同课题。同时涵盖基础设施建设、人员流动便利化及区域规制协调与融合的互

联互通合作无疑是一条有效的路径。因此，“一带一路”倡议和 APEC 框架下的互联互通合作具有重要的意义，二者可以实现相辅相成和相互促进的效果，前景广阔。

（一）互联互通合作的重要意义

第一，互联互通合作有助于为创建区域统一大市场提供更加坚实的物质基础。互联互通合作一方面可以巩固各成员在地理空间和经济上的统一性和整体性，促进和深化现有的贸易投资合作机会，另一方面也可以促进发展中经济体更好地融入区域生产网络体系中，开拓产品出口与经济增长的新源泉。因此，加强该领域的合作有助于进一步缩小各成员经济发展水平的差距，形成内部统一大市场，提升地区经济竞争力。

第二，互联互通合作符合区域经济一体化的发展趋势。可靠、高效的供应链已被证明是促进经济稳定增长的重要因素之一。加强区域内供应链的联通性和便捷性有助于提高地区内的营商环境，增加物流环节的便捷性和可预见性，同时在技术上确保更多企业能够参与区域贸易。因此，互联互通将在提升区域经济一体化的质量与实效方面发挥越来越重要的作用。

第三，互联互通合作符合发达成员和发展中成员的共同利益。一方面，发展中成员可以通过加大基础设施投资形成新的经济增长点；另一方面，发达成员则可以通过互联互通建设完善全球商品生产网络，进一步扩大在其他经济体市场的影响力。因此，互联互通合作不仅有利于成员的经济增长，而且有利于区域合作的发展与世界经济复苏。

第四，基础设施领域的互联互通建设蕴含着巨大的市场空间。根据世界银行的研究，基础设施投资具有显著的乘数效应，每 1 美元的基础设施投资能够拉动 3～4 美元的其他产业投资需求，在基础设施领域每投资 10 亿美元就能创造 1.8 万个就业机会。目前，全球基础设施建设市场的需求呈现出强劲增长的势头。据经济合作与发展组织预测，2020 年全球基础设施建设投资的需求达到 12.7 万亿美元，2030 年将进一步增长到 55 万亿美元，相当于每年投入全球 GDP 的 2.5%。

在 APEC 框架下，2013 年在印度尼西亚巴厘岛举行的 APEC 会议首次正式将亚太互联互通列为核心议题，并通过了《APEC 互联互通框架》和《APEC 基础设施开发与投资多年计划》两个文件，确立了 APEC 在基础设施、制度和人员三个领域互联互通的总体目标和任务。

2014 年在北京举行的 APEC 第二十二次领导人非正式会议宣言将《亚太经合组织互联互通蓝图（2015－2025）》作为最重要的成果之一。该蓝图明确了 APEC 三大互联互通领域的时间表，即在 2025 年前实现互联互通的远景目标。从硬件联通层面来看，该蓝图将推进公私伙伴合作关系作为加强各经济体基础设施融资的重要渠道之一，并呼吁通过实施《亚太经合组织基础设施公私伙伴合作关系项目实施路线图》和《通过公私伙伴合作关系促进基础设施投资行动计划》进一步推进公司伙伴合作的制度化。从机制衔接互联互通层面来看，该蓝图以供应链联通为主要目标，进一步推动《亚太经合组织供应链联通框架行动计划》的实施，通过实施能力建设计划系统性提高供应链绩效。此外，该蓝图还将规制衔接和经济结构改革与供应链联通一并纳入软件联通范畴，以解决贸易便利化、结构和规制改革、交通及物流便利化等领域的重大问题。从人员交往互联互通层面来看，该蓝图将便利人员跨境流动和创新理念交流作为主要内容，致力于解决商务旅行、跨境教育、旅游便利化和专业技术人才流动等问题。APEC 北京会议标志着互联互通合作由 2013 年印度尼西亚会议上的战略展望和行动倡议步入战略部署和实际操作阶段。

更为重要的是，北京会议还为 APEC 与“一带一路”倡议框架下的互联互通合作建立联动关系提供了良机。习近平主席在此次 APEC 领导人非正式会议上的讲话中倡导在现有的亚太经济合作框架下注入“一带一路”元素，通过全方位、多层次、宽领域的互联互通，为各成员提供更便利的贸易条件和合作空间。此外，习近平主席还在“加强互联互通伙伴关系”对话会上强调指出，互联互通不仅是平面化、单线条的联通，更应该是基础设施、制度规章、人员交流三位一体，应该是政策沟通、设施联通、贸易畅通、资金融通、民心相通五大领域齐头并进，是全方位、立体化、网络状的大联通。习近平主席的讲话进一步明确了“一带一路”倡议框架下的“五通”与《亚太经合组织互联互通蓝图（2015－2025）》的高度契合关系，为二者的互动发展指明了方向。

（二）中国推进互联互通合作的基础条件与优势

改革开放以来，中国经济的发展取得了举世瞩目的成就。实践证明，基础设施建设和互联互通既是经济增长的条件，又是经济增长的结果，二者相互促进。未来，中国将在“一带一路”倡议和 APEC 框架下积极推动和参与基础设施和互联互通合作，努力在各成员之间形成低成本、高效率、稳定可预期的互联互通环境。事实上，中国在全方位互联互通合作方面有着多方面的有利条件和优势，可以发挥重要的引领作用。

第一，物资设备和技术能力优势。目前，中国在能源、通信、铁路、公路、港口、机场、口岸等多个基础设施领域都取得了明显成果，在铁路、机场等领域的建设方面都已处于世界先进水平，甚至超越了发达经济体，具有强大的基础设施供给能力。可以说从基础设施项目的规划、设计、施工到相关机械设备和自动控制系统的安装、运营与管理，乃至设备维护，中国的优势贯穿基建全产业链，而且企业管理层在多年开展海外工程建设的过程中也积累了丰富的国际经验。在“一带一路”倡议和 APEC 框架下的基础设施建设领域，无论是需要更新基础设施的发达成员，还是亟待建设的发展中经济体，客观上都对中国的基建能力有着巨大的需求。

第二，资金优势。互联互通合作，特别是基础设施的互联互通，需要充足的资金支持，否则很多项目只能是纸上谈兵。例如，据世界银行估计，目前仅东亚地区 1 年对基础设施投资的需求就高达 6000 亿美元，南亚在未来 10 年也有巨额的基础设施建设投资需求。亚洲开发银行的数据表明，2010－2020 年，亚洲需要至少 8 万亿美元的基础设施建设资金才能支撑目前亚洲地区的经济增长水平，这就意味着每年需要 7300 亿美元。但是，世界银行和亚洲开发银行等现有融资渠道每年能够提供给亚洲的资金只有 200 亿美元左右，其中只有 40%～50%用于基础设施，远远无法满足其巨大的基础设施投融资需求。在此背景下，“一带一路”倡议的实施有利于亚太和欧亚地区进一步加强基础设施建设和区域的互联互通，并带动相关企业发展，为资本和技术提供发展机遇，对于世界的经济增长具有积极的意义。中国拥有雄厚的外汇储备，更有着与周边国家实现繁荣共享的良好意愿。近年来，中国金融机构对于对外承包工程业务的支持力度不断加大，资金支持达到了前所未有的力度。在 2014 年 APEC 北京会议期间，中国宣布出资 400 亿美元成立丝路基金，彰显了中国利用资金实力实质性推动“一带一路”互联互通合作的决心。此外，中国还从 2013 年开始发起筹建亚洲基础设施投资银行。2015 年 12 月 25 日，亚洲基础设施投资银行正式成立，包括 57 个创始成员。此后，亚洲基础设施投资银行与世界银行、亚洲开发银行、欧洲投资银行等多家国际金融机构合作启动了多项基础设施建设融资项目。

第三，人力资源的优势。对于一个发展中国家来说，丰富的劳动力资源依然是生产力中最为活跃的部分。与发达国家相比，虽然中国的人口红利在近年来有所减少，但在劳动力成本方面依然具有比较明显的优势。人力资源优势除了具有劳动力数量丰富而成本低廉的优势外，还具有拥有一定生产技能和专业知识、短期内能够创造人力资本，以及伴随着互联互通的推进而产生人力资源外包的优势。作为全球第一的人口大国，中国近 14 亿人口的经济体不仅具有巨大的市场容量，更能为“一带一路”倡议和 APEC 框架下的互联互通合作提供充足的劳动力资源。同时，作为全球的制造业大国，中国的劳动力资源大都具备从事各项生产活动的丰富经验和专业技能，在企业的前期投入和后期培养方面较其他发展中国家也具有一定的优势。

第四，国内政治制度与决策机制方面的优势。中国自改革开放以来，国家生产力、综合国力和人民生活水平都取得了令人瞩目的巨大发展和进步。世界上很多发展中国家，甚至包括一些发达国家也都在探索“中国成功之谜”，特别是在当前世界经济增长乏力的情况下，中国正以其独有的竞争力、高效率和适应性吸引着世人目光。同时，中国的决策体制一直沿着民主化、科学化、制度化的路径发展，形成了独具特色的中国现行决策机制。这种决策机制在涉及有关重大政策的决策时具有快速、高效和务实性，这也使得中国政府在今天全球经济危机蔓延、经济持续低迷的情况下，依然能够为区域内互联互通建设以及推动区域经济一体化提供各种公共产品。

第五，地缘优势。中国位于亚洲东部，太平洋西岸，同 14 个国家陆路接壤，与 8 个国家海上相邻。“一带一路”倡议和亚太地区互联互通建设的根本目标就是使区域内建立起更加便利的贸易、交通、通信、资金流动以及人文交流等相互流通的网络，使区域经济向更深层次、更高层级方向发展。良好的地理位置决定了中国在地缘上完全具备这个条件。伴随着“一带一路”倡议的实施以及一些欧亚国家的积极参与，亚太地区的互联互通建设将与欧亚地区对接，从而使中国在引领互联互通合作方面的地缘优势得到进一步的体现。

三、“一带一路”倡议和 APEC 合作互动发展对中国的战略意义

当前，国际和主要地区的经济环境都在经历着快速的演变，各种新问题、新挑战层出不穷。“一带一路”倡议和 APEC 合作所涵盖的亚太地区在世界经济版图中占有举足轻重的地位。因此，全面推进和深化“一带一路”倡议和 APEC 框架下的区域经济合作，在地区和全球范围内都将体现出多方面的重要意义。

（一）为国内经济增长创造新动力、寻找新出口

中国经济在经历了改革开放 30 多年来的持续高速增长之后，正在进入经济增速换挡期、经济结构调整阵痛期和前期刺激政策消化期“三期叠加”的新常态。为了实现国民经济从高速增长到常态平稳的“软着陆”，转变经济发展的方式，维持可持续发展，就必须更好地统筹国际国内两个大局和两个市场，为经济发展寻找新的增长点。在这方面，“一带一路”倡议和 APEC 合作都将发挥非常重要的作用。

近年来，中国在全球价值链中的地位逐渐前移，在一些资本和技术密集型产业中的竞争力不断提升的同时，具有传统优势的劳动密集型产业的优势有所下降。

与此同时，中国的产能过剩和环境问题越来越突出，要素成本显著上升，资源消耗型增长模式难以为继，逐渐从投资和出口拉动型向创新驱动型转变。在这一背景下，“一带一路”倡议和 APEC 框架下的全方位互联互通与基础设施建设将提供产业转移、资本输出和资源整合的有效平台，使中国的比较优势得到更加充分的发挥，更好地开拓国际市场和提升“走出去”战略，为国内经济的发展提供新的驱动力。

（二）打造对外开放新格局

中国的改革开放首先从东部沿海地区开始，实行东部地区优先发展，之后再带动中西部地区共同发展的政策。因此东部沿海地区利用有利的制度区位因素，在改革开放 30 多年的时间里积极参与国际分工，并取得了快速发展。而中西部地区，特别是西部地区的经济发展水平远远落后于东部沿海地区，无论是基础设施、经济实力、人民生活水平等都无法与沿海地区相提并论。尽管中国实施了西部大开发战略，西部地区自身也采取了多项措施，发展步伐进一步加快，但由于发展基础、资源禀赋、区位优势、历史文化等因素的影响，与东部沿海地区相比仍存在很大差距。东、中、西部地区除了经济发展水平存在巨大差异外，地区经济结构也有很大不同。东部地区不仅产业结构更加合理，工业化程度也很高，能够生产高附加值和高科技含量的产品。相比之下，中西部地区第三产业发展较为滞后，工业基础相对薄弱，主要以采掘开发和原材料提供作为主要产业，长期以来扮演着供应基地的角色，为东部地区提供了大量能源和原材料。这类产品价格基础薄弱，附加值也较低，增值能力较弱，导致其空有资源优势，却始终无法建立经济优势。发展相对滞后的第三产业也拖累了中西部地区的主导产业、支柱产业和高科技产业快速发展，工业化程度也偏低，进一步造成中西部地区与周边地区脱节，经济联系松散薄弱，向周边的辐射能力也比较差。

“一带一路”倡议和 APEC 框架下的全方位互联互通和基础设施建设将为中国经济的发展打开新的空间，有利于实现区域之间的均衡发展。尤其是“一带一路”倡议的实施将进一步增强中西部地区与周边的经贸联系，极大地拓展中西部地区对外开放的广度和深度，使西部地区成为新一轮对外开放的前沿，这无疑将极大地释放西部地区经济发展的潜力，从而推进构建中国对外开放的新格局。

（三）推进全球治理体系的完善和重构

“一带一路”倡议和 APEC 引领下的区域经济合作都是中国积极参与全球经济治理的组成部分和有效平台，将发挥独特的重要作用。对于中国而言，如果希望在全球经济治理体系中获得与自身综合实力相匹配的地位，强化提供公共物品的能力和经贸规则制订的主导权是关键。因此，在“一带一路”倡议和 APEC 合作框架下，中国应充分发挥自身优势，进一步强化为本地区提供良好“国际公共物品”的理念，积极推出“中国方案”，成为区域互联互通合作的引导者。同时，中国应在与互联互通密切相关的海关程序、动植物卫生检疫措施（SPS）、技术规定和标准（TBT）、自然人移动、电子商务等领域推进规则整合与协调，逐渐增强自身在国际经济体系中的话语权和影响力。

参考文献

1. Adlung Rudol, Martin Roy. Turning Hills into Mountains? Current Commitments Under the General Agreement on Trade in Services and Prospects for Change. Journal of World Trade, 2005, 39(6): 1161-1194.

2. Ali M El-Agraa. Regional Integration: Experience, Theory and Measurement. Div of Rowmand & Littlefield Pubs, 1999: 126.

3. Alimov R. The Shanghai Cooperation Organization: Its Role and Place in the Development of Eurasia. Journal of Eurasian Studies, 2018-9(2): 114-124.

4. Amiti M, Wei S J. Fear of Service Outsourcing: Is It Justified? Economic Policy, 2005, 20(42): 308-347.

5. APEC Economic Committee. The Impact of Trade Liberalization in APEC, Submitted to the Experts' Seminar on Impact of Trade Liberalization, Tokyo, 1999-06.

6. APEC Policy Support Unit. APEC Achievements in Trade Facilitation 2007-2010, Final Assessment of the Second Trade Facilitation Action Plan (TFAP II).

7. APEC SOM Chair, A Mid-term Stocktake Progress towards the Bogor Goals – Busan Roadmap to Bogor Goals, 2005.

8. APEC. APEC at a Glance. https://www.apec.org/Publications/ 2019/02/APEC-at-a-Glance-2019.

9. APEC. APEC Regional Trends Analysis - APEC at 30:A Region in Constant Change. https://www.apec.org/Publications/2019/05/APEC-Regional-Trends-Analysis-

-APEC-at-30, 2019-05.

10. APEC. APEC's Bogor Goals Dashboard[EB/OL]. https://www.apec.org/Publications/2019/12/APEC-Bogor-Goals-Dashboard, 2019-12.

11. APEC. Report of the APEC Vision Group – People and Prosperity: An APEC Vision to 2040. https://www.apec.org/Publications/2019/12/Report-of-the--APEC-Vision-Group, 2019-12.

12. APEC. Trade Facilitation in APEC: Progress and Impact [EB/OL]. https://www.apec.org/Publications/2019/01/Trade-Facilitation-in-APEC--Progress-and-Impact, 2019-01.

13. Ashizawa, Kuniko. Japan's Approach toward Asia Regional Security: From Hub-and-Spoke Bilateralism to Multi-Tiered. The Pacific Review, 2003, 16(3): 361-382.

14. Asian Development Bank. Asian Economic Integration Report 2018: Toward Optimal Provision of Regional Public Goods in Asia and the Pacific, 2019.

15. Baier S L, Bergstrand J H. Do Free Trade Agreements Actually Increase Members' International Trade? Journal of International Economics, 2007, 71(1): 72-95.

16. Balassa, L Bauwens. Intra-Industry Trade Specialization in a Multi-Country and Multi－Industry Framework. Economic Journal, 1987(97).

17. Baldwin R E, Krugman P. Agglomeration, Integration and Tax Harmonization. European Economic Review, 2004, 48(1): 1-23.

18. Baldwin, R E. A Domino Theory of Regionalism. NBER Working Paper, No.4465, 1993.

19. Baldwin R E. The Causes of Regionalism. The World Economy, 1997, 20(7): 865-888.

20. Behrens T E, Berg H J, Jbabdi S et al. Probabilistic Diffusion Tractography with Multiple Fibre Orientations: What Can We Gain? Neuroimage, 2007, 34(1): 144-155.

21. Behzad Babakhani. Introduction to the APEC Trade Facilitation Agenda, 2005/SOM2/WCBG/WKSP/003a.

22. Bin CH. FDI in the Financial Sector: The Experience of ASEAN Countries over the Last Decade, in CGFS, Central Bank Papers Submitted by Working Group Members, 2004, http://www.bis.org/publ/cgfs22cbpapers.htm.

23. Blomstrom M, A Kokko. Regional Integration and Foreign Direct Investment: A Conceptual Framework and Three Cases. Policy Research Working Paper N1750, Washington DC, Unitd States, World Bank, 1997.

24. Borck R, Pflüger M. Agglomeration and Tax Competition. European Economic Review, 2006, 50(3): 647-668.

25. Brakman S, Garretsen H, Schramm M. The Strategic Bombing of German Cities during World War II and its Impact on City Growth. Journal of Economic Geography, 2004, 4(2): 201-218.

26. Burgess, David F. Is Trade Liberalization in the Service Sector in the National Interest? Oxford Economic Papers, 1995, 47(1): 60-78.

27. Burgess, David F. Services as Intermediate Goods: The Issue of Trade Liberalization in Ronald Jones and Anne Krueger (eds.). The Political Economy of International Trade, Oxford: Basil Blackwell, 1990.

28. C Fred Bergsten. A Free Area of the Asia Pacific in the Wake of the Faltering Doha Round: Trade Policy Alternatives for APEC. An APEC Trade Agenda? The Political Economy of a Free Trade Area of the Asia Pacific 2006, PECC and ABAC, 2006: 15-28.

29. Chang Jae Lee. Rationale for a China-Japan-Korea FTA and Its Impact on the Korean Economy. Korea Institute for International Economic Policy, 2005: 5-7.

30. Chong S S F. et al. Developing Key Performance Indicators to Measure the Progress of Regional Regulatory Convergence and Cooperation in Asia-Pacific

Economic Cooperation (APEC), AAPS Open, 2018-4(1): 1-8.

31. Cooper C A, Massell B F. Towards a General Theory of Customs Unions for Developing Countries. Journal of Political Economy, 1965(73): 461-476.

32. Cummins J David, Maria Rubio-Misas. Deregulation Consolidation and Efficiency: Evidence from the Spanish Insurance Industry. Journal of Money, Credit and Banking, 2006, 38(2): 323-355.

33. Das S B. The Regional Comprehensive Economic Partnership: New Paradigm or Old Wine in a New Bottle? Asian-pacific Economic Literature, 2015-29(2): 68-84.

34. De Grauwe P. The Economics of Monetary Integration, Oxford University Press, 1997.

35. Dixon Peter B, J Menon. Measures of Intra-industry Trade as Indicators of Factor Market Disruption, CREDIT Research Paper 95/13, Nottingham: Center for Research in Economic Development and International Trade (CREDIT), University of Nottingham, 1995.

36. Egger H, Egger P, Greenaway D. The Trade Structure Effects of Endogenous Regional Trade Agreements. Journal of International Economics, 2008, 74(2): 278-298.

37. Ekholm K, R Forslid, J Markusen. Export-Platform Foreign Direct Investment. Journal of the European Economic Association, 2007, 5(4): 776-795.

38. Elek, Andrew. The Mid-term Review of the Bogor Goals-Strategic Issues and Options, APEC Study Centre Consortium Meeting, Jeju, 2005-05.

39. Elliot R J R, Ikemoto K. AFTA and the Asian Crisis: Help or Hindrance to ASEAN Intra-Regional Trade? Asian Economic Journal, 2004, 18(1).

40. Feketekuty G. International Trade in Services: an Overview and Blueprint for Negotiations. Cambridge MA: Ballinger Publications, 1988.

41. Final Report of the East Asia Study Group, ASEAN+3 Summit, 4 November 2002, PhnomPenh, Cambodia, http://www.aseansec.org/pdf/easg.pdf.

42. Fink, Carsten, Aaditya Mattoo, Ileana Cristina Neagu. Trade in International Maritime Services: How Much Does Policy Matter? World Bank Economic Review, 2002, 16(1): 81-108.

43. Forslid R, Ottaviano G I P. An Analytically Solvable Core-Periphery Model. Journal of Economic Geography, 2003, 3(3): 229-240.

44. Francois, Joseph F. Producer Services, Scale and the Division of Labor. Oxford Economic Papers, 1990, 42(4): 715-729.

45. Francois, Joseph F. Trade in Producer Services and Returns Due to Specialization under Monopolistic Competition. Canadian Journal of Economics, 1990, 23(1): 109-124.

46. Fujita M, Mori T. The Role of Ports in the Making of Major Cities: Self-Agglomeration and Hub-Effect. Journal of Development Economics, 1996, 49(1): 93-120.

47. Ha Noi Action Plan to Implement the Busan Roadmap towards the Bogor Goals, Ha Noi Viet Nam, 18-19/11/2006

48. Hand C Blomquist. ASEAN as Model for Third World Regional Economic Co-operation? ASEAN Economic Bulletin, 1993, 10(1).

49. Haufler A, Wooton I. Competition for Firms in an Oligopolistic Industry: The Impact of Economic Integration. Journal of International Economics, 2010, 80(2): 239-248.

50. He K. Contested Regional Orders and Institutional Balancing in the Asia Pacific. International Politics, 2015-52(2):208-222.

51. Hindley B, Smith A. Comparative Advantage and Trade in Services. The World Economy, 1984, 7(4): 369-389.

52. Hoekman, Bernard, Carlos A Primo Braga. Protection and Trade in Services: A Survey. Open Economics Review, 1997, 8(3): 285-308.

53. Hoekman, Bernard, Pierre Sauvé. Regional and Multilateral Liberalization of Trade in Services: Complements or Substitutes? Journal of Common Market Studies, 1994, 32(3): 283-317.

54. Hoekman, Bernard. Competition Policy and the Global Trading System. The World Economy, 1997, 20(4): 383-406.

55. Hoekman, Bernard. Liberalizing Trade in Services: A Survey. World Bank Policy Research Working Paper Series, 2006(4030).

56. Hoover E M. The Location of Economic Activity. New York: McGraw-Hill, 1948.

57. Hosono A. Asia-Pacific and Latin America: Dynamics of Regional Integration and International Cooperation. Comercio Internacional, International Trade Series 2017(132).

58. https://unctad.org/en/pages/diae/world%20investment%20report/world_investment_report.aspx.

59. Huh H, C Y Park. Asia-Pacific Regional Integration Index: Construction, Interpretation, and Comparison. Journal of Asian Economics, 2017 (511): 22-38.

60. Ian Clark. Legitimacy in a Global Order. Review of International Studies. 2003, 29(S1):75-95.

61. Ian Clark. Legitimacy in International Society. Oxford: Oxford University Press, 2005:17-25.

62. Ian Clark. Legitimacy in International Society. Oxford: Oxford University Press, 2007: 5-21.

63. Ian Hurd. Legitimacy and Authority in International Politics. International Organization, 1999, 53(2): 379-408.

64. James N. Roseau. Governance in the Twenty-first Century. Global Governance, 1995, 1(1):13.

65. James R Markusen. Trade in Producer Services and in Other Specialized Intermediate Inputs. American Economic Review, 1989, 79(1): 85-95.

66. James R Markusen. Multinational Firms and the Theory of International Trade. MIT Press, 2002.

67. Johnson H G. An Economic Theory of Protectionism, Tariff Bargaining and the Formation of Customs Union. Journal of Political Economy, 1965, (73): 256-283.

68. Joint Expert Group. Towards an East Asia FTA: Modality and Road Map. A Report by Joint Expert Group for Feasibility Study on EAFTA, 2006: 21.

69. Joseph Tse, Hei LEE. China's Quest for Security in the Early 21st Century：A Review. Journal of Contemporary Eastern Asia, 2010, 9(1): 49-54.

70. Kemp M, H Wan. An Elementary Proposition Concerning the Formation of Custom Unions. Journal of International Economics, 1976, 6(1): 95-97.

71. Kemp, Murray C. A Contribution to the General Equilibrium Theory of the Preferential Trading. Amsterdam: North-Holland Publishing Company, 1969.

72. Kindleberger C P. European Integration and the International Corporation. Columbia Journal of World Business, 1966(1): 65-73.

73. Krugman P, Venables A. Integration, Specialization, and the Adjustment. National Bureau of Economic Research, 1993(4559).

74. Krugman, P. Intra-Industry Specialization and the Gains from Trade. Journal of Political Economy, 1981(89).

75. Krugman P. Increasing Returns and Economic Geography. Journal of Political Economy, 1991, 99(3): 483-499.

76. Kumar D R. Problems and Prospects for Regional Integration in South Asia and Northeast Asia: A Comparative Analysis. World Affairs, 2017 (1): 100-113.

77. Lebel L, B Lebel. Road to Shared Prosperity: The Elaboration and Influence of A Transboundary Policy Narrative for Regional Economic Integration. Asia Pacific

Viewpoint, 2019, 60(3): 339-354.

78. Lee J W, J Oh. ASEAN or Plus Alpha? The Effectiveness of Regional Economic Cooperation. Asia-Pacific Management Review, 2020, 25(1): 48-53.

79. Levy-Yeyati E, Stein E, Daude C. Regional Integration and the Location of FDI. IDB Working Papers, WP-492, 2003.

80. Li Q et al. Analyzing the Effects of the Regional Comprehensive Economic Partnership on FDI in a CGE Framework with Firm Heterogeneity. Economic Modelling, 2017: 409-420.

81. Lipsey R G. The Theory of Customs Unions: Trade Diversion and Welfare. Economica, 1957, 24(93): 40-46.

82. Lissovolik Y, E Vinokorov. Extending BRICS to BRICS+: the Potential for Development Finance, Connectivity and Financial Stability. Area Development and Policy, 2019(2): 117-133.

83. Lloyd, Peter J. 3×3 Theory of Customs Unions. Journal of International Economics, 1982(12): 41-63.

84. Marshall A. Some Aspects of Competition. The Address of the President of Section F—Economic Science and Statistics—of the British Association, at the Sixtiet Meeting, held at Leeds, in September, 1890. Journal of the Royal Statistical Society, 1890, 53(4): 612-643.

85. McMillan, John, McCann, Ewen. Welfare Effects in Customs. Economic Journal, 1981(91): 697-703.

86. Meade J. The Theory of Customs Union. Amsterdam: North-Holland, 1955.

87. Menon J, A Fink. The Fourth Industrial Revolution and Its Implications for Regional Economic Integration in ASEAN. Journal of Asian Economic Integration, 2019(1): 32-47.

88. Monfort P, Nicolini R. Regional Convergence and International Integration.

Journal of Urban Economics, 2000, 48(2): 286-306.

89. Montout S, H Zitouna. Does North-South Integration Affect Multinational Firms' Strategies? Review of International Economics, 2005, 13(3): 485-500.

90. Mori T, Nishikimi K, Smith T E. The Number-Average Size Rule: A New Empirical Relationship Between Industrial Location and City Size. Journal of Regional Science, 48(1): 165-211.

91. Mostafa G, M Mahmood. Eurasian Economic Union: Evolution, challenges and Possible Future Directions. Journal of Eurasian Studies, 2018, 9(2): 163-172.

92. Motta M, Norman G. Does Economic Integration Cause Foreign Direct Investment? International Economic Review, 1996, 37(4): 757-783.

93. Myrdal G. Rich Lands and Poor: The Road to World Prosperity. New York: Harper, 1957.

94. Naya S F. Japan in Emerging East Asian Regionalism. East Asian Economic Perspectives, 2004, 15(2).

95. Ottaviano G I P, Van Ypersele T. Market Size and Tax Competition. Journal of International Economics, 2005, 67(1): 25-46.

96. Paluzie E, Pons J, Tirado D A. Regional Integration and Specialization Patterns in Spain. Regional Studies, 2001, 35(4): 285-296.

97. Park C Y, R Claveria. Constructing the Asia-Pacific Regional Cooperation and Integration Index: A Panel Approach. Working Papers, 2018.

98. Parra J C. et al. Religion and Social Cooperation: Results from an Experiment in Ghana. Review of Faith & International Affairs, 2016, 14(3):65-72.

99. PECC, ABAC. An APEC Trade Agenda? The Political Economy of a Free Trade Area of the Asia Pacific, 2006.

100. PECC, ABAC. An APEC Trade Agenda? The Political Economy of a Free Trade Area of the Asia Pacific, 2006-10.

101. Pelkmans J. Understanding the ASEAN Economic Community: Pragmatism Versus Conceptualism. Asia Pacific Business Review, 2019, 25(5): 619-636.

102. Perroni C, John Whalley. The New Regionalism: Trade Liberalization or Insurance? Canadian Journal of Economics, 2000, 33(1).

103. Peter Petri, Ali Abdul-Raheem. Can RCEP and the TPP be Pathways to FTAAP? https://ssrn.com/abstract=2513893, 2014(10):15.

104. Puga D, Venables A J. Preferential Trading Arrangements and Industrial Location. Journal of International Economics, 1997, 43(3-4): 347-368.

105. Richard Baldwin, Rikard Forslid, Philippe Martin, Gianmarco Ottaviano, Frederic Robert-Nicoud. Economic Geography and Public Policy. Princeton University Press, 2003: 81.

106. Riezman, Raymond. A 3×3 Model of Customs Unions. Journal of International Economics, 1979(37): 47-61.

107. Robert Scollay. Proliferation of RTAs and the Future of Asia Pacific Economic Integration . APEC Study Centers Consortium Meeting, Phuket, 2003-05: 26-28.

108. Rodolfo C. Severino, J R. ASEAN Rise to the Challenge. Jakarta: ASEAN Secretariat, 1999.

109. Rodriguez-Clare A. Clusters and Comparative Advantage: Implications for Industrial Policy. Journal of Development Economics, 2007, 82(1): 43-57.

110. Ron Kirk. Address on Asia-Pacific Trade at APEC CEO Summit, November 2009, http://www.ustr.gov/about-us/press-office/blog/2009/november/ambassador-kirk-delivers-address-asia-pacific-trade-apec-ce.

111. Sampson G, Snape R. Identifying the Issues in Trade in Services. The World Economy, 1985, 8(2): 171-181.

112. Sapir A. North-South Issues in Trade in Services. The World Economy, 1985, 8(1): 27-42.

113. Shi X. et al. Regional Power Connectivity in Southeast Asia: the Role of Regional Cooperation. Global Energy Interconnection, 2019(5): 444-456.

114. Soesastro, Hadi. Roadmap to the Asia Pacific Economic Community. APEC Study Centre Consortium Meeting, Jeju, 2005-05.

115. Storper M. Why Does a City Grow? Specialization, Human Capital or Institutions? Urban Studies, 2010, 47(10): 2027-2050.

116. Tekin-Koru A, Waldkirch A. North–South Integration and the Location of Foreign Direct Investment. Review of International Economics, 2010, 18(4): 696-713.

117. The Future of Regional Cooperation and Integration in Asia and the Pacific. Asian Development Bank, 2015.

118. Torsekar M P, J VerWey. East Asia-Pacific's Participation in the Global Value Chain for Electronic Products. Journal of International Commerce and Economics, 2019(1): 21.

119. UNCTAD. World Investment Report 1995-2019.

120. Venables A J. Equilibrium Locations of Vertically Linked Industries. International Economic Review, 1996, 37(2): 341-359.

121. Viner J. The Customs Union Issue. New York: Carnegie Endowment for International Peace, 1950.

122. W M Corden. Trade Policy and Economic Welfare. Oxford University Press, 1974.

123. Wonnacott, Paul, Wonnacott, Ronald. How General is the Case for Unilateral Tariff Reduction?. American Economic Review, 1984, 73(3): 491.

124. Wonnacott, Paul, Wonnacott, Ronald. Is Unilateral Tariff Reduction Preferable to a Customs Union? The Curious Case of the Missing Foreign Tariffs. American Economic Review, 1982, 71(4): 704-714.

125. Yannopoulos G. Foreign Direct Investment and European Integration: the

Evidence from the Formative Years of the European Community. Journal of Common Market Studies, 1990, 28(3): 235-259.

126. Young Ji PARK, Kabsung KIM, James W Harrington, Jr. The Economic Effects of Economic Cooperation Of Korea, China, and Japan. Regional and Sectoral Economic Studies, 2011(1): 25-26.

127. 巴殿君，王胜男. 论中国全球化认识观与全球治理的“中国方案”——基于人类命运共同体视域下[J]. 东北亚论坛，2019（3）：20.

128. 曹广伟. 亚太经济一体化的困境与破局研究——多重权力逻辑的视角[J]. 亚太经济，2019（2）：5-14.

129. 曹广伟. 亚太经济一体化视域下 CPTPP 的生成机理及其后续影响[J]. 商业研究，2018（12）：90-96.

130. 曹云华，李均锁. 东盟经济共同体与“21 世纪海上丝绸之路”：竞争与合作[J]. 广东社会科学，2020（2）：37-44.

131. 柴瑜，孔帅. 太平洋联盟：拉美区域经济一体化的新发展[J]. 南开学报（哲学社会科学版），2014（4）：28-43.

132. 柴瑜，王效云，丁宁. 拉美国家与亚太区域经济一体化——合作进展与观念趋向[J]. 国际展望，2016，8（5）：78-94.

133. 陈淑梅，高敬云. 后 TPP 时代全球价值链的重构与区域一体化的深化[J]. 世界经济与政治论坛，2017（4）：124-144.

134. 陈友骏. 日本亚太经济合作战略的新动向[J]. 日本问题研究，2018，32（5）：35-44.

135. 陈友骏. 日本亚太区域经济合作战略研究[J]. 日本学刊，2017（2）：82-101.

136. 陈友骏. 中国引领亚太经贸合作机制转型分析[J]. 国际关系研究，2017（4）：117-135.

137. 陈兆源. 法律化、制度竞争与亚太经济一体化的路径选择[J]. 东南亚研究，2017（5）：64-76.

138. 陈志阳. 拉美和亚太区域经济合作新动向：太平洋联盟成立之探析[J]. 拉丁美洲研究，2012，34（6）：23-27，42，79-80.

139. 丛晓男. 中国-欧亚经济联盟 FTA 的经济障碍与现实选择——基于可计算一般均衡 GMR-CGE[J]. 俄罗斯研究，2018（1）：82-111.

140. 丁松. 构建"一带一路"自由贸易区合作与治理机制的思考[J]. 区域经济评论，2019（5）：104-109.

141. 冯军，陈琛. 亚太自由贸易区（FTAAP）问题的由来及影响[J]. 亚太经济，2015（5）：47-51.

142. 冯梦骐，萨秋荣. 亚太区域经济一体化驱动演变、趋势与中国应对[J]. 管理现代化，2015，35（3）：34-36.

143. 耿楠. APEC 贸易投资自由化：进程、挑战与展望[J]. 国际贸易，2020（3）：63-72.

144. 宫占奎，黄春媛. APEC 进程 25 年：回顾与展望[J]. 亚太经济，2014（2）：6-7.

145. 何敏，冯兴艳. 东盟国家在亚太区域生产网络中的地位——中间产品贸易视角下的分析[J]. 国际经济合作，2017（4）：20-26.

146. 何文彬. "中国-中亚-西亚经济走廊"金融互联的推进策略——基于空间经济学视角[J]. 亚太经济，2018（1）：43-52.

147. 和春红，刘昌明. 东北亚地区经济合作的内生动力分析[J]. 经济问题探索，2019（7）：102-110.

148. 贺双荣. 太平洋联盟的建立、发展及其地缘政治影响[J]. 拉丁美洲研究，2013，35（1）：37-43.

149. 胡昭玲，夏秋，刘姝岐. APEC 全球价值链合作的进展与前景[M]//亚太区域经济合作发展报告 2016. 北京：中国高等教育出版社，2018：206-207.

150. 黄河，赵丽娟. 多边贸易体制的嬗变与亚太经贸一体化的路径选择[J].

太平洋学报，2019，27（5）：82-91.

151. 姜跃春，张玉环. 2017 年亚太地区经济形势回顾与中国作用[J]. 亚太经济，2018（1）：21-26.

152. 荆磊，祝滨滨. “逆全球化”背景下东北亚区域经济合作的前景与对策[J]. 东疆学刊，2020，37（2）：74-79.

153. 李好，潘小芳. 印度加入 RCEP 后的贸易影响因素研究——基于引力模型的实证分析[J]. 亚太经济，2016（5）：17-22.

154. 李鸿阶.《区域全面经济伙伴关系协定》签署及中国的策略选择[J]. 东北亚论坛，2020，29（3）：115-126.

155. 李俊久，丘俭裕. 中国对 APEC 成员的出口潜力及其影响因素研究——基于贸易引力模型的实证检验[J]. 亚太经济，2017（6）：5-13.

156. 李丽平，张彬，赵嘉. APEC 环境产品与服务合作进展及趋势分析[M]//亚太区域经济合作发展报告 2015[R]. 北京：中国高等教育出版社，2015：336.

157. 李香菊，王雄飞. 促进“一带一路”区域经济合作与发展的国际税收协调研究[J]. 经济经纬，2017，34（3）：135-140.

158. 李向阳. 跨太平洋伙伴关系协定与“一带一路”之比较[J]. 世界经济与政治，2016（9）：29-43.

159. 李向阳. 亚洲区域经济一体化的“缺位”与“一带一路”的发展导向[J]. 中国社会科学，2018（8）：33-43.

160. 李艳秀，毛艳华. 区域贸易协定深度与价值链贸易关系研究[J]. 世界经济研究，2018（12）：25-36.

161. 廉晓梅，许涛. “逆全球化”与东亚区域经济合作的发展前景[J]. 东北亚论坛，2017，26（5）：68-77.

162. 刘阿明. 亚太自由贸易区构建路径的比较分析——兼论中国的战略选择[J]. 世界经济与政治论坛，2015（2）：41-57.

163. 刘阿明. 中国地区合作新理念——区域全面经济伙伴关系与“一带一路”

倡议的视角[J]. 社会科学，2018（9）：30-39.

164. 刘斌，于济民. 中国加入 CPTPP 的可行性与路径选择[J]. 亚太经济，2019（5）：5-13.

165. 刘澈元，曹志伟. 东亚体系演化视角下台湾地区参与亚太经济合作的空间与路径[J]. 亚太经济，2016（1）：133-139.

166. 刘晨阳，曹以伦. APEC 三十年与我国参与亚太区域经济合作的战略新思考[J]. 东北亚论坛，2020，29（2）：3-18.

167. 刘晨阳，王晓燕. “后茂物”时代的 APEC 进程与“一带一路”建设[J]. 亚太经济，2018（4）：5-11.

168. 刘晨阳，袁燕. 面向未来的亚太伙伴关系与 2014 年后的 APEC 进程[J]. 南开学报（哲学社会科学版），2015（2）：6-14.

169. 刘晨阳. 亚太经合组织 30 年：亚太区域经济合作进程回顾与展望[J]. 当代世界，2019（11）：4-10.

170. 刘东旭. 亚太自由贸易区实现路径选择——基于亚太地区各经济体的贸易互补性和竞争性分析[J]. 世界经济研究，2016（6）：122-133.

171. 刘光辉. “一带一路”发展下中国和新加坡区域经济合作新格局[J]. 对外经贸实务，2019（7）：38-41.

172. 刘国斌. “一带一路”建设的推进思路与政策创新研究[J]. 东北亚论坛，2019（4）：85.

173. 刘海泉. 浅析中国亚太自贸区战略与地区经济一体化进程[J]. 国际关系研究，2017（4）：99-116.

174. 刘均胜，沈铭辉. 太平洋联盟：深度一体化的一次尝试[J]. 亚太经济，2014（2）：157-162.

175. 刘均胜. TPP 和 RCEP 双轨竞争自由化下 CAFTA 的建设[J]. 国际经济合作，2015（12）：17-25.

176. 刘均胜. 亚太区域经济一体化的价值链视角[J]. 国际经济合作，2016

（11）：42-46.

177. 刘武强. 区域经济一体化下福建与东盟的贸易合作态势分析[J]. 对外经贸实务，2020（1）：28-31.

178. 刘务，刘成凯. “印太”战略对东盟在亚太区域合作中“中心地位”的影响[J]. 社会主义研究，2019（1）：133-140.

179. 刘翔峰. “一带一路”倡议下的亚太区域经济合作[J]. 亚太经济，2018（2）：5-10.

180. 楼项飞. 太平洋联盟：运行特点与发展前景[J]. 国际问题研究，2017（4）：50-60.

181. 卢光盛，聂姣. 中国和印度与东南亚区域合作的比较与竞合[J]. 南亚研究，2020（1）：74-100.

182. 芦思姮. 论太平洋联盟兴起的外部动因与内部约束——基于新制度经济学视角[J]. 西南科技大学学报（哲学社会科学版），2017，34（4）：10-17.

183. 陆建人，孙玉红. 东盟的亚太一体化战略评析[J]. 东南亚研究，2016（1）：38-48.

184. 马涛，盛斌. 亚太互联经济格局重构的国际政治经济分析——基于全球价值链的视角[J]. 当代亚太，2018（4）：86-112.

185. 马学礼. 重塑规则还是整合地缘：亚太经济深度一体化的模式之争[J]. 东南亚研究，2015（5）：54-62.

186. 门洪华. 中国和平崛起的国际战略框架[J]. 世界经济与政治，2004（6）：16.

187. 孟夏，陈立英. APEC“下一代贸易与投资”议题[J]. 亚太经济，2014（2）：34.

188. 钮菊生，刘敏. 中国引领全球治理的问题与对策[J]. 东北亚论坛，2019（2）：41.

189. 欧定余，彭思倩. 逆全球化背景下东亚区域经济共生发展研究[J]. 东北亚论坛，2019，28（4）：59-70.

190. 齐俊妍，陈娟. 区域经济背景下贸易影响因素及发展潜力研究——基于亚太经济合作组织及东盟国家的分析[J]. 经济问题探索，2016（11）：91-98.

191. 钱进，王庭东. 环亚太重叠式自贸区对中国双边经济的效应分析——基于 GMM 的实证研究[J]. 亚太经济，2017（2）：27-32.

192. 钱进，王文玺. RCEP 的“轮辐”效应研究——基于多轮驱动的视角[J]. 山东财经大学学报，2019，31（6）：73-85.

193. 钱进. 中国为“轮轴”的亚太自贸区贸易增长效应研究——基于扩展引力模型[J]. 国际商务研究，2019，40（1）：51-59.

194. 全毅，沈铭辉，仇莉娜. 如何构建区域全面经济伙伴关系（RCEP）：中国视角[J]. 和平与发展，2017（5）：86-102.

195. 全毅. 全球区域经济一体化发展趋势及中国的对策[J]. 经济学家，2015（1）：94-104.

196. 阙登峰，肖汉雄，卓丽洪，等. TPP、亚太区域价值链重构及对中国的影响[J]. 经济与管理研究，2017，38（1）：16-24.

197. 桑百川，王伟. 逆全球化背景下东亚经济合作的机遇[J]. 东北亚论坛，2018，27（3）：74-87.

198. 沈铭辉，仇莉娜. 金砖国家合作机制建设：以经贸合作为视角[J]. 国际经济合作，2017（9）：17-22.

199. 沈铭辉，李天国. 区域全面经济伙伴关系：进展、影响及展望[J]. 东北亚论坛，2020，29（3）：102-114.

200. 沈铭辉，张中元. 推进东北亚区域合作的现实基础与路径选择[J]. 东北亚论坛，2019，28（1）：64-77.

201. 沈铭辉. 亚太区域双轨竞争性合作：趋势、特征与战略应对[J]. 国际经济合作，2016（3）：16-21.

202. 盛斌，果婷. “一带一路”倡议与 APEC 区域经济合作[J]. 亚太经济，

2017（2）：5-10.

203. 盛斌，殷小红. APEC 发展的政治经济分析[M]. 天津：南开大学出版社，2005：50-54.

204. 施锦芳，刘娟. “一带一路”倡议下的东北亚经济合作分析[J]. 日本研究，2016（4）：53-56.

205. 宋鹏，毛显强，李丽平. 亚太自由贸易区的经济与环境效应及中国的策略选择[J]. 国际贸易问题，2017（9）：59-70.

206. 宋志勇. 特朗普当选后东亚区域经济合作展望[J]. 东北亚论坛，2017，26（3）：51-58.

207. 苏灿，任建兰. 中国制造业在亚太地区的分工与合作研究综述[J]. 世界地理研究，2016，25（1）：95-103.

208. 苏格. 亚太经合之中国足迹[J]. 现代国际关系，2019（4）：1-7.

209. 孙瑾，施戍杰，封于瑶. 亚太区域贸易协定的经济增长效应——基于 RTAs 数量与质量的对比研究[J]. 经济理论与经济管理，2018（12）：70-83.

210. 孙西辉，吕虹. 亚太“双领导”与中美自贸区战略博弈[J]. 现代国际关系，2017（3）：45-52.

211. 孙忆，孙宇辰. 自由贸易协定能提升国家间亲密度吗?——基于中国周边 FTA 的实证分析[J]. 世界经济与政治，2017（4）：129-154.

212. 孙忆. TPP 转型与亚太经济体的应对[J]. 现代国际关系，2018（8）：56-63.

213. 汤莉，翁东玲. 中国参与全球经济治理的途径与策略[J]. 亚太经济，2019（6）：5-14.

214. 唐国强，王震宇. 亚太自由贸易区：路线图与优先任务[J]. 国际问题研究，2015（1）：75-87.

215. 佟家栋. 亚太地区经济合作一体化模式探讨——从非机制化转向机制化研究[J]. 亚太经济，2020（2）：30-35.

216. 王晨星，姜磊. 欧亚经济联盟的理论与实践——兼议中国的战略选择[J]. 当代亚太，2019（6）：67-98.

217. 王冠. 拉美地区新兴经济组织——太平洋联盟[J]. 科技经济导刊，2016（25）：9-10.

218. 王浩. 过度扩张的美国亚太再平衡战略及其前景论析[J]. 当代亚太，2015（2）：4-37.

219. 王洪章. 价值链视角下东北亚区域经济合作[J]. 中国金融，2018（24）：15-16.

220. 王厚双，宋春子. 论美国东亚经济一体化战略的调整与日本的战略响应[J]. 日本研究，2015（1）：1-11.

221. 王金波. 亚太区域经济一体化的路径选择——基于经济结构的分析[J]. 国际经济合作，2016（11）：33-41.

222. 王金强. TPP 背景下国际经贸规则的变革与亚太价值链的构建[J]. 东北亚论坛，2016，25（3）：80-93.

223. 王丽琴，朱美琳. 中国推动地区经济一体化的路径研究：从东亚自贸区到亚太自贸区[J]. 同济大学学报（社会科学版），2018，29（6）：48-58.

224. 王鹏. “对冲”与“楔子”：美国“印太”战略的内生逻辑——新古典现实主义的视角[J]. 当代亚太，2018（3）：4-52.

225. 王绍媛，李国鹏. 中国推进亚太自贸区建设的路径选择与对策建议[J]. 国际贸易，2015（6）：57-61.

226. 王素芹. 中拉区域经贸合作影响因素与路径探析[J]. 区域经济评论，2017（6）：105-112.

227. 王霞，文洋. WTO 和 RTAs 对亚太区域内贸易的驱动机制研究[J]. 亚太经济，2018（4）：17-25.

228. 王小龙. 共绘亚太未来合作新愿景[N]. 人民日报，2018-11-14.

229. 王英姿. 略论“一带一路”下的区域经济合作[J]. 商业经济研究，2018

（18）：141-143.

230. 王原雪，张二震. 全球价值链视角下的区域经济一体化及中国的策略[J]. 南京社会科学，2016（8）：10-17.

231. 王震宇. 中国自贸区战略与亚太自贸区建设[J]. 国际经济合作，2017（7）：20-27.

232. 魏丹，许培源. TPP 进程中亚太国家直接投资的变动趋势——基于 STAR 模型的分析[J]. 国际商务（对外经济贸易大学学报），2018（4）：86-97.

233. 温健纯，常雅丽. 欧亚经济合作的金融支撑体系构建[J]. 国际贸易，2020（2）：89-96.

234. 文洋，王维薇. 亚太地区深度一体化的评价与启示[J]. 亚太经济，2016（1）：16-21.

235. 吴心伯. 论亚太大变局[J]. 世界经济与政治，2017（6）：32-59.

236. 吴泽林. 亚洲区域合作的互联互通：一个初步的分析框架[J]. 世界经济与政治，2016（6）：70-92.

237. 吴志成，温豪. 从独立自主走向复兴自强的中国特色大国外交析论[J]. 东北亚论坛，2019（5）：6.

238. 习近平. 推动全球治理体制更加公正更加合理 为我国发展和世界和平创造有利条件[N]. 人民日报，2015-10-14.

239. 习近平. 习近平谈治国理政[M]. 北京：外文出版社，2014：273.

240. 习近平. 习近平在庆祝中国共产党成立 95 周年大会上的讲话[EB/OL]. 人民网，http://cpc.people.com.cn/n1/2016/0702/c64093-28517655.html，2016-07-02.

241. 习近平. 习近平在亚太经合组织第二十六次领导人非正式会议上的讲话[EB/OL]. 新华网，http://www.xinhuanet.com/world/2018-11/18/c_1123730304.htm，2018-11-18.

242. 肖琬君，冼国明. RCEP 发展历程：各方利益博弈与中国的战略选择[J]. 国际经济合作，2020（2）：12-25.

243. 徐凡. G7、G20 与亚太地缘经济治理：回顾与展望[J]. 亚太经济，2019（3）：5-12.

244. 徐楠芝. 美国区域合作的财税规则及其经验启示[J]. 经济体制改革，2020（2）：166-171.

245. 徐世腾. 新型国际分工与亚太自由贸易制度供给[J]. 社会科学，2017（2）：34-44.

246. 严安林，张建. “一带一路”倡议对亚太秩序与两岸关系的影响[J]. 台湾研究，2017（4）：19-28.

247. 杨凤鸣. 推动亚太市场开放：APEC 的作用及深化[J]. 国际经济合作，2017（7）：16-19.

248. 杨雅厦. 亚太地区推进PPP模式的主要做法及其借鉴[J]. 亚太经济，2017（2）：99-103.

249. 杨怡爽. 跨界发展：从 21 世纪海上丝绸之路到亚洲生产网络的边界扩展[J]. 当代亚太，2017（1）：26-43.

250. 杨勇. 中美对亚太多边化区域贸易平台主导权的争夺[J]. 武汉大学学报（哲学社会科学版），2019，72（3）：16-28.

251. 杨源源，于津平. 中日韩 FTA 战略差异比较与区域经济合作前景[J]. 亚太经济，2018（1）：34-42.

252. 杨振山，吴笛，程哲. 区域经济合作视角下经济走廊的类型与影响[J]. 区域经济评论，2018（3）：21-32.

253. 叶波. 《区域全面经济伙伴关系协定》介评及其应对[J]. 上海对外经贸大学学报，2017，24（2）：16-25.

254. 叶成城. 能力分配、制度共容性和战略关注度：冷战后亚太多边经贸合作制度构建的成败分析[J]. 当代亚太，2020（1）：86-112.

255. 于潇，孙悦. 逆全球化对亚太经济一体化的冲击与中国方案[J]. 南开学报（哲学社会科学版），2017（6）：88-97.

256. 于晓燕. 关于 APEC 的经济增长与发展议题探析[J]. 天津社会科学，2014（3）：80-81.

257. 余振. APEC 经济技术合作的现实困境及中国的战略选择[J]. 天津社会科学，2014（6）：92.

258. 袁晓玲，方莹，郗继宏. 大欧亚自贸区的经济效应研究：基于中美贸易摩擦的视角[J]. 管理学刊，2020，33（1）：29-37.

259. 展妍男. 丝绸之路经济带与欧亚经济联盟的差异与对接[J]. 国际经济评论，2017（4）：149-159.

260. 张彬，卢迅. APEC 北京峰会创新增长合作议题与中国的策略[J]. 亚太经济，2016（1）：22-28.

261. 张彬，张菲. RCEP 的进展、障碍及中国的策略选择[J]. 南开学报（哲学社会科学版），2016（6）：122-130.

262. 张弛. "一带一路"背景下的东北亚区域合作——基于对复合地区主义的再思考[J]. 东北亚论坛，2020，29（2）：111-126.

263. 张慧智. 特朗普新政下的东亚区域经济合作挑战与展望[J]. 山西大学学报（哲学社会科学版），2017，40（3）：172-181.

264. 张靖佳. APEC 金融服务贸易发展及其竞争力分析[J]. 南开学报（哲学社会科学版），2019（1）：170.

265. 张军. 开放亚太，共建未来[N]. 人民日报，2018-11-13.

266. 张珺，展金永. CPTPP 和 RCEP 对亚太主要经济体的经济效应差异研究——基于 GTAP 模型的比较分析[J]. 亚太经济，2018（3）：12-20.

267. 张茉楠. RCEP 迈向亚太区域经济一体化[J]. 金融与经济，2019（11）：1.

268. 张群. 亚太区域经济合作中的制度博弈[J]. 国际关系研究，2018（6）：93-107.

269. 张天桂. 亚洲经济一体化的现实路径与推进策略——共建"一带一路"的视角[J]. 国际展望，2018，10（6）：120-138.

270. 张晓静. 亚太区域合作深度一体化与生产网络的关联性[J]. 亚太经济，2015（1）：3-8.

271. 张雄. TPP 自贸区与亚太区域经济合作中的美国因素——美国亚太战略的深层逻辑管窥[J]. 理论导刊，2018（11）：106-112.

272. 张彦. 中国与东盟共建区域价值链问题探讨——以制造业为例[J]. 国际展望，2019，11（6）：68-89.

273. 张勇. 后危机时代拉美地区区域经济一体化形势与展望[J]. 国际经济评论，2020（3）：75-90.

274. 张裕仁，郑学党. TPP 与 RCEP 贸易自由化经济效果的 GTAP 模拟分析[J]. 重庆大学学报（社会科学版），2017，23（5）：1-9.

275. 张蕴岭. 美国亚太区域经济战略解析[J]. 美国研究，2017，31（1）：9-20.

276. 张蕴岭. 日本的亚太与东亚区域经济战略解析[J]. 日本学刊，2017（3）：1-11.

277. 张蕴岭. 亚太经济一体化的进程与前景[J]. 国际经济合作，2017（7）：4-9.

278. 张蕴岭. 亚太经济一体化与合作进程解析[J]. 外交评论（外交学院学报），2015，32（2）：1-11.

279. 张蕴岭. 转变中的亚太区域关系与机制[J]. 外交评论（外交学院学报），2018，35（3）：1-11.

280. 张志明，李思敏. 中国嵌入亚太价值链的就业效应：基于技能异质性视角[J]. 世界经济研究，2019（7）：104-117.

281. 张志明，周彦霞，黄微. 亚太价值链解构与中国的角色[J]. 亚太经济，2019（3）：26-36.

282. 赵江林，张奕辉，吴辛烨. 亚太地区经济形势回顾与展望：2015－2016[J]. 亚太经济，2016（1）：3-7.

283. 赵江林. 中国亚洲经济增长中心地位及其对东亚区域合作走势的影响

[J]. 亚太经济，2015（3）：15-20.

284. 赵穗生，郭丹. 中国的顶层设计：“一带一路”倡议的战略目标、吸引力及挑战[J]. 东北亚论坛，2019（3）：31.

285. 郑学党，华晓红，庄芮. 亚太区域经济一体化与两岸共同参与策略选择[J]. 宁夏社会科学，2017（2）：122-126.

286. 郑昭阳，孟猛. 亚太自由贸易区的经济效应分析[J]. 国际经济合作，2017（7）：28-33.

287. 钟飞腾. 东北亚命运共同体构建何以成为可能?[J]. 日本学刊，2020（1）：60-93.

288. 周锡生. 世界大变局下的东北亚地区合作：机遇与挑战[J]. 国际关系研究，2020（2）：70-89.

289. 庄芮，邓寅，林佳欣. 当前亚太区域经济合作与两岸经贸关系的“双轨路径”分析[J]. 国际贸易，2017（8）：37-41.

290. 庄芮，林佳欣. RCEP：进展、挑战与前景[J]. 东南亚研究，2018（4）：87-102.

291. 庄芮. 美国参与亚太自贸区的行为逻辑与对中国的策略分析[J]. 社会科学辑刊，2016（6）：77-86.

后　记

本书是南开大学亚太经济合作组织（APEC）研究中心承担的教育部人文社会科学重点研究基地重大项目“亚太区域经济一体化新趋势与中国的战略选择研究”（项目号：16JJD79002）的最终成果。

近年来，国际和地区环境的演变促使亚太区域经济一体化的主体形态产生了新的特点和发展趋势，本书尝试从世界经济、国际关系、国际政治等不同学科的视角对此开展综合性分析，以进一步丰富区域经济一体化理论和政策研究的内涵和外延。

自 2020 年初以来，新型冠状病毒肺炎疫情的暴发和蔓延对公共卫生安全、全球价值链安全和国际政治体制的稳定造成了全面冲击，也对亚太区域经济一体化进程产生了深远的影响。针对国际政治经济形势的变化，我国制订了打造双循环新格局的顶层设计。在国际层面，我国倡导维护全球价值链体系的稳定，积极参与高水平的区域经济一体化合作；在国内层面，致力于进一步夯实高质量增长的基础，促进高水平和更加主动的开放和制度创新。因此，积极推进亚太区域经济一体化不仅有利于进一步完善我国的国际贸易投资环境，为国内的市场经济改革提供外部驱动力，也可以为我国强化在亚太区域合作乃至全球经济治理中的地位和影响力提供良好契机。如何在我国参与国际合作的顶层设计中对亚太区域经济一体化的角色和功能进行新的定位，将是一个需要继续深入研究的问题。

在本课题中期检查和结项过程中，南开大学 APEC 研究中心张雪老师承担了大量的辅助工作。在本书的审稿过程中，南开大学出版社的周敏老师给予了大力支持，在此表示衷心的感谢。